Silhuetas de
DEUS

Dados Internacionais de Catalogação na Publicação (CIP)
(Câmara Brasileira do Livro, SP, Brasil)

Altemeyer Junior, Fernando
  Silhuetas de Deus / Fernando Altemeyer Junior. – Petrópolis, RJ : Vozes, 2019.

  Bibliografia.
  ISBN 978-85-326-6050-3

  1. Deus 2. Espiritualidade – Cristianismo
  3. Reflexões 4. Teologia cristã 5. Vida cristã
  I. Título.

19-23353   CDD– 248.4

Índices para catálogo sistemático:
1. Espiritualidade e mística : Cristianismo   248.4

Maria Alice Ferreira – Bibliotecária – CRB-8/7964

Fernando Altemeyer Junior

Silhuetas de
DEUS

EDITORA
VOZES
Petrópolis

© 2019, Editora Vozes Ltda.
Rua Frei Luís, 100
25689-900 Petrópolis, RJ
www.vozes.com.br
Brasil

Todos os direitos reservados. Nenhuma parte desta obra poderá ser reproduzida ou transmitida por qualquer forma e/ou quaisquer meios (eletrônico ou mecânico, incluindo fotocópia e gravação) ou arquivada em qualquer sistema ou banco de dados sem permissão escrita da editora.

CONSELHO EDITORIAL

Diretor
Gilberto Gonçalves Garcia

Editores
Aline dos Santos Carneiro
Edrian Josué Pasini
Marilac Loraine Oleniki
Welder Lancieri Marchini

Conselheiros
Francisco Morás
Ludovico Garmus
Teobaldo Heidemann
Volney J. Berkenbrock

Secretário executivo
João Batista Kreuch

Diagramação: Mania de criar
Revisão gráfica: Alessandra Karl
Capa: Editora Vozes
Ilustração de capa: Luís Henrique Alves Pinto

ISBN 978-85-326-6050-3

Editado conforme o novo acordo ortográfico.

Este livro foi composto e impresso pela Editora Vozes Ltda.

Sumário

Prefácio – Dialogando com o Deus-Trindade e com o povo, 9
  Leonardo Boff
Apresentação, 11
  Fernando Altemeyer Junior

Parte 1 – Nos braços do Deus *Abba*, 15

1 Em nome do Pai, 17
2 Criador do céu e da terra, 22
3 A festa do Deus dançarino, 32
4 Deus existe? E onde estão as provas?, 42
5 Ao infinito... E além!, 47
6 A verdade vos libertará, 56
7 Idolatria, seus fantoches e ventríloquos, 65
8 Por que não sou ateu?, 72
9 Filhos de Abraão, nosso pai na fé, 80
10 O mal e a esperança cristã, 87
11 O segredo da serenidade, 95
12 O pequeno zero, 105
13 A providência divina ou a bússola essencial do bem viver, 114
14 Carta para um enfermo muito amado, 123
15 Santo Anjo do Senhor, 132

Parte 2 – Proseando com Jesus, o Filho Amado, 143

1 Em nome do Filho, 145

2 A oração secreta de Jesus, 151

3 A comunicação de Jesus de Nazaré, 159

4 As oito felicidades de Jesus, 166

5 As tentações de Jesus ontem e hoje, 173

6 A fé, o sal e a identidade cristã, 181

7 A insustentável leveza da mística, 189

8 A dimensão política e social do Evangelho de Cristo, 198

9 Fé inteligente, 208

10 Uma Igreja comprometida com o Evangelho de Cristo, 216

11 O coração de Jesus é o motor do Evangelho, 224

12 Entre a cruz e o espelho, 234

13 O sacramento da toalha, 243

14 O cristianismo do futuro, 250

15 Paixão de Cristo, paixão do mundo, 255

Parte 3 – Acariciados pelo Espírito de Amor, 261

1 Em nome do Espírito Santo, 263

2 Criaturas viventes pelo sopro de Deus, 269

3 A graça é o perfume de Deus no mundo, 274

4 O grande silêncio e a paz interior, 286

5 Do sopro do Ressuscitado: a Igreja que nasce, 294

6 Aprender das virtudes, 299

7 Diálogo como modo de ser, 308

8 Obediência e rebeldia, 316

9 Carisma da nova evangelização: simplicidade e autenticidade, 325

10 Os segredos revelados aos santos, 334

11 Os sete dons, 339

12 Liberdade como vocação e responsabilidade cristãs, 347

13 Apostolado feminino na Igreja Católica, 355

14 Misericórdia exige um novo coração, 362

15 Francisco de Assis e a Senhora Pobreza, 372

SIGLAS

CIC = Catecismo da Igreja Católica

CJ = Carnet Jaune (Caderno Amarelo)

CT = Cartas de Therese de Lisieux

DH = *Dignitatis Humanae*

DV = *Dei Verbum*

EG = *Evangelii Gaudium*

ES = *Ecclesiam Suam*

GS = *Gaudium et Spes*

NA = *Nostra Aetate*

MA = Manuscritos Autobiográficos

SC = *Sacrosanctum Concilium*

ST = Suma Teológica

VD = *Verbum Domini*

Prefácio
Dialogando com o
Deus-Trindade e com o povo

Finalmente um livro sobre o Deus cristão, a Santíssima Trindade.

O autor Fernando Altmeyer tem toda as virtudes para escrever este livro: um grande diálogo com o Deus-*Abba*, uma prosa com Jesus, o Filho amado e uma carícia do Espírito de Amor, o Espírito Santo.

O singular deste livro é que não aborda como os manuais as reflexões sobre a Trindade Santa. Ele escreve como é pessoalmente. É um dos teólogos e pastores que mais tomou a sério a opção pelos pobres e sua inserção no meio popular.

Seus textos mostram alguém que frequentou a academia e ainda frequenta, como professor da PUC-SP, mas nunca tirou os pés do meio do povo e da pastoral popular.

O livro revela grande erudição, mas não ostensiva que ofusca o olhar do leitor e da leitora, porém, ela está a serviço da mensagem. Frequenta a literatura antiga dos Padres da Igreja, dos filósofos gregos e dos escritores romanos. Visita os autores modernos, não só teólogos e pensadores, mas também da literatura universal, e valoriza enormemente as histórias e os diálogos com gente do povo que ele bem conhece.

Não faz grandes tratados já clássicos. Toma temas da vida cotidiana como a festa, a alegria, a felicidade, o silêncio interior, as virtudes, a biografia de santos, santas e figuras seminais que nos inspiram até hoje e até um belo comentário à oração antes de dormir "Santo Anjo protetor, meu zeloso guardador".

Não se recusa a tratar temas espinhosos como o do mal, do ateísmo, de gênero, mas sempre deixando uma aura de esperança. Belíssimo é o último capítulo dedicado a São Francisco de Assis e à Senhora Pobreza, possivelmente em homenagem ao Papa Francisco. Há de se sublinhar seu gosto pessoal pelas datas exatas, atrás de cada autor citado e de fatos do passado, com o dia e o ano.

Em tudo há leveza e jovialidade, próprias da personalidade de Altemeyer. Onde aparece, traz sorriso, chistes inteligentes e uma irradiação de alegria de viver, mesmo quando se indigna sobre os escândalos da política e da própria Igreja.

Vale ler este livro, pois passa pelos principais temas da vida cristã com uma linguagem fluente, elegante e cheia de belos exemplos e metáforas criativas.

Destes escritores precisa a Igreja de hoje. Temos teólogos e teólogas suficientes que escrevem de forma erudita, mas que dificilmente chegam aos leitores e às leitoras da base. Este livro pode significar um desafio aos colegas para que sigam esta linha: sem diminuir a teologia e a reflexão séria, chega, pela linguagem fácil e sugestiva, ao coração das pessoas.

Leonardo Boff
Petrópolis 12 de outubro de 2018
Festa da padroeira Nossa Senhora de Aparecida

Apresentação

Recentemente minha mãe, dona Carmen Müller Altemeyer, com seus 89 anos me revelou possuir uma maleta escondida em seu quarto com fotos, reminiscências de sua juventude vivida na Segunda Guerra Mundial e sua fuga da Alemanha Oriental, ocupada pelos soviéticos para retornar à sua terra natal na Espanha e, enfim, ao Brasil, onde se casou e vive até hoje. Com profunda emoção me abriu o "baú de seu tesouro" pessoal repleto de fotos, pequeno caderno de poesias escritas no bunker em Frankfurt, o roteiro da fuga de Leipzig para Madri, e cartões de artistas famosas do cinema dos anos de 1940. Cada foto tinha memória, força vital e também sofrimentos de tempos duros da guerra. O roteiro da fuga estava escrito em um calendário intitulado: "Märchenkalender – 1947 von Ursula Haas" (Calendário das fadas, de Ursula Haas). Ao ler tais páginas eu ficava sabendo a história sofrida de minha mãe e sua saga em favor da liberdade. Penetrava novamente no meu útero histórico antes de nascer. Aí estavam minhas reminiscências e a minha carne memoriada. Aí estavam minhas dores e meus amores, tais quais os arquétipos junguianos da minha existência. Perguntei para minha mãe Carmen, porque ela só mostrava isso para mim quando eu tinha 57 anos de idade? Ela respondeu: "Eu precisava esperar um pouco!" Descobri que os grandes segredos tardam a serem revelados. Os de minha mãe demoraram 66 anos para serem retirados do baú das memórias. Fiquei bem feliz que ela me considerou, enfim preparado, para conhecer o passado e aquele belo tesouro juvenil. Senti ter nascido outra vez nas memórias da juventude de minha mãe. Viajei no tempo e revi rostos e o fluxo da vida.

Inspirado nisso pensei em partilhar em livro algumas de minhas memórias e reflexões, antes que eu me esqueça!

Uma amiga querida, Irmã Ivete de Jesus, atuante na baixada do Glicério junto aos jovens e povo da rua em um imenso casarão, me mostrou peças feitas de pedras, em lindos mosaicos. Fiquei comovido ao contemplar tamanha beleza de quem via o belo antes que estivesse conectado o conjunto. O jovem que fazia o quadro já vislumbrava o quadro pronto. Não tinha nada como modelo, só a mente e a inspiração. Este livro quer ser um mosaico de pensamentos, pessoas e memórias. Devo muito aos irmãos das ruas, devo muito ao amigo Júlio Renato Lancellotti, devo muito ao cardeal Paulo Evaristo Arns.

Meu avô Wilhelm Altmeyer me deu quando criança um caleidoscópio, que ele mesmo montou com vidros coloridos e um canudo. E eu ficava contemplando as imagens pelo furo e girando, girando, girando. Parecia um sem-fim de possibilidades que aqueles vidros multicoloridos me ofereciam e, em seguida, reorganizavam-se aleatoriamente.

Um rabino amado e meu irmão me confidenciavam que o texto da Torah apresenta o humano com duas expressões em hebraico ricas de sentido. Humano é *adam*, argila moldável e simultaneamente é *tzelem* – uma silhueta do Criador. A fé cristã nos dirá que Deus, Pai de Jesus, vive e se oferece na Trindade que ama. Deus nos fez no plural e não no singular.

É claro que somos únicos, mas fruto de dois, e estes pais fruto de quatro avós, e estes de oito bisavós. E assim voltando alguns séculos somos filhos de toda a humanidade e, portanto, primos uns dos outros. Deus nos fez à sua imagem como belas silhuetas divinas a partir do pó e da argila do corpo, cromossomos e carne memoriada. Este livro quer ser o amálgama que une corpo e alma, memória e futuro, pó e silhueta divina.

Somos esse ser único amado pelo Pai e pelo Filho no Espírito. Somos a complexidade de nossas alegrias e tristezas misturadas. Vivendo tantos conflitos de poder e desejando ser amados diariamente. Somos idênticos em termos genéticos, e totalmente diferentes nas digitais, nas memórias, nas dores e até mesmo nos sonhos inefáveis que cada qual experimenta ao anoitecer.

De meus pais, irmã e familiares recebi herança preciosa de fé, coragem e da luta em favor da justiça social e do pão nosso de cada dia. De minha esposa Maria, o carinho e a parceria para viver. De meus filhos amados, Gabriel e Ana Clara, o compromisso de ser coerente com os valores que pretendo entregar-lhes ao final da minha estrada rumo à eternidade no colo divino.

Este livro é uma coletânea de 45 reflexões divididas em três partes de 15 pequenos capítulos. Os primeiros quinze são dedicados ao Deus-Pai, que nos acolhe em seus braços de Pai maternal. Os segundos quinze a Jesus, o Filho Amado, em um dedo de prosa que alimente nossa coragem e nossa inteligência. Enfim, os derradeiros quinze capítulos, são dedicados a pensar e compartilhar as carícias do Espírito Santo.

Jamais teria escrito este conjunto de artigos sem a inspiração de minha família, o testemunho da inteligência de dom Luciano Mendes de Almeida e, sobretudo, o encontro fecundo com a vida e o mundo dos pobres. Espero continuar humildemente sendo um aprendiz da arte de viver junto aos sábios e manter o sorriso de quem como eu, acredita em anjos e na compaixão como uma força revolucionária da vida. Espero que possam vislumbrar algo do interior de cada um. Lá se revela o Espírito que ama e conhece todas as coisas. Hoje acredito que a comunhão dos diferentes é um portal para Deus. Somos salvos se soubermos ouvir as diferenças e calar diante do divino. Aprendi muito disso nas Comunidades Eclesiais de Base, dos teólogos da Libertação, do grupo Emaús e de companheiros(as) do Departamento de Ciência da Religião da PUC-SP.

Boa leitura! Se quiser seguir a ordem ela tem um significado pedagógico. Se quiser pular e montar o seu próprio mosaico, fique à vontade.

Na esperança sempre! Abreijos a todos e todas.

Fernando Altemeyer Junior

Parte 1

Nos braços do Deus-*Abba*

1
Em nome do Pai

O uso desta expressão é tão automático em nossos lábios, que nem percebemos que na modernidade se tornou um problema. Alguns chegam a afirmar que vivemos hoje uma "sociedade sem pai", pois a noção tradicional de pai está em crise (vejam os famosos 'testes de paternidade') e a própria paternidade divina é amedrontadora. Filósofos como Karl Marx, Friedrich Nietzsche e Sigmund Freud criticaram a imagem de Deus-Pai afirmando que precisa ser superada, já que veio marcada por três defeitos congênitos: é um desejo efêmero; é uma projeção falsa e uma alienação da verdadeira vocação do ser humano. Dizem que o cristianismo nos apresentou um Pai que é um patrão que explora (Marx); alguém que nos faz recusar a nossa liberdade e nos fragiliza em ações perversas contra a felicidade e autonomia do humano (Nietzsche). Somos acusados de mascarar o sentimento de culpa e a violência original e matar em nome do Deus-Pai, pois nos recusamos a confrontar a neurose edipiana (Freud).

Poderíamos afirmar que esses discípulos do ateísmo moderno se equivocaram. Não é esta a correta imagem de nosso Deus e Pai. Falsificaram Deus e criaram uma caricatura digna de pena.

Podemos, entretanto, levar a sério a crítica e, mesmo que esta seja injusta para com Deus e seu Filho Jesus, talvez seja correta pela forma como os cristãos apresentaram a paternidade divina no decorrer da História. Quem sabe esse trio critique o que falamos errado da verdadeira paternidade divina. Talvez a dura crítica dos materialistas nos permita depurar a noção de paternidade. Assim, reencontrar uma linguagem nova para falar de Deus em tempos de abandono da fraternidade. Quem poderia dizer que conhece ao Pai comum se desconhece ao próprio irmão? Diante da trilogia desejo-ilusão-alienação, deveríamos buscar outra expressão do Deus que é Pai de Jesus. E professar outra trilogia: proximidade, herança e aliança. Este exercício catequético nos fará redescobrir uma nova imagem do humano reflexo e espelho da imagem paterna de Deus. Para isso, devemos rever o que dizemos e fazemos em nome do Pai?

Os cristãos colocam a mão e tocam a testa ao fazer o sinal da cruz. Há um indicativo simbólico claro de que tudo começa e principia com o Pai. Nosso pensar nasce e vive de Deus. Ao tocar a testa indicamos que não somos "cabeças-duras", mas queremos mentes abertas ao infinito, pois seres pensantes que reconhecem que há um Criador e um início divino.

Em termos genéticos, há sempre um vínculo do homem-pai que fecunda a mulher-mãe para que possamos existir. O pai que nos ama na terra será exemplo daquele Deus que nos ama ainda mais nos céus. "Pai nosso, que estás nos céus", ensinará Jesus. O mesmo Jesus que inovará a linguagem sobre Deus. No Antigo Testamento, aparece 15 vezes o nome do Pai para dizer algo de Deus, de forma indireta e coletiva. Caberá a Jesus introduzir na linguagem teológica a expressão nova de sua intimidade como Filho único de Deus. Os Evangelhos serão abundantes em invocar e propor Deus como *Abba*, palavra aramaica do mundo infantil e que podemos traduzir por 'paizinho querido'. É o balbuciar da criança correndo para os braços de seu pai dizendo a palavra que vem do coração. Esta ousadia de Jesus, como diz Leonardo Boff, foi por Ele dita 170 vezes nos relatos evangélicos. Jesus se "dirige a Deus como uma criancinha a seu pai, com a mesma simplicidade íntima, o mesmo abandono confiante" (BOFF, Leonardo. *O Pai-Nosso: a oração da libertação integral*. Petrópolis: Vozes, 2009, p. 40). Deus é Pai quando nos consola em nosso choro e fragilidade; quando abre os braços para o afago essencial; quando ensina, alerta e corrige; quando abençoa nosso amanhecer e santifica nosso anoitecer.

Sabemos que somos filhos no Filho. E, ao ser irmãos de Jesus, tornamo-nos filhos adotivos de Deus. Percebemos de qual útero nascemos e de qual sopro de vida vivemos. O homem não vive só de pão, mas de toda a palavra que sai da boca de Deus (cf. Mt 4,4). Deus-Pai apresenta-se como o Criador de tudo e de todos. Onipotente, mas não eterna ausência. Todo-poderoso e todo-compassivo. Aquele que tudo fez e que tudo pode, mas também Aquele que tudo tem e de tudo cuida. É na memória do Pai que nos precede e de onde tudo provém que existimos, cremos e esperamos. Ao conhecer a paternidade de Deus, descobrimos a raiz de onde brota suave a seiva de nosso existir. Deus-Pai é a memória mais escondida, o íntimo mais íntimo, o segredo mais escondido de cada filho. D'Ele viemos e para ele voltaremos. O paraíso, como lembra frei Carlos Mesters, é saudade, mas também esperança. Assim sempre devemos rezar ao Pai pelo Filho no Espírito. Olhando para trás e para frente. Dirigir todo coração e todo entendimento ao Pai-Nosso que está nos céus. E santificar Seu Nome reconhecendo a ligação umbilical com esse Pai maternal.

Em termos morais aprendemos de Deus-Pai qual o modo correto de nos comportar diante dos irmãos. Há sempre uma ética dos pais a nos guiar e que precisamos honrar. Honra a teu pai e a tua mãe, proclama o código de Moisés em Êxodo 20,12, em que se tornou um dos pilares centrais dos Dez Mandamentos. Guardar o mandamento do Pai é valorizar sua herança e sua eleição. Não é privilégio nem um peso, mas uma honra e uma vocação! De nossos pais aprendemos a ser justos, honestos e verdadeiros. Com nosso pai aprendemos a brincar, a repartir e a fazer coisas em sua oficina. Na "oficina de Deus", cumprimos nosso trabalho como filhos e aprendizes e adquirimos a justa autonomia para um dia alçar voo em estilo solo, depois das dezenas de horas de monitoria paterna. Deus é Pai que não diminui nem cerceia, mas conduz, corrige (cf. Pv 29,17) e protege com sua palavra e presença. É um Deus que diz sim, mas que sabe também como bom Pai dizer não. Se formos ramos enraizados na árvore que é Deus (cf. Jo 15), nosso Pai se faz caule, seiva, raiz e mesmo o agricultor e poderemos produzir suculento fruto. Como diz o hino: "Indo e vindo, trevas e luz, tudo é graça, Deus nos conduz". Deixar-se conduzir por Deus é um exercício de liberdade. Reconhecê-lo como Pai que ensina é crescer em autonomia. Deus não nos impede de nadar e enfrentar os perigos, mas antes que nos joguemos n'água, coloca em cada um de nós um colete salva-vidas e nos ensina a usá-lo. Ao pedir ao Pai, Ele nos atende (cf. Mt 7), diz Jesus. Ele é Pai que ensina o bom caminho e por aí vamos felizes. Se lhe desobedecemos, nós nos perdemos.

Em termos espirituais, o maior segredo de Deus-Pai é poder ser experimentado como fonte inesgotável de amor. Se qualquer palavra é menor e imprópria, ainda assim sabemos que podemos conhecê-lo se vivermos no Amor. Deus é Pai, pois se dá em seu Filho Jesus e n'Ele se alegra, pois o seu Filho Único mostra Deus (Deus de Deus, Luz de Luz, gerado não criado, consubstancial ao Pai). Quem vê Jesus vê e conhece o Pai. Esta é a revelação: conhecer a Deus pela Palavra viva que é seu Filho. Jesus não só dirá as palavras do Pai, mas Ele próprio é a Palavra encarnada de Deus. Não há lugar para o temor, pois quem ama joga fora o medo. Não há espaço para a suspeita, pois circula entre nós o amor. No Filho vemos a transparência do Deus, que se fez um de nós. Este é o núcleo fundante da Nova Aliança. Não viveremos mais das crises edipianas ou neuróticas, mas seremos capazes de integrar nossa personalidade sem a onipotência infantil nem as castrações patriarcais ou machistas, que são falsificações do paterno. Deus-Pai não infantiliza nem oprime. Não castra nem esmaga. Não menospreza nem diz palavras duras que resultam em silêncios resignados e patológicos. Deus escuta os filhos e os faz crescer. Ele ama e gera expectativas. Crer n'Ele faz bem ao ser humano. Deus-Pai nos quer adultos. Ele é um cuidador que sempre espera a nossa volta e o pedido sincero de perdão quando erramos. Deus-Pai nos perdoa sem mágoas ou ressentimentos. Está disposto a fazer festa ao filho que volta, pois é o "Pai pródigo". Sua prodigalidade está na compaixão e na superabundância de sua Graça. Na confiança dos filhos amados, ousemos como Jesus exultar de alegria e dizer: "Eu te louvo, ó Pai, Senhor do céu e da terra, porque ocultaste essas coisas aos sábios e entendidos, e as revelaste aos pequeninos" (Lc 10,21).

2
Criador do céu e da terra

Professar Deus como criador e crer que os seres humanos são criaturas interligadas aos biomas e à natureza do Universo é um elemento essencial da fé cristã. Em tempos modernos marcados pelo ceticismo, pelo darwinismo e pelo positivismo de Auguste Comte (1798-1857), muitos cristãos terão dificuldade em professar essa verdade do *Credo*. Pensarão ser infantis ou pessoas anacrônicas diante de contemporâneos que falam em intrincado dialeto científico antirreligioso. Dizer Deus Criador é motivo de chacota e assédio moral. Os cristãos são desprezados por entoarem outra melodia e visão de mundo como sua razão de ser.

Dizer-se criatura de Deus nos faria piores e menores como seres humanos? Negar esse Deus Criador nos elevaria como super-homens? Se Deus é pequeno, o humano seria grande? E se Deus for grande isso esmaga o humano? E se Deus criador não for uma questão de grandeza e pequenez? Se a criação divina for algo distinto do que professam os cientistas positivistas, talvez os cristãos tenham consigo um valioso segredo a ser desvelado para toda a humanidade? É ver para crer.

Segundo alguns jovens, é difícil falar de criação, pois a palavra corresponde a uma imagem de algo ocorrido na origem do mundo, explosão inicial fazendo eclodir o espaço-tempo em processos físico-bioquímicos que destoam profundamente do relato do texto sagrado judaico-cristão. O relato bíblico parece conto infantil enquanto a formação do Universo seria a precisa equação matemática fundada em cordas plenas de energia, matéria e ondas sem criador nem arquiteto universal, fruto da sorte ou do azar. Nada que uma "santa" entropia do Universo não explique como ato de fé científico! Os cientistas propõem conceitos para o começo e o fim: *Big Rip*, *Big Crunch*, buracos negros, multiversos infinitos, átomo primitivo e o famoso *Big Bang*, a sopa quentíssima das origens do Cosmo nascido do Caos.

Outros mais distantes das igrejas e da religião dizem ser uma loucura falar de criação, pois, quando citam o conceito de criação, sempre estão se referindo a algo exterior, ou anterior ao sujeito que fala, como se este estivesse excluído da criação. Desta forma todos falam de criação do Universo e muitas vezes não se incluem no Universo de que fazemos parte. Assim, a questão é sempre por quem e para que nós existimos nesse mundo em que vivemos. Em resumo, qual é o sentido de nossa existência? Essa é a pergunta fundamental. Aqui a fé cristã conecta sua profissão de fé a uma resposta inteligente sobre quem é seu Deus Criador.

O papa teólogo, hoje bispo emérito de Roma, Bento XVI (1927-), afirmou, em um discurso proferido em 6 de fevereiro de 2013: "Hoje a nossa pergunta é: na época da ciência e da técnica, ainda tem sentido falar de criação? Como devemos compreender as narrações do Gênesis?

A Bíblia não quer ser um manual de ciências naturais; ao contrário, deseja compreender a verdade autêntica e profunda da realidade. A verdade fundamental que as narrações do Gênesis nos revelam é que o mundo não é um conjunto de forças contrastantes entre si, mas tem a sua origem e a sua estabilidade no Logos, na Razão eterna de Deus, que continua a sustentar o Universo. Existe um desígnio sobre o mundo que nasce desta Razão, do Espírito criador. Julgar que isto está na base de tudo ilumina todos os aspectos da existência e infunde a coragem de enfrentar a aventura da vida com confiança e esperança. Portanto, a Escritura diz-nos que a origem do ser, do mundo, a nossa origem não é o irracional, mas a razão, o amor e a liberdade. Por isso, a alternativa: ou prioridade do irracional, da necessidade, ou prioridade da razão, da liberdade e do amor. Nós cremos nesta última posição"[1].

O universo seria um relógio suíço?

A cultura moderna fruto dos filósofos e pensadores iluministas gerou um pensamento científico marcado pela ordem, pela lei e pela busca de compreensão de como as coisas são e como funcionam. Esse rigor tecnológico e de procedimentos laboratoriais foi um avanço enorme que retirou parte da humanidade do obscurantismo e da magia. Entretanto, ao avaliar uma visão unívoca dos processos vitais e da história, termina-se por compreender a realidade em forma redutiva negando outras visões distintas. A cultura ocidental conceberá quase espontaneamente o mundo como um imenso maqui-

---

1. *Catequese de Bento XVI* – Reflexão sobre o Credo. Sala Paulo VI, fev. 2013 [Disponível em http://www.missionariascatequistassc.org.br/mcsc25/index.php/publicacoes/catequese-papafrancisco/creio/72-eu-creioem-deus-o-criador-do-ceu-e-da-terra-ocriador-do-ser-humano – Acesso em dez./2016].

nário ou mecanismo (um relógio?) pleno de minuterias e conexões rigorosas obedecendo a leis lógicas e matemáticas. Se entenderem as leis, os humanos descobrem tudo e se tornam deuses do todo. A questão é decifrar a lei e a máquina e assim teremos os segredos do Universo. Não há nenhum criador e assim também não há nenhum sentido. Tudo é lei e obediência desta. E a lei é intrínseca da máquina e de sua lógica. É claro que, no limite, essa visão se confronta com o paradoxo: como surgiu algo do nada? As questões da ciência interpelam aos que creem. Quando Galileu Galilei (1564-1642) tirou a Terra de seu rígido lugar central no Universo, os cristãos cambalearam diante da vertigem do espaço infinito, mas isso foi algo maravilhoso por descobrir que a dimensão cristã não está reduzida ao pequeno planeta Terra, mas possui vocação sideral. Giramos em torno de um sol entre bilhões de estrelas. Ficamos mergulhados no labirinto do espaço. Quando Charles Darwin (1809-1882) converteu o humano em resultado longo e penoso de uma evolução que começa com amebas na placenta aquática do planeta, a humanidade e o cristianismo se sentiram perdidos e sem chão. O que fora ensinado por séculos parecia mentira e erro grosseiro. Ficamos perdidos no labirinto do tempo. Entretanto, descobrimos nossa conexão com o Universo a que estamos interligados como poeira cósmica, como genes mutantes e adaptáveis e como consciência antrópica do mundo.

Os seres humanos como criaturas pensantes do ontem, do hoje e os sonhadores do amanhã. Não mais uma Terra imóvel e central. Não há mais a vida estática como figura de um presépio inanimado. Tudo se move, evolui, entra em crise e se complexifica. Tudo e todos conectados em sistemas e processos interativos como em hologramas. Diante críticas dos cientistas e do neoevangelho dos laboratórios, muitos cristãos se sentem acuados e entram na defensiva. Foi preciso transpor os dogmas da fé cristã do antigo mundo inamovível dos gregos para uma visão transformadora em diálogo com a ciência. Dizer a fé em outra chave cultural mantendo fidelidade ao Deus Criador com novas palavras. Os bispos reunidos no Concílio Vaticano II (1962-1965) afirmam: "[...] A investigação metódica em todos os campos do saber, quando levada a cabo de um modo verdadeiramente científico e segundo as normas morais, nunca será realmente oposta à fé, já que as realidades profanas e as da fé têm origem no mesmo Deus. Antes, quem se esforça com humildade e constância por perscrutar os segredos da natureza, é, mesmo quando disso não tem consciência, como que conduzido pela mão de Deus, o qual sustenta as coisas e as faz ser o que são. Seja permitido, por isso, deplorar certas atitudes de espírito que não faltaram entre os mesmos cristãos, por não reconhecerem suficientemente a legítima autonomia da ciência e que, pelas disputas e controvérsias a que deram origem, levaram muitos espíritos a pensar que a fé e a ciência eram incompatíveis. Se, porém, com as palavras 'autonomia das realidades temporais' se entende que as criaturas não dependem de Deus e que o homem pode usar delas sem as ordenar ao Criador, ninguém que acredite em Deus deixa de ver a falsidade de tais acertos. Pois, sem o Criador, a criatura não subsiste. De resto, todos os crentes, de qualquer religião, sempre souberam ouvir a sua voz e a manifestação na linguagem das criaturas. Antes, se esquece Deus, a própria criatura se obscurece"[2].

---

2. *Constituição Pastoral Gaudium et Spes* – Sobre a Igreja no mundo atual [Disponível em http://www.vatican.va/archive/hist_councils/ii_vatican_ council/documents/vat-ii_const_19651207_gaudium-et-spes_po.html – Acesso em dez./2016].

Deus cria criaturas criadoras

Para os cristãos, há de se fazer uma distinção original entre criação e começo do mundo, entre Criador e obra criada. A criação para os cristãos é um tipo de relação entre Criador e criatura. O eminente teólogo e paleontólogo francês padre Pierre Teilhard de Chardin (1881-1955) afirma: "Cristianismo e evolução não são duas visões irreconciliáveis, mas duas perspectivas feitas para encaixar-se e completar-se mutuamente... Assim, pela simples incorporação e assimilação ao pensamento cristão do ponto de vista evolutivo, caiu a barreira que se erguia, faz quatro séculos, entre Razão e Fé. Suprimido o obstáculo fixista, nada impede agora aos acatólicos e católicos de avançar, de frente e de mãos dadas, pelo grande caminho da pesquisa. De uma e de outra parte a colaboração é hoje possível. A evolução é filha da Ciência. Porém, ao final das contas, pode muito bem ser a fé em cristo a que salvará amanhã em nós, o gosto da Evolução"[3].

A resposta da fé judaico-cristã vê e compreende a Deus como Criador, usando de imagens belas de oleiro e artista original fazendo o humano do barro e soprando vida em suas narinas. O humano, mulher e homem, é a obra-prima de Deus que se expressa como uma procriação. Aquele que cria procria. Ao procriar, ele suscita em face do outro que é criado uma personalidade própria e autônoma. Por essa razão, o redator do livro do Gênesis dirá que Deus criou e viu que era bom! Criou porque acreditou que aquilo e aqueles que foram criados seriam livres e amados. Criou para a liberdade, pelo amor e para o amor. O Criador não cria o hu-

---

3. TEILHARD DE CHARDIN, P. Catholicisme et Science, Sc.Ch. 2388, apud COLOMER, E. *Teilhard de Chardin*: Evolución y Cristianismo. In: VV.AA. *La evolución*. Madri: BAC, 1976, p. 995-996.

mano como uma peça robótica, infantilizada ou dominada. Cria seres criadores e com livre-arbítrio. Cria criaturas com genes predeterminados na carne e, paradoxalmente, abertos ao infinito. Na origem está a criatura livre e leve que sabe o peso do corpo, mas que é feita para desbravar mares nunca dantes navegados. Somos o que somos, capazes de ultrapassar a nós mesmos. A metáfora mais bela é a da dançarina conectada a terra e à gravidade, sendo capaz de "voar" com o próprio corpo e deleitar a si e aos espectadores na leveza espiritual da arte.

É evidente que a teologia é sempre uma antropologia como dizia Karl Rahner (1904-1984), hoje podemos afirmar, com João Batista Libanio (1932-2014), que a teologia é uma cosmologia, sem cair em panteísmos fáceis e redutivos. Dirá o teólogo mineiro: "Deus constitui o mundo na sua autonomia em virtude da superabundância de sua vida divina. Não o plasma de um estado físico preexistente, mas o faz surgir do nada. Aí aparece a livre gratuidade criativa de Deus por amor. E o ser humano em sua relação cósmica encontra não o ser de Deus perdido no cosmos, mas a marca do amor presente em todo o gesto criador"[4].

Creio em Deus Pai Criador
Assim os cristãos creem que Deus é Pai Criador. O cosmos é nossa Casa Comum. Casa amada e querida e não quarto de despejo. Casa humana, casa da vida, casa de Deus. Moramos em uma casa que tem dois donos: Deus e as criaturas. E sabemos que o planeta e os biomas pelos quais vivemos são

---

4. LIBANIO, J.B. *Eu creio, nós cremos* – Tratado da fé. São Paulo: Loyola, 2000, p. 146.

presente amoroso do Deus Pai Criador. Eis aqui o momento cósmico da fé.

Como criaturas em um mundo criado, será preciso assumir a tarefa de zeladores da beleza que está em nossas mãos. Somos responsáveis pelo "bonsai" recebido e que pede cortes em suas folhas para alcançar o sentido estético de sua identidade criatural. Criador e criatura entram em conexão profunda. Como disse Blaise Pascal (1623-1662): "Que é o humano na natureza: um nada diante do infinito e um tudo diante do nada, o meio-termo entre nada e tudo"[5]. Uma metáfora pertinente seria dizer que a criação de Deus é como a película de um filme virgem ainda sem uso. Assim que nós o instalamos em uma câmera fotográfica antiga, ao abrir o diafragma, registramos um evento agora indelével e passaremos pelo banho revelador as imagens impressas. Esse banho "químico" feito na câmara escura desvela a beleza de nosso registro. A foto é o olhar humano, impregnando a película divina gratuitamente recebida. A máquina fotográfica são os meios, as conexões, as pessoas, os momentos, a história, as dores e os amores que filtram nosso olhar e marcam a película divina. A criatura vê-se como é vista pelo Criador. Algumas vezes a fotografia que tiramos fica linda e digna de ser exposta para que seja admirada por toda a humanidade. Tal qual a foto de Cristo, que é a mais bela expressão da beleza do Filho Eterno que se fez humano e nos recriou pela Ressurreição. Dizem os bispos católicos do Brasil: "A criação, amada e desejada por Deus, é ambiente concreto onde o homem realiza sua vocação. Do interior da própria revelação emerge o desejo de Deus pela preservação e cuidado com a

---

5. PASCAL, B. *Pensees 348*. Paris: Gallimard, 1991, p. 1.107 [Oeuvres Complètes].

obra criada. Para isso, colocou o homem no jardim com a vocação de cultivar e guardar a criação"[6].

Deus criou pela Palavra que é seu Filho e nos segue acompanhando pelo Espírito de Amor. Tudo fala de Deus como vestígio da Trindade Santa. Tudo louva ao Criador. Basta silenciar e ouvir o canto das criaturas na sinfonia da verdade interior de cada ser criado. Criador e criatura são sujeitos livres da sinfonia do amor. O Pai é o autor, o Filho o modelo pelo qual tudo foi criado e o Espírito é o sopro que anima e atrai as criaturas elevando-as ao ponto Ômega da Trindade Santa na plenitude do Tempo de Deus que fala conosco de forma direta e livre. "A relação querida é deliberadamente a da transparência"[7].

De forma similar, responderá Santo Agostinho de Hipona (354-430) a seus arguidores quando lhe questionavam para que mostrasse Deus. O bispo de Hipona dirá: "Eu não posso mostrar meu Deus, mas eu te mostro o que Ele fez: Ele que é o Ancião, fez o novo; Ele que é o Eterno, fez o temporal; Ele que é o imutável, fez o movimento. Olhe suas obras e louve o Criador, e creia para ser purificado. Interroga a beleza da terra, interroga a beleza do mar, interroga a beleza da atmosfera vasta e imensa, interroga a beleza do céu, interroga a rotação ordenada das estrelas; pergunta ao sol, que ilumina o dia com seu fulgor; pergunta à lua, que mitiga a escuridão da noite; pergunta aos animais que se movem nas águas, que povoam a terra e voam nos ares; às almas ocultas, aos corpos manifestos; aos seres visíveis que necessitam de quem lhes governe, e

---

6. CONFERÊNCIA NACIONAL DOS BISPOS DO BRASIL. *Texto-base da Campanha da Fraternidade 2017*: Fraternidade: biomas brasileiros e defesa da vida. Brasília: CNBB, 2016, p. 80.

7. GESCHÉ, A. *Deus para pensar Deus*. São Paulo: Paulinas, 2004, p. 71 [Deus para Pensar].

aos invisíveis quem os governa? Interrogue-os! Eles te dirão: 'Olha, somos belos'. A sua beleza é uma confissão. As belezas sujeitas à mudança, quem as fez, senão o imutável Belo?"[8]

---

8. SANTO AGOSTINHO. Sermão 241, 2. In: *Catecismo da Igreja Católica*. 9. ed. São Paulo/Petrópolis: Loyola/Vozes/Paulinas/Ave-Maria/Paulus, 1998, n. 32.

3
A festa do Deus dançarino

Festa é o substantivo mais bem-amado por um jovem, uma família e um povo. Possui a força de aliviar a canseira do viver marcado por rotina, trabalho e sofrimentos. É o momento de pausa e deleite do corpo e da alma. Todos participam de sua alegria, da espontaneidade presente, dos jogos de vida e emoção compartilhados e da celebração comunitária. Fazer festa, festejar, ser festeiro são tarefas assumidas sem pestanejar. Por vezes, isso exige trabalho árduo, mas ninguém reclama demais. É tal qual um parto, com sua expectativa e dores, mas, quando nasce a criança, ou seja, quando estamos imersos nos festejos, o tempo para e a alegria é desbordante. Esquecemos as mazelas da vida e curtimos. Como dizem os jovens: "Cara, é agora, é a *happy hour*".

O dançarino e coreógrafo francês Maurice Bejárt (1927-2007) assim se exprimia ao falar da dança: "A dança é um jogo, a dança é um clamor, a dança é uma oração, é um meio de sair de si. As pessoas não dançam mais, pois nossa civilização exacerbou a noção do eu [...]. Constantemente nos encontramos engolidos pela problemática do eu: a agressividade, a violência exageram o eu; existem o eu e os outros, existem o eu e mundo; existem o eu e Deus"[9]. O que ele escreve sobre a dança pode-se estender à festa como bela ocasião para se livrar das situações embaraçosas ou rotineiras. De certa forma, uma possibilidade de superar a realidade e paralisar o espaço e o tempo pela alegria atemporal da festa. Distanciar-se do eu que faz sofrer e do próprio mundo para experimentar um intervalo de alegria e paz. Atualmente, todos buscam viver momentos especiais de celebração para confrontar e até atacar o mundo demasiadamente regrado por burocracias. A festa é aceitar o sopro do Espírito de Deus que sopra onde quer e quando quer, rindo das ideologias e do rigorismo e das ortodoxias inumanas. A festa é um presente dos céus para uma vida serena e leve na terra.

Os cristãos possuem uma longa e duradoura tradição festiva. Receberam isso de herança do povo judeu, que tem o ano lunar marcado por festividades agrícolas e da virada das estações e dos solstícios e equinócios. As festas judaicas são marca indelével do povo semita e em geral duram sete dias. Os cristãos aprenderam a cultivar sua identidade sem jamais negar a festa e sua função terapêutica e de conexão com o Deus criador. O cristianismo não é lugar para pessoas sisudas e com cara de funeral. Ele é festa, alegria, abraço, partilha de comida e bebida. Há nas celebrações uma forma especialíssima de afirmar as esperanças do Cristo e de exorcizar os medos, instaurando um universo diferente em que as fraquezas naturais ou impostas são superadas e vencidas. Cantar a vida com maior vigor que a cantoria de morte ou desespero dos profetas da desgraça.

---

9. BÉJART, M. Le corp, image de l'âme. In: *Revue L'Art Sacré*, n. 1, 1969, p. 20. Paris.

A festa cristã é um ato de rebeldia. A liturgia cristã é momento de festejo semanal. A festa no cristianismo é dimensão essencial para compreender os sacramentos. O Batismo é a festa nas águas. A Crisma é a festa no perfume. A Eucaristia é a festa ao redor da mesa. E mesmo a Confissão e a Unção, sacramentos de Cura, são festas do corpo que deseja perdão e afeto. O Matrimônio é a festa, mesmo antes do baile dos noivos. Já, ao dizer sim, a festa explode na Igreja e as alianças são compromisso vital. O Sacramento da Ordem é também ele repleto da alegria pascal do novo ministro do Evangelho. É do coração de cada um dos Sacramentos mostrar o rosto invisível do Deus que dança e canta conosco. Não há alegria maior no mundo que estar em Deus e sentir-se amado por Ele. Essa é a cereja do bolo. É a dança do amigo e do Amado. É o presente ricamente adornado com o papel de festa.

Assim diz Otto Maduro (1945-2013): "Viver a vida é, entre outras coisas (e, sobretudo, quem sabe?), buscar a vida feliz e não meramente sobreviver. A vida que se reduz exclusivamente à luta pela sobrevivência – para não morrer e nada mais – é vivida como pesadelo, como situação desesperadora, como um mal. Este é o caso de pessoas e populações vítimas de graves enfermidades, secas e fomes, violência física ou psicológica. Mas vida que buscamos e apreciamos é aquela que sentimos como vida em abundância: vida que é possível gozar junto com os outros, sem pôr em perigo que os outros também a gozem; vida a desfrutar sem destruir a possibilidade de usufruí-la até a mais avançada idade; vida digna de celebrar em comunidade e de recordar depois com saudade... a vida boa, a vida feliz. A vida que merece ser preservada, nutrida, comunicada, reproduzida e festejada – é o desfrute compartilhado do afeto, da companhia, do trabalho, do alimento, do descanso, da arte, do jogo, da dança... enfim, da festa!"[10]

Cristianismo não é masoquista nem triste

Percebemos como alguns pastores, padres, leigos cristãos por séculos transformaram a origem festiva da fé cristã em dolorismo, penitência, tristeza sem-fim, dando ênfase ao demônio, à possessão, às penitências e aos rigorismos, entristecendo a esperança cristã e aniquilando sua alegria intrínseca. Esses corações petrificados acabaram por produzir um catolicismo doente e embrutecido. Algumas paróquias estão, ainda hoje, contaminadas por tanta amargura e ressentimento. Quem mais sofre com a ausência da dimensão festiva é o corpo domesticado. Essa é a razão para que os feridos pelos sistemas de opressão busquem alternativas em festas escondidas ou subterrâneas, fora das religiões ou ao menos das instituições religiosas.

Perdeu-se a memória das celebrações libertárias nascidas no ventre do cristianismo primitivo. Temos notícias disso na história do povo negro escravizado no Brasil e mesmo nos campos de concentração nazistas durante a Segunda Guerra Mundial (1939-1945). Guardar a festa quando a classe dominante semeia a morte é a maior resistência e memória libertária dos oprimidos. Assim diz o Livro do Êxodo ao citar a festa da Páscoa: "Guardai a festa dos pães ázimos, porque naquele mesmo dia tirei vossos exércitos da terra do Egito; guardareis este dia nas vossas gerações por estatuto perpétuo" (Ex 12,17). Assim pede o apóstolo Paulo aos primeiros

---

10. MADURO, O. *Mapas para a festa* – Reflexões latino-americanas sobre a crise e o conhecimento. Petrópolis: Vozes, 1994, p. 30-31.

cristãos por volta dos anos 50 da Era Cristã: "Cristo, nossa Páscoa, foi sacrificado por nós. Por isso façamos festa, não com o fermento velho, nem com o fermento da maldade e da malícia, mas com os ázimos da sinceridade e da verdade" (1Cor 5,7-8). Os cristãos perseguidos pelo Império Romano são capazes de perceber o futuro do mundo em chave alegre e não catastrófica. Eles escrevem no Livro da Revelação: "Por isso alegrai-vos, ó céus, e vos que neles habitais" (Ap 12,12).

Há, obviamente, também hoje, um excesso na outra ponta, pois certo cristianismo cai no ridículo do simulacro totalmente artificial. Padres e paróquias produzem tamanho ruído no canto durante os cultos, que a festa cristã perde sua originalidade, tornando-se máscara de emoções sem suavidade. Verifica-se então o excesso que desvirtua. Como diria o filósofo grego Aristóteles (384 a.C.-322 a.C.): "A virtude está no meio". Nem pouca festa, nem excesso de festa. A medida certa dos festejos é o encontro pessoal e comunitário com o Deus da vida. Não será o volume de decibéis nem de nuvens de gás carbônico que tornarão a festa como momento de beleza. Não é a roupa brilhante e cheia de purpurina que faz a alma cantar e louvar.

Festa não é desfile de moda ou de narcisismos malresolvidos. Estes inclusive são capazes de matar as celebrações em sua raiz mais profunda e livre. São maquiagem carregada de mau gosto. Festa é sempre frugal, simples e despida se é de fato festa cristã. Festa cristã é uma alegria que nasce dentro dos corações. Afirma um Deus que dança com o povo que aceitou o convite para o baile.

Assim dirá Tomás Halík (1948-), eminente sacerdote tcheco: "Será que Jesus – e o Deus Triuno, que nele se revela – pode ser um Deus que dança? Os evangelhos apócrifos descrevem sem qualquer vacilo que Jesus dançava com seus discípulos (não temos qualquer razão para acreditar que essa imagem seja menos autêntica do que muitas lembranças preservadas pelos evangelhos canônicos). Não precisamos nós daquele espírito das crianças, do qual Jesus falou quando prometeu o Reino de Deus àqueles humildes e corajosos o suficiente para nascer mais uma vez, para tornar-se criança mais uma vez, para termos acesso a esse palco de dança da liberdade pascal?"[11]

A festa está inscrita no DNA dos cristãos

Jesus concedeu-nos a justa medida da festa sem medidas: buscar que a celebração dos que seguem o Evangelho do Reino expresse a acolhida dos pobres, que partilhe os bens e que transforme o mundo pela paz ofertada e pelo amor compartido. Jesus sempre fez parte ativa das festas de seu povo judeu: em Caná, em Nazaré, em Cafarnaum, em Jerusalém. Seus pais o levaram para a festa da circuncisão aos oito dias de nascido. Ele certamente celebrou a grande festa da adolescência (*Bar-Mitzvah*) aos treze anos. Participou dos casamentos de parentes e amigos. E alegrava-se imensamente com as festas de primavera, verão e outono. Ficamos imaginando em seu povoado de Nazaré a alegria que mexia com o coração na festa da tosquia das ovelhas. Esses festejos agrícola-pastoris sempre foram combinados desde cedo com os temas da presença de Deus na vida do povo de Israel.

Festa é sinônimo de *Shalom* (palavra de origem hebraica, que significa 'paz', em português). Ela unia Deus à vida diária do povo. Não havia separação entre religioso e profano. Deus e o povo cantavam e dançavam juntos. A pregação de

---

11. HALÍK, T. *Toque as feridas* – Sobre sofrimento, confiança e a arte da transformação. Petrópolis: Vozes, 2016, p. 74-75.

Jesus principia ao proclamar um ano sabático ou jubilar. Ano de festejo e júbilo. Terra devolvida e alforria para todos é o começo do Evangelho. A festa começa com a liberdade garantida às pessoas acorrentadas. Corrente é negação da festa e do Evangelho. Emancipar todos os escravos é a primeira condição para poder festejar. Ao assumir as esperanças e as angústias de todos os seres humanos, Jesus participa da festa de seu povo, transformando água em vinho. Se seu caráter era de alguém determinado e focado, Ele o fazia de forma alegre e não como um rabugento ou autoritário. Jesus sabia o que queria, tendo sempre um sorriso nos lábios. Seu firme propósito de ir a Jerusalém não o impediu de tocar e ser tocado pelos caídos nas estradas e sorrir para eles. Seu sorriso já era um gesto de caridade. Jesus era um homem simpático que agregava as pessoas ao seguimento.

Assim diz o teólogo José Antônio Pagola (1937-): "É muito raro em nossos dias ouvir pregar sobre a felicidade. Há tempos que ela desapareceu do horizonte da teologia. Ao que parece, esqueceu-se aquela explosão de júbilo que viveu nas origens o cristianismo e acabamos ficando exclusivamente com as exigências, a lei e o dever. A impressão global que os cristãos dão hoje é de uma fé que estreitaria e angustiaria a vida do homem, que alienaria sua ação e mataria seu prazer de viver. A acusação de F. Nietzsche, em geral, é correta. Não temos feições de redimidos, parecemos 'pessoas acorrentadas do que libertadas por seu Deus'" [12].

A festa não participa da alienação
A festa não é só diversão ou mesmo, distração, mas é a alegria certa e verdadeira de estar em Deus, de só viver feliz quan-

---

12. PAGOLA, J.A. *É bom crer em Jesus*. Petrópolis: Vozes, 2016, p. 15.

do todos os demais são felizes. É sorrir com o sorriso gratuito de uma criança. É alegrar-se com o rosto de uma mulher que acaba de dar à luz um bebê, sentindo-se parteiro com ela. É festejar com o aniversariante como que apagando com ele as velas do bolo. É resistir à perseguição ofertando a quem amamos uma pequena flor em dia distinto da festa do casamento, ou seja, surpreendendo o(a) outro(a) com gestos delicados e inusitados. A festa fortalece-se na surpresa e no presente escondido. Não é troca mercantil. Não é compra nem venda. É gratuidade. É carinho. É quebrar a ordem tradicional rompendo os muros. Há sempre um quê de rebeldia e subversão em cada festa vivida e celebrada.

A festa é a quebra do ordinário pela presença de algo ou Alguém que nos visita, extraordinariamente. Nessa comemoração, os festeiros suspendem e paralisam o tempo. Cristianismo é também vida antes da morte. E vida marcada por festas e emoções compartilhadas. É celebração provisória como aperitivo do Reino definitivo. Ela é uma alegria coletiva que brota do riso e do contraste. Assim demonstra o professor Jorge Cláudio Ribeiro (1949-): "A expressividade da festa do povo explode no canto, na dança, nas roupas à fantasia e outros recursos visuais. A expressividade popular é, sobretudo social, criadora de igualdade. A dança rompe com a fadiga dos movimentos automatizados, retilíneos, solitários. Concluindo. Conflito, contraste, gratuidade, utopia e expressividade são elementos através dos quais a festa realiza sua pedagogia espontânea"[13].

Vale lembrar que o maior de todos os momentos das Igrejas cristãs é a festa da Eucaristia. Os cristãos atribuem-lhe

---

13. RIBEIRO JÚNIOR, J.C.N. *A festa do povo* – Pedagogia de resistência. Petrópolis: Vozes, 1982, p. 56-57.

muitas denominações: Ceia Pascal, Ceia do Senhor, Missa, Liturgia Eucarística, Banquete do Cristo, Mistério da Fé. Todos para demonstrar que o Deus da vida participa das celebrações festivas de seu povo fiel. Eucaristia é celebrar as maravilhas de um Deus Pai que se alegra com seus filhos. Uma das mais belas parábolas de Jesus, contada por dois evangelistas, Mateus e Lucas, fala dos convidados ao banquete, e de forma conflitiva diz que deveriam ser chamados primeiro os não convidados, ou seja, os jamais convidados, os desprezados e relegados aos últimos lugares ou a lugar nenhum. Jesus usa do humor e da ironia fina para criticar os notáveis e a elite religiosa, os quais consideram o pobre como escória e refugo.

Diz Gustavo Gutiérrez (1928-) ao analisar o seguinte trecho do Novo Testamento: "Mateus chega a dizer algo surpreendente: saíram os criados pelos caminhos e reuniram todos os que encontraram, maus e bons, a sala da festa ficou cheia de convidados (Mt 22,10). Maus e bons, nessa ordem. Uma vez mais se trata não de mérito de ordem moral, mas de uma situação objetiva de pobres e aleijados, cegos e coxos (Lc 14,1), que o convidara à sua mesa: preferir os últimos, os distantes, os que não podem corresponder (Lc 14,14)"[14].

Essa é a razão para que o papa Francisco (1936-) insista tanto em proclamar o Evangelho da Alegria: "Nós pensamos sempre em Jesus quando ele pregava, quando curava, quando caminhava, quando ia pelas ruas, também durante a Última Ceia. Mas não estamos tão acostumados a pensar em Jesus sorridente, alegre. Jesus era cheio de alegria. Alegria que derivava da intimidade com o Pai. É precisamente o mistério íntimo de Jesus, o relacionamento com o Pai, no Espírito. É a sua alegria interior que Ele nos dá. Essa alegria é a verdadeira

---

14. GUTIÉRREZ, G. *O Deus da vida*. São Paulo: Loyola, 1990, p. 152.

paz: não é uma paz estática, quieta, tranquila. A paz cristã é uma paz alegre, porque Jesus é alegre, Deus é alegre. Não se pode pensar em uma Igreja sem alegria e a alegria da Igreja é precisamente isso: anunciar o nome de Jesus. Paulo VI dizia: a alegria da Igreja é evangelizar e transmitir essa alegria aos seus filhos"[15].

---

15. Disponível em http://w2.vatican.va/content/francesco/it/cotidie/2013/documents/papa-francesco-cotidie_20131203_pace-rumorosa.html – Acesso em 13/05/2018.

4
Deus existe?
E onde estão as provas?

"Há dois tipos de pessoas: as que têm medo de perder Deus e as que têm medo de o encontrar." (Pascal) Muitas vezes, o tolo diz em seu coração que Deus não existe (cf. Sl 13[14],1). Mas mesmo pessoas fervorosas muitas vezes têm dúvidas quanto à existência de d'Ele. Isso penetra na inteligência e a ciência moderna coloca em xeque a fé religiosa. Quanta gente nos joga na cara: "Onde está o teu Deus?" (Sl 41[42],4; 78[79],10).

O pensamento humano propôs alguns argumentos diante dessa questão. O argumento religioso, presente em diferentes culturas e tradições religiosas, particularmente no judaísmo, no cristianismo e no hinduísmo, afirma a existência de Deus, pois mulheres e homens dizem ter ouvido sua voz. Religiosos tornam-se interlocutores que dialogam com Deus e creem que Ele existe e se comunica com a humanidade. Poderíamos chamar de prova por tradição experimental.

O argumento ontológico, sustentado por Anselmo de Cantuária, doutor da Igreja do século XI, afirma o seguinte raciocínio: Deus é o mais grandioso ser concebível ("*Id quod nihil majus cogitari possit"*); que existir na realidade é superior a existir apenas no pensamento; logo, Deus existe. É um argumento lógico proposto por Descartes e Spinoza em novas perspectivas.

O argumento cosmológico, ou argumento da causa primeira, foi defendido por Santo Tomás de Aquino e Samuel Clarke, entre outros. Santo Tomás critica Anselmo e desenvolve seu argumento pelas conhecidas cinco vias, relacionadas a seguir:

1) As mudanças devem ter origem em uma causa primeira (o motor imóvel de Aristóteles).

2) Os efeitos devem ter uma causa original, que todos chamam Deus.

3) Se houve tempo em que nada existia, nada pode vir do nada, logo, houve no início algo que foi a causa de todo os seres e coisas contingentes, um Ser de existência necessária, que é Deus.

4) Quanto mais perto da perfeição, mais perfeitos seremos; assim, deve existir um grau último e elevado de toda a bondade, que é Deus.

5) O sentido das coisas, pois na natureza tudo é dirigido para uma meta por alguém com entendimento, e a este damos o nome de Deus.

Temos ainda os argumentos teleológico, do teólogo William Paley, que busca encontrar um sentido e uma finalidade maior em todas as coisas e seres (seu maior crítico foi David Hume); o moral, de Immanuel Kant, que busca compreender a origem de todo o bem e felicidade na fonte suprema da virtude que é Deus, e o pascaliano, chamado de aposta de Blaise Pascal, que afirma que ganhamos muito se acreditarmos em sua existência e perdemos tudo se a negarmos. Daí que vale a pena apostar na sua existência.

Os agnósticos, como o biólogo Thomas Henry Huxley, defendem a impossibilidade da existência de Deus. Ficam na porta sem atrever-se a enfrentar a questão que para eles não faz sentido. Os crentes em Deus acabam tornando-se o outro lado do pêndulo ao dizer que a possibilidade da revelação existe e é uma questão de fé que não pode ser comprovada cientificamente. Os ateus, desde Lucrécio até Diderot, Voltaire, Sartre, Mark Twain, Feuerbach, Nietzsche, Marx, Russel, e atualmente o britânico Clinton Richard Dawkins, conhecido zoólogo e evolucionista darwinista, integram o grupo daqueles que radicalmente negam Deus e dizem que a existência do mal seria uma prova suficiente para isso. Se o mal existe, Deus não pode tudo. E, se a evolução nos colocou ao lado dos símios, por que precisamos d'Ele? Bastariam os genes e os memes para compreender a vida! Falam até de uma espiritualidade sem Deus.

Os cristãos afirmam pela fé que o argumento primeiro da existência de Deus é uma confissão consciente e amorosa de um encontro em que Ele se revela. Por isso dizemos com alegria: "Cremos em um só Deus Pai Todo-poderoso, revelado pelo Filho, Jesus Cristo, na presença do Espírito Santo". Esse "cremos" é um ato de fé razoável e misterioso não demonstrável em laboratórios, mas nasce no coração das pessoas pela graça. Não há provas científico-experimentais de Deus. As provas existem em outro nível: o do amor. A ciência experimental pode reconhecer seus limites, mas não pode nem afirmar nem negar a existência d'Ele. O substantivo Deus pertence a outro vocabulário, o da fé e das convicções interiores. O cientista pode, se for humilde, reconhecer as razões para afirmar a existência de um Ser que o supere. As teorias do universo em expansão, das partículas subatômicas e o projeto genoma apresentam cenários que apontam para um Criador. O salto não será de ordem científica, mas espiritual. Será uma interpretação e uma experiência viva que se exprime com palavras que têm sua origem na revelação e no mistério do próprio Deus. Ele fala primeiro e, ao ouvi-lo, aprendemos este novo vocabulário: perdão, amor, misericórdia, céu, pecado, liberdade plena, felicidade, contemplação, alegria infinita e, sobretudo, plenitude.

A finalidade da vida humana é participar da vida divina e da contemplação do bem, da beleza e do amor. Santo Agostinho diz que jamais descansaremos enquanto não estivermos em Deus, fonte de toda beleza e de todo amor. Os cristãos afirmam pela fé que Deus existe, pois fazem uma experiência pessoal de seu amor (coração) e sabem (inteligência) que Ele habita em seus corações como graça e dom espiritual (mística). Afirmam ainda que este crer faz bem ao ser humano. Esse ato de fé plenifica o ser humano, homem e mulher, sem diminuí-lo nem negar a sua vocação transcendental. Torna-se como que liturgia bonita que faz florescer a plena beleza do humano no cuidar da criação.

O papa João Paulo II afirmava em 1985 que a fé em Deus "não mortifica a inteligência humana, mas a estimula a refletir e lhe permite melhor compreender todos os porquês que nascem da observação do real".

Para finalizar esta reflexão, vale recordar a excelente catequese do papa Bento XVI, de 18 de novembro de 2009, em que ele afirma a necessidade de redescobrir o caminho da beleza, como um dos caminhos e, talvez, o mais atraente e fascinante, para chegar a encontrar e amar a Deus: "As obras de arte nascidas na Europa nos séculos passados são incompreensíveis quando não se leva em consideração a alma religiosa que as inspirou. Um artista, que sempre deu testemunho do encontro entre estética e fé, Marc Chagall, escreveu que 'os pintores, durante séculos, tingiram seu pincel nesse alfabeto colorido que era a Bíblia'. Quando a fé, de modo particular a celebrada na liturgia, encontra-se com a arte, cria-se uma sintonia profunda, porque ambas podem e querem falar de Deus, tornando visível o Invisível". Este talvez seja o melhor argumento, pois fala sem uso de palavras, vê com os olhos do coração e busca o encontro que tanto desejamos lá no fundo d'alma.

5
Ao infinito... E além!

Qualquer criança repete alegremente a frase do personagem Buzz Lightyear, da saga *Toy Story*[16]. O criador inspirou-se no astronauta Buzz Aldrin (1930-), da nave Apolo. Buzz Lightyear não sabe que é um brinquedo, pois pensa ser um patrulheiro espacial capaz de voar, comunicar-se com outros seres e emitir raios especiais. É patrulheiro da Aliança intergaláctica locado no quadrante Gama, setor Quatro. Creio que podemos aprender algo com esse boneco. Há algo em comum entre ele e os cristãos, pois ambos querem viver a frase que impulsiona nossas aventuras vitais: "Ao infinito... E além!"

Nosso amado papa Francisco (1936-), falando ao povo cristão na Praça de São Pedro durante o *Ângelus* de 6 de novembro de 2016, recordava insistente: "A existência depois da morte será distinta daquela na terra. Não é possível aplicar as categorias deste mundo à realidade do outro. Jesus pretende explicar que neste mundo vivemos de realidades provisórias, que terminam; entretanto no além, depois da ressurreição, não

---

16. *Toy Story*. Califórnia: Pixar Animation Studios, 1995 [Color. Direção: John Lasseter. Produção: Ralph O. Bonnie Arnold. Intérpretes: Tom Hanks, Tim Allen, Don Rickles, Jim Varney e outros].

teremos mais a morte como horizonte e viveremos tudo, até mesmo os laços humanos, na dimensão de Deus, de maneira transfigurada. Atenção! A ressurreição não é apenas o fato de ressurgir após a morte, mas é um novo tipo de vida que já experimentamos no hoje. É a vitória sobre qualquer coisa que já pudéssemos antecipar (degustar). A ressurreição é o fundamento da fé e da esperança cristã! Se não houvesse referência ao paraíso e à vida eterna, o cristianismo se reduziria a uma ética, a uma filosofia de vida. Entretanto, a mensagem da fé cristã vem do céu, é revelada por Deus e vai para além deste mundo. Crer na ressurreição é essencial, para que cada ato de amor cristão não seja efêmero e um fim em si, mas torne-se semente destinada a florescer no jardim de Deus, e produza frutos de vida eterna"[17]. O que exige o futuro? Esse é um enigma que precisa ser enfrentado sob três ângulos distintos: o futuro do presente, o presente do futuro e o futuro do futuro.

O futuro do presente

A área da teologia cristã que estuda o futuro não se chama futurologia, como presente nos cenários propostos por sociólogos, demógrafos, estatísticos, publicitários e historiadores. O nome cristão para pensar o futuro é escatologia, que vem da língua grega e poderia ser traduzida por 'discurso sobre o fim último da humanidade e do mundo como criação de Deus'. Se houve um começo e um Gênesis, haverá uma destinação e um julgamento. Antigamente, o nome da disciplina das faculdades era Fins Últimos, ou Novíssimos. No Antigo Testamento, essa destinação se confundia com a espera ansiosa de um Messias que iria inaugurar um novo tempo. A par-

---

17. Disponível em http://w2.vatican.va/content/francesco/it/angelus/2016/documents/papa-francesco_angelus_20161106.html – Acesso em nov./2016.

tir do Novo Testamento, abriu-se efetivamente a perspectiva fecunda do Reino de Deus em ação, e toda a humanidade é convidada a tomar parte dele assumindo-o na vida e no coração. No aqui e agora, e no ainda não. Como semente e como experiência antecipada e degustada como aperitivo de Deus para nós. No presente e no futuro. Ou no futuro do presente, abertos ao infinito e crendo no além das maravilhas de Deus. Jesus anuncia simultaneamente que o Reino está próximo e achegando-se. Que está presente tal qual grão de mostarda. Como protótipo de algo maior e mais belo. Por sua morte e sua Ressurreição, Jesus, o Cristo, inaugura uma nova era, um novo modo de ser no mundo e para além dele. Os que creem na verdade de futuro, auxiliados pelo Espírito Santo Paráclito, tornar-se-ão cooperadores da Graça Divina no cotidiano da vida que se torna eterna desde agora no tempo, ainda que devam passar por uma nova gestação para completar a metamorfose humana sem perder a essência do corpo e da alma que serão finalmente assumidos e transfigurados em Deus.

Assim poetiza São João da Cruz (1542-1591): "No entardecer da vida seremos julgados no amor". O futuro é feito dessa esperança concreta e viva. É aquilo que será. Seremos aquilo para o que fomos criados: para o Amor. É Aquele que está para chegar, sem determinismos, mas vivendo a plena liberdade de filhos de Deus, que atuam "segundo a Eternidade". Não como carta marcada ou um destino prefigurado em estrelas ou jogos mágicos. É um viver no contingente sabendo que somos destinados a superar barreiras e limites, ainda que tudo pareça destinado à morte e à finitude. Dirá o teólogo Adolphe Gesché (1928-2003): "O que a fé cristã revela não é que a vida é caduca (ser para a morte, de Heidegger), mas a morte. A fé na eternidade proclama que a vida é tão viva, precisamente, que é a morte que é mortal, e que a vida é quem terá a derradeira palavra (o ser para a vida)"[18]. Há uma semente de eternidade oculta em nosso DNA histórico e encarnado. Para que haja tulipas, a cada ano, os floristas turcos e holandeses retiram o antigo bulbo do ano anterior, escavam vinte centímetros na terra e o replantam para que cresçam novo caule e nova flor única. Sem afundar o bulbo na terra, não há nova flor. Não se trata de reencarnação ou de um eterno retorno, mas de uma vida nova e plena em Deus. Assim pensamos nossa morte pessoal, o fim do mundo criado, o julgamento particular, o paraíso, o inferno e a purificação pessoal, além de crermos no retorno e na segunda vinda de Cristo, no juízo universal de tudo e todos, na ressurreição dos mortos, na vida eterna. Com o Apóstolo Paulo, a Igreja crê firmemente: "O que os olhos não viram, os ouvidos não ouviram e o coração do homem não percebeu, isso Deus preparou para aqueles que o amam" (1Cor 2,9b).

Santa Teresa de Ávila (1515-1582) apresenta essa etapa em forma de poema: "Vivo sem viver em mim, e tão alta vida espero, que morro porque não morro. Vivo já fora de mim, desde que morro d'Amor, porque vivo no Senhor que me escolheu para si; quando o coração lhe dei com terno amor lhe gravei: que morro porque não morro!"

O presente do futuro

O teólogo belga Paul Scolas (1974-) afirma: "O cristianismo nasceu, nós o sabemos, na efervescência escatológica, e o evento pascal sendo visto como o acontecimento que fecha a história. A história continuou, mesmo assim, e foi preciso

---

18. GESCHÉ, A. *La destinée*. Paris: Du Cerf, 1995, p. 150 [Dieu pour Penser].

pensar e assumir este atraso da Parusia"[19]. Assumir a história como o lugar da liberdade e buscar nela um sentido é tarefa árdua e exige pensamento aguçado. Fazer a leitura do presente e de memórias do passado é mais fácil. A questão enigmática é pensar o final dos tempos. Aqui entra de cheio a realidade sacramental que permite viver o presente do futuro. Celebrar a vitória do Cristo no ainda não de nossas vidas. Antecipar o Reino de Deus é celebrar sua presença concreta no tempo cronológico. Essa é a maneira cristã de articular escatologia e história evitando milenarismos ou escatologias secularizadas que prometem a redenção eterna em vasos quebrados. O vaso cristão também é de argila, mas sabemos que o oleiro é Deus. O cristianismo não propaga nem alimenta mensagens de terror como algumas seitas ao propor datas terminais inspiradas em textos apócrifos, como: "De mil passará e de dois mil não passará". Esses profetas da desgraça anunciam finais do mundo que não acontecem. Nem o próprio Cristo sabia quando será o dia e a hora do Dia do Senhor Eterno encerrar a história (cf. Mt 24,36). Para além dessas arrogantes plenitudes da economia neoliberal, de uma política hegemônica ou de culturas neocolonialistas, deve haver uma teimosia cristã que negue os ídolos e que afirme o infinito. Diz o documento do Concílio Vaticano II (1962-1965): "Podemos legitimamente pensar que o destino futuro da humanidade está nas mãos daqueles que souberem dar às gerações vindouras razões de viver e de esperar" (GS 31)[20].

---

19. SCOLAS, P. L'interrogation théologique sur la destinée humaine. In: GESCHÉ, A. *Destin, prédestination, destinée.* Paris: Du Cerf, 1995, p. 30.
20. PAULO VI. *Constituição Pastoral Gaudium et Spes* – Sobre a Igreja no mundo atual. Roma, 07/12/1965 [Disponível em <http://www.vatican.va/archive/hist_councils/ii_vatican_council/documents/vat-ii_const_19651207_gaudium-et-spes_po.html – Acesso em nov./2016].

Quando nos disserem que o além está demorando muito, os cristãos devem apresentar valores de experiências profundas do céu na terra, ou seja, mostrar as realizações construídas nas comunidades daquilo que esperam para não cair no desespero que faz perder o sentido do viver.

Quando alguém fala que algo é o fim último, os cristãos dirão um sonoro não! Sabem que a história não acaba em produtos terrenos e que esperam algo mais belo vindo de Deus diretamente. Paradoxalmente, quando alguém disser que não haverá nenhum fim, os cristãos dirão que este virá e que é preciso estar pronto para aceitá-lo e viver como algo pessoal sem demagogia, nem esmagamento da esperança.

Relativizar as realizações concretas para não inflar egos e sistemas e o alimentar utopias para não sucumbir diante de ideologias e depressões. Quando alguém mostrar ouro de tolo, os cristãos exporão sua fé na Ressurreição. E, se uma pessoa apresentar a religião como um relicário de vitórias ou milagres retumbantes, eles mostrarão a Cruz de Cristo como insígnia.

Santa Teresa de Ávila ajuda a pensar essa outra etapa: "Ai, que vida tão amarga, por não gozar o Senhor! Pois, sendo doce o amor, não o é, a espera larga; tira-me, ó Deus, este fardo tão pesado e tão amargo, que morro porque não morro".

O futuro do futuro

Quem de nós nunca encontrou alguém que viu negado ou mesmo negou-se ao amor? E que sofre profundamente por/com isso. Pessoa ferida e doente de amor. Conhecemos muita gente que perdeu a fé ou que a negou. Vive de fugacidades e constantes buscas. Não falo aqui da fé cristã, mas da experiência profunda da fé e da fidelidade na vida, nos outros e nela mesma. Essa pessoa sem fé vive como um morto-vivo, sem amigos, sem coragem e sem vigor. Vai desvanecendo até apagar-se e morrer de infidelidade. Ao perder a fé, perde o vínculo vital.

Às vezes, e parece ser epidemia, vamos encontrando pessoas desesperançadas e sem perspectiva de futuro. Recusam-se à esperança, pois foram adestradas a viver sem sonhos. São manipuladas pelo capitalismo consumista e acabam elas mesmas sendo consumidas. Nesses casos, é preciso dizer em alto e bom som que o futuro do futuro é uma virtude imprescindível do humano. Precisamos ser o que ainda não somos. Prodigalizar nossa vida para reverberar o melhor de nós. Negar a mediocridade reinante e a passividade imposta por governos e elites dominantes. A força interior da esperança precisa explodir dentro de nosso coração. É imprescindível que esse sentimento seja cultivado entre pessoas, grupos e ambientes.

Boa vontade somada a iniciativas movidas por sonhos. Articular o futuro no presente que vive de memórias. Esperar como um esperançar. Esperar como um querer viver melhor. Esperar como um crer diante das desesperanças. O futuro do futuro será crise e oportunidade, na justa medida que evite exageros de passado, de presente e de futuro. Disse o sábio chinês Lao-Tsé (séculos XIV e XV a.C.): "Se você está deprimido, você está vivendo no passado; se você está ansioso, você está vivendo no futuro; se você está em paz, você está vivendo no momento presente".

Um dos maiores teólogos do século XX, o padre jesuíta francês Pierre Teilhard de Chardin (1881-1955), assim descreve o processo no qual o ser humano se descobre simultaneamente um produto e o responsável da evolução universal.

A pessoa traz dentro de si a concepção evolutiva universal aberta e dinâmica. Escreve Teilhard: "Até aqui os homens viviam ao mesmo tempo dispersos e encerrados em si mesmos, como pássaros reunidos na adega de um navio cujo movimento nem sequer suspeitavam. Sobre a Terra que os agrupava, não encontravam então nada melhor do que disputar e distrair-se. Mas eis aqui que por casualidade, ou melhor, pelo efeito normal da organização, nossos olhos acabam por se abrir. Os mais ousados entre nós subiram à ponte do navio. Viram o navio que nos levava a todos. Perceberam a espuma na proa que corta o mar. Deram-se conta de que existe uma caldeira a alimentar e um timão a governar. E, sobretudo, viram nuvens flutuantes, sentiram o perfume das ilhas além do círculo do horizonte. Já não é possível aquela agitação da adega, já não é possível andar à deriva. Chegou o tempo de pilotar. É inevitável que outra humanidade tenha que surgir desta visão"[21].

Sim, ao infinito vamos, e para além dele! Sabendo que somos humanos feitos por Deus para n'Ele viver. Além da morte, cremos que exista eternidade. Na eternidade, em que não há morte, cremos que há amor e a visão beatífica de Deus. Seremos humanos plena e eternamente no colo do Pai. Eternidade de amor superando tempos e relógios. Eternidade de comunhão e desvelamentos. Tempo de pilotar nosso presente abertos ao mapa eterno de Deus.

Será oportuno declamar a poesia de Santa Teresa de Ávila: "Do Alto, aquela vida que é a vida prometida/ Até que seja perdida não se tem, estando viva;/ Morte, não sejas esquiva;/ Vem depressa em meu socorro,/ Que morro porque

---

21. TEILHARD DE CHARDIN, P. *L'activation de l'énergie*. Paris: Du Seuil, 1963, p. 80.

não morro./ Vida, que posso eu dar a meu Deus que vive em mim,/ se não é perder enfim para melhor o gozar?/ Morrendo O quero alcançar,/ Pois n'Ele está meu socorro, que morro porque não morro" [22].

---

22. Disponível em http://www.corazones.org/santos/teresa_avila.htm# Muero porque no muero – Acesso em nov./2016.

6
A verdade vos libertará

No Antigo Testamento, a verdade é identificada ao que é sólido, seguro, digno de confiança. Ela equivale à fidelidade, compromisso pessoal com alguém. Não é um conceito nem ideia fixa da realidade. É manter-se firme e coerente com valores e vidas concretas. A verdade de Deus exprime-se em sua fidelidade constante em favor do povo escolhido de Israel durante sua luta e sua construção na história. Essa característica vai-se plasmando na história de seu amor. Ela é mais que um substantivo, é um verbo de ação. Identifica-se com fidelidade de quem ama sempre e é capaz de perdoar e recomeçar sempre. A autenticidade do povo é a de marchar fielmente na Aliança com seu Deus pessoal e vivo, respeitando a Lei e os Mandamentos. O oposto da verdade não é a mentira, mas, em primeiríssimo lugar, a traição e a infidelidade à Aliança. Quem trai o compromisso com Deus e seu povo mente, banaliza, confunde, simula, tergiversa, amaldiçoa, falsifica e se perde da trilha do amor. Torna-se grosseiro, mentiroso e leviano. Vende a própria alma e o projeto da liberdade a que Deus o convocou. Torna-se escravo da idolatria e do medo.

O cristianismo assume completamente essa raiz da fé dos semitas e lhe oferece um rosto próprio ao afirmar que a

Verdade não é algo, mas alguém: Jesus, caminho, verdade e vida (cf. Jo 14,6). Jesus, o Filho Amado, é a verdade. O homem-Deus é o verbo da ação que confronta inverdades, traições e mentiras. A verdade cristã é um seguimento correto da pessoa de Jesus e de seu Evangelho. Autêntico é quem vive a Verdade de Jesus, assim como o mesmo Jesus a viveu pela ação do Espírito de Deus. Essa comunhão com a pessoa de Jesus Ressuscitado torna livres os atos, os pensamentos e as palavras d'Aquele que se assume plenamente humano, na fidelidade ao Deus, Pai de Jesus. Em chave cristã, essa autenticidade é, portanto, mais que conformidade, como bem exigem os filósofos e a lógica, e também bem mais que uma demonstração, como pedem os cientistas.

Para quem segue Jesus, verdade é revelação: no encontro com Cristo, o fiel cristão descobre a própria santidade interior no caminho para Deus. Os cristãos são convidados, sem imposições, a acolherem e a fazerem sua a palavra da Verdade que lhes revela quem eles mesmos são, de onde vieram e para onde caminham. Saber-se um filho de Deus e irmão amado de Jesus é o segredo da verdade fundante do cristianismo. Não é uma verdade entre outras. É aquela original, da qual derivam todas as demais. Somos filhos amados do Deus que é Trindade Santa e nos quer salvar e levar para a comunhão plena na Verdade. Assim sendo, o que mais atinge a verdade não é o erro nem a ilusão, que certamente a corrompem, mas é, sobretudo, tudo aquilo que aniquila a verdade como fidelidade a Deus e aos irmãos. É toda traição que se apresenta com vestes ofuscantes e que é filha da mentira. A beleza que ofusca e cega é chamada na Bíblia como Lúcifer, o pai da mentira. Só a verdade nos libertará (cf. Jo 8,32). Verdade é um caminho por onde se anda (cf. Sl 26[25],3; 86[85],11). Trajeto que nos permite dizer "amém" quando experimentamos a presença de Deus em nossas vidas.

Quem trilha o caminho da verdade deve submeter-se à disciplina do verdadeiro. É preciso ter uma alma reverente. Uma pessoa inteligente, um(a) verdadeiro(a) intelectual deve estar determinado(a) na busca da verdade. Descobrir essa autenticidade é uma obra de simpatia com a própria verdade. Disse padre Antonin-Gilbert Sertillanges (1863-1948), de forma luminosa: "Pelo pensamento nós encontramos algo, nós não o fazemos. Nosso intelecto é globalmente uma potência passiva; é-se forte, intelectualmente, na media em que se é receptivo. Para um espírito culto e humilde, as luzes vêm de todos os lados, elas se agarram a ele como a aurora aos cumes. O que importa num pensamento não é sua proveniência, são suas dimensões, o que é interessante no próprio gênio não é nem Aristóteles, nem Leibniz, nem Bossuet, nem Pascal, é a verdade. Quanto mais preciosa for uma ideia, menos importância tem saber de onde ela provém. A verdade, e só ela, tem direito, e ela tem direito onde quer que ela apareça"[23].

Satanás e os filhos da mentira

Trair a Aliança com Deus, negar nossa irmandade com todos os filhos de Deus, romper com a justiça constituem-se nos passos de quem cai na mentira e no engano. Mentir é recusar a verdade a que cada pessoa tem direito para ser feliz e transparente. São João Evangelista ensina-nos, em seu evangelho, que aqueles que não compreendem a linguagem de Jesus ou que não são capazes de escutar a sua palavra são filhos do diabo. Diz: "O vosso pai é o diabo, e vós estais de-

---

23. SERTILLANGES, A.-D. *A vida intelectual:* seu espírito, suas condições, seus métodos. São Paulo: É Realizações, 2010, p. 110-113.

terminados a realizar os desejos de vosso pai. Desde o princípio, ele se empenhou em fazer morrer o homem; ele não se manteve na verdade. Quando fala a mentira, ele tira do seu próprio cabedal, porque é mentiroso e pai da mentira" (Jo 8,44). De forma firme e audaz, Jesus proclama: "Aquele que é de Deus escuta as palavras de Deus; e é porque não sois de Deus que vós não me escutais" (Jo 8,47).

Toda pessoa que mente ou difunde aleivosias, ao falar mal de seus irmãos, vociferando palavrões, ou propagando palavras sem fundamento real ou credibilidade, torna-se um filho de satanás servindo ao pai da mentira. Hoje assistimos perplexos a centenas de *sites* de notícias falsas (*fake news*), e mesmo alguns cristãos se oferecem para serem acólitos do demônio, falando mal de prelados, desejando suas mortes, o fim da Conferência Nacional dos Bispos do Brasil (CNBB), caluniando as pastorais sociais, demonstrando carregar veneno nos lábios e ódio no coração e no fígado.

Desde Santo Agostinho de Hipona (354-430) até Hannah Arendt (1906-1975), os intelectuais vêm-nos alertando para que não fôssemos possuídos pelo mal ou nos tornássemos defensores da banalidade do mal. O próprio Santo Tomás de Aquino (1225-1274) redigiu uma prece para obter as virtudes onde se lê: "Que eu retenha em meus lábios toda palavra vã, que eu preserve meus passos de todo erro, que eu impeça o meu olhar de vagar sem sentido para lá e para cá, que eu proteja meus ouvidos das fofocas e mentiras"[24]. Há, atualmente, muita cumplicidade com o mal, disfarçada em defesa da moral, da tradição, da família e da propriedade. Em nome de opiniões ideológicas, alguns se assumem "donos absolutos

---

24. SERTILLANGES, A.-D. & BOULANGER, B. *Les plus belles pages de Saint Thomas d'Aquin*. Paris: Flammarion, 1939, p. 141.

da verdade", passando a considerar os demais como heréticos da sua parcial opinião. O mal estaria no outro, que pensa diferente, pois criticam ciscos dos olhos alheios, sem aperceber-se do caibro em sua visão ofuscada.

O teólogo Dietrich Bonhoeffer (1906-1945), pastor-mártir assassinado após envolver-se em uma trama para tentar assassinar Adolf Hitler (1889-1945), refletiu sobre a sociedade alemã e a ideologia totalitária dos nazistas: "Dizer a verdade muda de significação segundo a situação na qual nos encontramos. Cada vez, devemos tomar em conta as condições nas quais devemos dizer a verdade. Devemos nos colocar a questão de saber se e de que maneira um homem tem o direito de exigir de outro uma linguagem verdadeira. Um cínico que pretendesse dizer a verdade sempre da mesma maneira, em todo e qualquer tempo e para todo ser humano, apenas apresentaria um simulacro da verdade. Ao tornar-se fanático da verdade, não levaria em conta as fraquezas humanas e destruiria a verdade viva entre os humanos. Ele prejudicaria a modéstia, profanaria o mistério, violaria a confiança, trairia a comunidade na qual vive, e riria com arrogância das ruínas que ele próprio ocasionou ao menosprezar a fraqueza humana, 'incapaz de suportar a verdade'. Acabaria por afirmar a verdade como algo destrutivo, pois necessitaria de vítimas e se creria um pequeno deus que reina sobre as frágeis criaturas, ignorando que ele mesmo serve a satanás" [25].

Exemplo concreto dos atuais servidores de satanás pode-se encontrar em redes sociais, órgãos da imprensa mundial e mesmo em nossas famílias, em verdadeira epidemia

---

25. BONHOEFFER, D. *Éthique*. Genebra: Labor et Fides, 1966, p. 177.

mundial de cegos morais. Até mesmo em púlpitos religiosos testemunhamos pessoas que pregam sem pensar, nem rezar. Lançam palavras ocas ao vento, difundindo a maledicência. Sobre esses pregadores, adverte Santa Teresa de Ávila (1515-1582): "O demônio não dorme. Torno a suplicar a Vossa Reverência que, embora pregue pouco, como afirma, cuide bem daquilo que diz" [26].

Estudo recente realizado pelo Conselho da Europa, situado em Estrasburgo, na França, classificou as notícias falsas em três categorias dentro da desordem das informações que anulam e ofendem a verdade. São estas:

1) A desinformação, que consiste em notícias falsas deliberadamente criadas e espalhadas para prejudicar uma pessoa, um grupo social, uma organização ou um país.

2) Outra é a notícia falsa propriamente dita, compartilhada por uma pessoa desavisada que a princípio não tinha a intenção de prejudicar alguém. Como aqui o critério não é a má-fé, incluem-se até reportagens com erros causados por falhas na apuração.

3) Enfim, a má informação, ou seja, notícias que, embora tenham bases reais, são editadas e disseminadas com a finalidade de causar danos – por exemplo, revelando publicamente temas da esfera privada ou ofendendo a imagem e honra de uma pessoa.

As três categorias poderiam descrever o fenômeno das *fake news* em qualquer período da história, mas dois elementos fundamentais são específicos da atualidade: a velocidade

---

26. ROSSI, R. *Teresa de Ávila*: biografia de uma escritora. Rio de Janeiro: José Olympio, 1988, p. 242.

com que as notícias falsas se espalham e a capilaridade que elas contêm[27].

Livres pela prática da verdade

Para viver livres na verdade, é preciso assumir com leveza o Evangelho de Jesus, sem correntes nem aprisionamentos ideológicos. São Paulo Apóstolo diz que fomos chamados a viver a liberdade (cf. Gl 5,13). Para um cristão lúcido e veraz, essa condição é um consentimento vital diante da verdade. O teólogo alemão Bernhard Haering (1912-1998) escreveu uma obra preciosa intitulada *Livres e fiéis em Cristo: teologia moral para sacerdotes e leigos* (São Paulo: Paulinas, 1979).

Diante do caráter absoluto de Deus, na relação fecunda e histórica de seu amor, a verdade deixa de ser um conceito abstrato ou mesmo um prejulgamento moral, tornando-se tomada de consciência adulta e firme da resposta à pergunta feita por Deus ao ser humano: "Tu me amas?" (cf. Jo 21,15) Se a resposta for afirmativa, devemos cuidar das ovelhas que nos cercam, especialmente as perdidas e machucadas, para que cultivem a esperança e experimentem o amor. "É preciso amar as pessoas, pois existe um amanhã!" As regras e os paradigmas para essa ação vão decorrer da fidelidade concreta no amor, no compromisso aos pobres e em gestos de rebeldia diante da opressão e da mentira que ferem a dignidade humana, a cidadania e a paz. Cultivar a verdade no amor para não ser seduzido pelo mal (cf. 2Ts 2,10).

Como dizia padre José Comblin (1923-2011): "Doravante a nossa tarefa muda. Em lugar de querer saber mais sobre a

---

27. Disponível em www1.folha.uol.com.br/ilustrissima/2018/04/com-avanco-tecnologico-fake-news-vao-entrar-em-fase-nova-e-preocupante. shtml – Acesso em abr./2018.

natureza das coisas de Deus, sobre o ser, contentar-nos com o agir. Sabendo como agir, podemos deixar de lado o aspecto teórico do saber das essências. A vida é misteriosa e Deus é misterioso. É melhor falar dele de forma simbólica ou poética do que de forma supostamente racional. A verdade não está nos conceitos, mas na vida realmente vivida – nos atos dentro da caminhada do Reino de Deus. Na vida de Jesus, iluminada pela totalidade da Bíblia, sabemos ser possível descobrir as novas estruturas, o novo modo de viver de acordo com o Evangelho. Aí podemos descobrir a verdade"[28].

Um dos bispos que mais inspiraram (e até hoje inspiram) o caminho livre da busca da verdade foi dom Óscar Arnulfo Romero y Galdámez (1917-1980). O povo latino-americano, que em breve o verá nos altares, enxergou em sua ação pastoral e em sua palavra audaciosa alguém que viveu de forma autêntica. Monsenhor Romero disse palavras de verdade. Assim relata padre Jon Sobrino (1938-): "'Na minha maleta não trago contrabando nem mentira. Trago a verdade!', disse Romero ao retornar da Conferência Episcopal de Puebla. Uma verdade que ele, sem dúvidas, buscava encontrar e por isso se informava o melhor possível sobre os problemas reais do povo e os analisava. Uma verdade que ele oferecia em suas homilias e discursos com argumentos e reflexões. E, proclamava, em definitivo, em sua palavra, aquela verdade que se impõe por ela mesma, que brota do fundo da própria realidade: a verdade que não exige justificação diante dos homens, mas que exige que os homens se justifiquem diante dela; aquela verdade maior que nossas verdades parciais, que as possibilita e as julga, e exige sempre que os homens busquemos a verdade. Monsenhor Romero, sobretudo, pro-

---

28. COMBLIN, J. *O que é a verdade?* São Paulo: Paulus, 2005, p. 78.

nunciou sua palavra com grande credibilidade. Não falava com interesses pessoais ou institucionais, que nunca falou meias-verdades, cautelosas ou propagandísticas, que não recusou os ricos de pronunciá-la. Disse Romero: 'Se é verdadeira Palavra de Deus leva consigo algo explosivo e muitos não querem levá-la. Se fosse dinamite morta ninguém dela teria medo'. Monsenhor Romero foi não só pregador da palavra da verdade, mas a carregou consigo e com todo o seu peso. Não possuía essa palavra, mas foi a Palavra que o possuiu enchendo-o de alegria, e aniquilando-o até a entrega da vida. Pela radical verdade de sua palavra e pela credibilidade com que a pronunciava, em um país onde não reinava a verdade, e sobravam os que tinham a caneta comprada e a palavra vendida, a palavra de monsenhor Romero manifestou que existe a verdade, conduziu os homens para ela e se fez presente ao Deus da verdade"[29].

Que possamos cantar como o poeta Juan A. Espinosa (1956-): "Dá-nos um coração, grande para amar./ Dá-nos um coração, forte para lutar./ [...] Povo novos, lutando na esperança,/ caminhantes, sedentos da verdade./ Povos novos, sem freios nem correntes./ Povos livres que exigem liberdade"[30].

---

29. SOBRINO, J. *Monseñor Romero*: testigo de la verdad. Buenos Aires: Ciudad Nueva, 2012, p. 212-213.

30. Disponível em https://www.cifraclub.com.br/juan-a-espinosa/danos-un-corazon/ – Acesso em abr./2018 [Tradução minha].

7
Idolatria, seus fantoches e ventríloquos

Falsificar Deus sempre foi a fracassada tentativa de idólatras. Muitas vezes, isso foi identificado com uma mera reprodução de imagens de barro ou argila. O ídolo maligno manipularia as consciências de forma tão explícita? Temo que não e creio que haja razões para duvidar dessa visão superficial e errônea. Sabemos que a idolatria é complexa, difícil de ser decifrada e, que adquire formas sofisticadas, subterrâneas e até estruturais. Formas invisíveis a olho nu. São necessários instrumentos adequados para saber como e onde um ídolo age. Quem o ídolo transforma em fantoche? Como suga e aniquila a liberdade dos humanos coisificando as pessoas?

Algumas vezes, sabemos desnudar e quebrar o ídolo por conta do que ele produz de mal e maldito, tal qual o pequeno touro de ouro do tempo de Moisés (cf. Ex 32,4). Ídolos nunca poderão exprimir a fé em Deus, pois ela é sempre em favor da vida plena e autêntica. É preciso profundidade, sagacidade e inteligência criativa para não cair nas armadilhas plantadas pelo mal e pelos maldosos a serviço dos ídolos. Cuidar para não ser instrumentalizado por ventríloquos que manipulam pessoas sem fios visíveis, mas que enfeitiçam as mentes e produzem mentira em lugar da verdade.

Em geral, podemos dizer que hoje as idolatrias se identificam com os totalitarismos e com a negação da dignidade humana. Tudo e todos os que se apresentam como deuses negam o Deus verdadeiro. Tudo e todos os que negam e desfiguram as pessoas humanas pretendem desfigurar o Deus vivo e verdadeiro. Assim idolatria se torna sinônimo de ideologia totalitária, e esta pode se assumir como o mercado, o sistema econômico, o pensamento nazista ou fascista, o totalitarismo *stalinista* ou mesmo a doentia ideologia de segurança nacional que tanto mal cometeu na América Latina usando da tortura e das ditaduras cívico-militares, ao adestrar grupos humanos, a imprensa e, sobretudo, ao reduzir a cidadania ativa à paralisia. Somos chamados a compreender os novos mecanismos e as armas ideológicas que produzem a morte e a violência em nossas sociedades e enfrentar com a mensagem vital do Evangelho, pois os seguidores de Jesus estão dispostos a colocar à prova sua fidelidade ao Deus único e verdadeiro confrontando e desmontando as mentiras criadas e sustentadas pelos ídolos modernos.

Objetos usam pessoas

O povo judeu ensinava suas crianças que era preciso estar atento aos criadores de imagens idolátricas (*eidolon* = 'imagem', em grego), pois muitos se punham a adorar peças e objetos feitos por mãos humanas como se estes fossem a própria divindade. Pior do que adorar religiosamente, assumem ser servos e escravos dos ídolos e de seus sacerdotes. Para os judeus, Deus era único e não representável por figuras humanas para evitar a arrogância e a domesticação da religião em torno das falsificações. "Deus não pode ser domesticado"[31]. Essa luta contra os deuses falsos chamados de "baais" exigia fidelidade diária ao Deus vivo e verdadeiro e a seus preceitos em uma aliança permanente. A Bíblia Sagrada insiste na vacuidade daqueles que pretendem ocupar o lugar de Deus: "Seus ídolos são prata e ouro, obra de mãos humanas: têm boca e não falam, têm olhos e não veem, tem ouvidos e não ouvem, têm nariz e não cheiram, têm mãos e não tocam, têm pés e não andam, sua garganta não tem voz. Sejam como eles quem os fabrica e todos os que neles confiam" (Sl 115[114],4-8). Tais objetos e criações ideológicas e culturais são limitados e redutores do humano, pois não conseguem atingir o coração humano para ouvi-lo e abrir uma porta para a transcendência.

Há alguns passos para enfrentar a idolatria. O primeiro e mais decisivo é assumir que é o Espírito de Deus quem governa nossas vidas e a história, dando sentido e razão à existência, e não só as forças da matéria ou dos ciclos da natureza. Dessa forma, quando deixamos o Deus da vida governar nosso viver, focamos no ponto mais alto da verdadeira adoração: o único Deus em seu amor transbordante. Assim dizia um místico anônimo do século XIV: "É também conveniente que o homem, a mais digna das criaturas de Deus, não ande vergado para baixo, como os outros animais, mas se conserve ereto, voltado para o Céu; porquanto, o homem deve reproduzir fisicamente a atividade espiritual da alma, que se orienta para o alto, não para baixo"[32].

O segundo passo, tão vital quanto o primeiro, é identificar com clareza meridiana os lugares onde Deus mesmo se faz

---

31. MESTERS, C. *Deus, onde estás?* 5. ed. Belo Horizonte: Veja, 1976, p. 55.
32. *A nuvem do não saber.* Petrópolis: Vozes, 2008, p. 160-161.

presente e dialoga com o ser humano. Podemos chamar este momento de teofânico (Deus que se manifesta em sua criação e em suas obras) e assim perceber, ao longo da vida, momentos especiais em que os vestígios de Deus e de sua presença se revelam na natureza, no cosmos, nos outros e no decorrer do tempo de nossa vida, sempre de forma gratuita e bela. Em seguida, estaremos aptos para os momentos *epifânicos* (o Sagrado que aparece e explode dentro de nós) em nosso viver. Esse nosso Deus vivo se manifesta na mente, no corpo e nos fatos pessoais indecifráveis e misteriosos, como um verdadeiro amigo. Sabemos que há Alguém conosco e por nós.

Enfim, pela fé na Igreja e como Igreja, viveremos os momentos cristofânicos na vida dos sacramentos, da Palavra e da Ressurreição proclamada e celebrada em comunidade. Assim vivendo e praticando Deus, nós nos afastamos de objetos, de fios manipuladores e de alienações da verdade e da justiça. Somos capazes de criticar falsas concepções de Deus, pois nos tornamos amigos do Deus vivo que garante aos seus: "Eu o protegerei, pois conheceu o meu nome" (Sl 91[90],14).

Onde reina o amor, Deus aí está

É possível discernir o Deus verdadeiro de deuses falsos. O Deus vivo dos deuses mortos. Um Deus distinto dos ídolos. O culto verdadeiro da idolatria. Onde Deus está, aí está o amor. Onde há injustiça, mentira e morte, há o domínio do ídolo e de seus sequazes. Onde se faz memória das cruzes dos sacrificados, há Deus. Onde se semeia violência e medo, colhem-se frutos do mistério da iniquidade. Deus é sempre pai dos órfãos, é sempre advogado dos pobres, é sempre amparo dos últimos da terra, pois Deus é o Deus dos pequenos e os ama como mãe. Quem despreza e mata aos pobres, aos indígenas, aos camponeses, aos jovens, às crianças atinge diretamente ao Criador e nega Deus. Faz-se idólatra por destruir a criatura amada por Deus. Faz-se sistema idolátrico tal qual o atual capitalismo absolutizado e todos os regimes ditatoriais que transformaram lucro e Estado em deuses, e os cidadãos em inimigos e escravos. "A doutrina da segurança nacional é uma extraordinária simplificação do homem e dos problemas humanos. Em sua concepção, a guerra e a estratégia tornam-se a única realidade e a resposta a tudo. Por causa disso a Doutrina da Segurança Nacional escraviza os espíritos e os corpos. E ameaça todo o Ocidente"[33]. A ação histórica de Deus que faz uma opção preferencial pelos esquecidos, pelos desprezados e pelos subalternos de todos os sistemas econômicos e políticos enfeitiçados será sempre o fio de prumo que julga o mundo e a humanidade.

Os cristãos professam a fé e a proclamam em seus credos trinitários, afirmando com suas vidas, um hino de louvor ao Deus vivo e verdadeiro. Ao mesmo tempo, paradoxalmente, negam os outros deuses "esquecidos", ou melhor, "encobertos" e disfarçados sob manto divino, mas que são falsos, pois matam. Muitas vezes, quem desnuda e desmonta os deuses encobertos são os mártires com sua morte e seu sangue derramado. Sempre é possível decidir: ficar ao lado de Jesus ou de Pilatos? Ficar ao lado dos verdugos ou das vítimas? Diante do martírio, esses deuses se manifestam mostrando suas garras e assim podem ser descobertos e negados por aqueles mesmos que antes estavam enfeitiçados e manipulados tal qual fantoches. Assim diz o teólogo Jon

---

33. COMBLIM, J. *A ideologia da segurança nacional.* Rio de Janeiro: Civilização Brasileira, 1978, p. 17.

Sobrino (1938-): "Ídolos são realidades existentes, que oferecem aparente salvação, exigem um culto e uma ortodoxia, mas efetivamente desumanizam àqueles que lhes rendem culto, e, pior, necessitam de vítimas humanas para subsistir"[34]. Basta, portanto, a cada um de nós a tarefa evangélica de verificar em nossas cidades quem está sendo morto ou aniquilado em holocausto aos ídolos, e ali temos os verdugos e serviçais do ídolo. Pensamos em moradores de rua, presos, indígenas, mulheres violentadas e abusadas, apátridas e imigrantes segregados, e, sobretudo, nas crianças e povos aniquilados por grandes potências imperialistas. São os que continuam enfrentando os dragões de outrora (cf. Ap 12).

Assim como há uma luta de deuses, há uma luta entre os crentes em Deus e os manipuladores de pessoas. Há confronto entre uma religião que defende a vida dos pobres e a religião de charlatães que vivem do sangue de pobres ofertados no altar da injustiça. Seguir a Deus é viver uma fé anti-idolátrica. Isso quer dizer que nem tudo é permitido moralmente e que nem tudo é possível, como proclamam os profetas dos ídolos totalitários. Ninguém pode mais esconder a ditadura totalitária e mortal de Joseph Stalin (1878-1953), assim como nunca mais esqueceremos o genocídio infernal de Adolf Hitler (1889-1945) e de seu aliado Benito Mussolini (1883-1945). Não podemos perder o sentido da vida e do mundo em que vivemos, para sermos fraternos. Sem isso, tudo se banaliza, até o mal extremo. Contra o ídolo que banaliza o mal, só o antídoto da liberdade pessoal e da dignidade humana que enaltecem o amor, poderão abrir horizontes de esperança.

---

34. SOBRINO, J. Una teologia del martírio. In: *Cambio social y pensamiento cristiano em América Latina*. Madri: Trotta, 1993, p. 117.

Horizontes que só o Deus vivo pode oferecer, pois "Deus exterminou no meio de ti todos os que seguiam o ídolo de Fegor; mas vós, que vos apegastes ao Senhor vosso Deus, estais hoje todos com vida" (Dt 4,3-4).

8
Por que não sou ateu?

Quero expor o porquê de minha experiência de fé e pensar em meu contato pessoal com Deus, Pai de Jesus Cristo. Em primeiríssimo lugar, não sou ateu, porque nasci em uma família que crê e que celebra alegremente sua fé cristã. Meus avós maternos e paternos viveram experiências marcantes, tanto na Primeira quanto na Segunda Guerra Mundial, e contaram-me, desde pequenino, inúmeras cenas, eventos, fatos, memórias da presença constante de Deus naquele duro cotidiano. Quando tudo parecia escondê-lo e revelar o mal, irrompiam pessoas e acontecimentos em meio aos cenários dantescos mostrando a suave presença divina. Pessoas praticavam o amor no meio do ódio. Muitos revelavam sua fé interior diante da idolatria nazista e fascista. Assim, minha catequese não foi feita só em torno de livros sagrados nem dos dados da fé pensada, mas recheada de histórias vivas e testemunhos pessoais dos que eram amigos de Deus e sabiam vê-lo entre medos e bombas. Digo isso com muita emoção, pois ainda tenho em minha mente o rosto de minha avó, Dolores Muller, contando sua fuga de Leipzig, na Alemanha Oriental sob o domínio soviético, para a cidade de Frankfurt, na zona americana, durante penosos dias de peregrinação a pé em duro inverno europeu. Ela dizia, sempre convicta, que a Virgem Santíssima a havia guiado nesse êxodo de parte da família. Nesse trajeto, ela e seus familiares quase foram presos inúmeras vezes, passando a fronteira sob uma chuva de balas. Minha avó se lembrava dos muitos anjos pessoais que os ajudaram, incluindo um capitão francês, M. Taillardat, que reconheceu naquela mãe espanhola a mesma fé cristã que ele vivia em seu interior. Dois tios estavam no *front* na Sibéria, uma tia sofria psiquicamente os bombardeios frequentes e meu avô seguiu para a Espanha por outro caminho. Ou seja, a família estava completamente esfacelada e só Deus foi "costurando-a", para que pudesse de novo se unir. Nas raízes familiares, encontro não só a seiva de minha ascendência nessa luta histórica pela vida em meio à loucura bélica, mas também a experiência primordial de um Deus que se revela e se faz condescendente, que une e "costura" a família. Creio em Deus, pois nasci em uma família que crê n'Ele. Este crer em família me fez ser o que sou; mesmo quando tudo conspira para a destruição e a morte, Deus age em favor da unidade e da vida.

Em segundo lugar, não sou ateu, pois, desde criança, fui educado na fé católica e aprendi a rezar nos joelhos de minha avó, pelas mãos de minha mãe recebendo os sacramentos e compreendendo os sinais da fé. Se não se pode ver Deus, pois "está escondido", eu aprendi a amá-lo sob os símbolos que usa para se manifestar e se revelar. Se visão, tato e olfato nada provam ou demonstram, a fé chegou-me pelo ouvido. Assim pela palavra dita na família, na Igreja e nas comunidades de que participei, aprendi a ouvir a verdade que se apresentava pela voz doce de Jesus, o Filho do Deus vivo. Desde cedo, eu lia a Palavra de Deus, e minha avó contava-me histórias de santos e heróis da fé, para entusiasmar meu coração no seguimento da Palavra. Fui batizado e crismado bem cedo, participando alegremente da Eucaristia desde menino. A fé de meu pai era mais selvagem, mas sempre fé honesta e crítica. A fé de minha mãe era andaluza, marcada pela devoção espanhola, eclesial, firme e serena, diria que era natural. Éramos crentes, e isso fazia bem a cada um de nós, ponto! Festas alegres, domingos com roupa de festa, Natal com presépios em casa, e a celebração do dia de nosso santo (onomástico) lembrada como uma data tão ou mais importante que o dia do aniversário. E isso permanece até hoje. Dessa forma, em minha família, tínhamos dois aniversários por ano: o do ventre para o mundo e o da conexão de nosso nome com o santo padroeiro, como que do céu para a Terra. Não havia espaço para ateísmo e menos ainda para alguma espécie de agnosticismo. A religião impregnava o mundo, e isso nos tornava melhores. Na juventude, meu encontro com a Pastoral da Juventude, em um pequeno grupo de amigos e companheiros, selou a conexão indestrutível com o Pai de Jesus. Creio em Deus porque houve quem o ouviu antes de mim e me apresentou a Ele de forma direta e singela.

Em um terceiro momento, entrei na universidade. Enquanto cursava física nuclear, diante de muitas pessoas que me falavam em crise da fé e que a morte de Deus chegaria por conta do racionalismo, vivi outro momento divino. Ao estudar as partículas subatômicas, ao ler clássicos como as obras de Albert Einstein (1879-1955) e Niels Bohr (1885-1962), abriu-se para mim um desejo de mistério como nunca antes em minha vida. O que para muitos era a porta do secularismo, para mim era o portal do infinito. Minha busca cresceu quando cursei filosofia e teologia. Eu ainda não havia lido os livros de Pierre

Teilhard de Chardin (1881-1955), mas já percebia a sinfonia de Deus tocando as cordas do Universo. Eu só leria mais tarde os textos fundamentais de Charles Darwin (1809-1882), David Hume (1711-1776), Galileu Galilei (1564-1642) e René Descartes (1596-1650), mas já pressentia que há mais Deus na ciência do que os cientistas são capazes de dizer. Estou plenamente de acordo com Santa Teresa da Cruz (Edith Stein, 1891-1942) quando, em 1927, disse ao filósofo polonês Roman Ingarden (1893-1970): "Não desaprendi totalmente de usar a razão, e prezo-a muito (dentro de seus limites), muito mais do que antes"[35]. Aprendi a amar a ciência e o saber regrado, buscando seu rigor epistemológico, e também a compreender seus limites. Descobri que Deus podia entrar comigo no laboratório e que eu podia mostrar-lhe o melhor de mim e do conhecimento construído pela humanidade. Minha fé não precisava ser burra nem obtusa. Deus ama a inteligência humana e quer nossa superação. Um Deus grande que pisa na humanidade não tem nada de cristão nem de divino. Isto seria um ciumento por ninharias. Deus ama o homem que quer conhecer a verdade e ser parceiro dessas descobertas. O mistério divino ilumina nossa inteligência. Deus não é barreira, mas horizonte aberto. E creio que chegará a hora em que a humanidade despertará desse sono de fracasso de valores e de utopias para viver uma nova era em que o encontraremos na plenitude do ser e da vida e não na dialética mecânica das necessidades e das indigências. Não creio em um Deus das lacunas, mas no Deus que sustenta a vida; sem Ele nada seríamos.

Assim, respeitando os ateus em sua liberdade convicta, permito-me discordar de Denis Diderot (1713-1784), Frie-

---

35. STEIN, E. *Teu coração deseja mais:* reflexões e orações. Petrópolis: Vozes, 2012, p. 137.

drich Nietzsche (1844-1900) e Ludwig Feuerbach (1804-1872), pois creio que esses filósofos negam não a Deus como pretendem, mas as imagens culturais e ideológicas d'Ele que eu também nego. O que Karl Marx (1818-1883) e Sigmund Freud (1856-1939) disseram contra Deus só se pode explicar ao sabermos que tais pensadores pertencem "à categoria dos que não podem crer e veem com surpresa e curiosidade os que creem. Freud disse a Romain Rolland (1866-1944): 'Para mim o misticismo é um livro tão fechado quanto a música'"[36]. A rejeição dos pensadores dos séculos XIX e XX faz parte de um momento histórico peculiar e deve ser compreendida em seus limites e em seu valor crítico às falsificações da ideia de Deus pelos crentes e pelos fundamentalistas. Já o mistério divino continua um livro a ser aberto por todos, incluindo os ateus. Há na inteligência humana que busca a verdade e a beleza uma santidade imanente. É preciso cultivá-la. Como nos ensina Santo Tomás de Aquino (1225-1274), "é necessário amar não só o que aprovamos, mas também o que combatemos". Não no sentido de amar o erro e a mentira, mas de compreender o solo em que medram e o pensamento do diferente, em sua autenticidade mais profunda.

Mas talvez eu fosse ateu por conta das injustiças e das misérias que contemplei em meu viver de adulto, mas, pela misericórdia de muitos irmãos e irmãs, fui acompanhado e cuidado por pessoas que me mostraram um Deus vivo e verdadeiro, pois o praticavam em seu viver. Pessoas que mantiveram minha fé quando ela passava por crises comuns do existir e da dor do cotidiano. Cito duas dessas almas iluminadas, ou, como costumo chamar, pessoas transparentes que

---

36. RIZUTTO, A.M. *Por que Freud rejeitou Deus?* – Uma interpretação psicodinâmica. São Paulo: Loyola, 2001, p. 248.

já vivem na eternidade: dom Luciano Pedro Mendes de Almeida (1930-2006), bispo católico e santo vivo, ensinou-me a arte de ouvir e de crer em cada ser humano, em sua curvatura antropológica diante de cada ser humano; irmã Dolores Muniz Junqueira (1926-2008), missionária espanhola na Diocese de Santos, que acreditava na vida, nos jovens, nas mulheres e nas comunidades unidas na luta e na prece. A qualidade maior desses dois seres foi a liberdade. Lembro-me sempre do sorriso teologal de dom Luciano e de sua persistência em servir. Dizia esse amado e santo bispo: "Senhor, hoje eu me cansei, mas foi por Você!"[37]

Eu não sou ateu, pois descobri que Deus me quer como sou, plenamente livre. E mandou amigos seus para que eu não perdesse a fé. Para mim, em termos pessoais, o ateísmo seria como que uma submissão ao nada e uma negação ao diálogo com o Criador, que por um excesso de amor me faz viver em comunhão. Nessa liberdade, sei de onde vim e para onde vou. Deus está no princípio de meus neurônios e na meta final de minha existência. As injustiças não quebraram este meu Deus, mas o tornaram companheiro de lutas e convivências. Aprendi a dizer minha fé em ação e a fazer uma teologia em ritmo de libertação. Como bem quis São Bento de Núrcia (480-547): "Rezar, trabalhar e estudar e tudo isso para a glória de Deus". O poema lido em minha juventude se tornou realidade: "Onde o espírito vive sem medo e a fronte se mantém erguida; onde o saber é livre; onde o mundo não foi dividido em pedaços por estreitas paredes domésticas; onde as palavras brotam do fundo da verdade; onde o esforço incansável estende os braços para a perfeição; onde a fonte clara da razão

---

37. PAUL, C. (org.). *Doctor Amoris Causa* – Homenagem a dom Luciano Mendes de Almeida. São Paulo: Loyola: 2007, p. 51.

não perdeu o veio no triste deserto de areia do hábito rotineiro; onde o espírito é levado à Tua presença em pensamento e ação sempre crescentes; dentro desse céu de liberdade, ó meu Pai, deixa que se erga a minha pátria"[38]. Não sou ateu, pois minha liberdade se abriu para conhecer e amar a Deus e a liberdade divina respondeu a meu clamor, tirando-me o medo e a angústia. Claro que sei que não fui eu quem encontrou Deus, pois quem busca é primeiro encontrado. Caminha com Ele, vive n'Ele e pertence a Ele antes de saber. Como disse Santo Ambrósio de Milão (340-397) para Santo Agostinho de Hipona (354-430): "Não é você quem encontra Deus, é Ele quem primeiro o encontra". Nesse sentido, posso dizer como Santo Agostinho: "A minha alegria é só Deus".

Enfim, posso dizer que não sou ateu, pois fui testemunha de inúmeros milagres em minha vida, na de meus familiares e de meus amigos e um especial na vida de meu filho Gabriel. Eu o vi desvanecer e reviver em meus braços. Momento de dor e de um grito em minha alma por sua vida. Nesse instante, experimentei Deus. Isso foi tão evidente e claro que, embora haja outras formas de explicar o que presenciei, fico com a voz que vem de dentro de meu íntimo. Descobri, em minha carne, que o Deus em que acredito "jamais fecha os olhos, jamais os volta noutra direção, e, ainda que eu me desvie de Ti quando me volto completamente para outra coisa, Tu, todavia, nem por isso desloca os olhos ou o olhar. Se não me olha com os olhos da graça, a culpa é minha, uma vez que me separei de Ti ao desviar-me e voltar-me para outra coisa que preferi em relação a Ti. Não obstante, não te desvias ainda completamente, mas a Tua misericórdia continua a acom-

---

38. TAGORE, R. *Gitanjali*: oferenda lírica. 2. ed. São Paulo: Paulus, 1991 [Trad. Ivo Storniolo].

panhar-me se algum dia quiser voltar-me para Ti, para ser capaz de receber a Tua graça"[39].

Não sou ateu, pois Deus me ama. Não sou ateu, pois sua graça age em meu viver. Não sou ateu, pois vi milagres em minha vida. Não sou ateu, pois minha vida é um milagre das mãos de Deus. Não sou ateu, pois o amor de Deus está no mais íntimo de meu coração. Esse Deus em meu coração fala dele e abre-me, para que converse com Ele. Não sou ateu, porque Deus vive em mim. Não sou ateu, pois há uma voz que fala dentro de mim de algo maior que eu. Ao ouvir esta voz, tenho a paz e a serenidade para viver o mais da criação que se me apresenta a cada dia. Descobri alegremente que sou feito do pó da terra, mas moldado por Deus para ser silhueta divina. E que, para que isso se realize, eu preciso praticar Deus na vida dos outros. Fazer como Jesus Cristo, que se encarnou e propôs algo inédito: aprender a ser próximos, "pois esta é de certo modo a vocação humana, a grande tarefa de toda pessoa"[40].

---

39. NICOLAU DE CUSA. *A visão de Deus*. Lisboa: Fundação Calouste Gulbelkian, 1988, p. 146-147.

40. DIEZ, F.M. *Creer en el ser humano: vivir humanamente* – Antropologia en los Evangelios. Estella (Navarra): Verbo Divino, 2012, p. 307.

9
Filhos de Abraão, nosso pai na fé

A figura do patriarca Abraão permanece um enigma que precisa ser decifrado pelos três monoteísmos: judaísmo, cristianismo e islã. As tabuinhas cuneiformes da Mesopotâmia e os textos hieroglíficos do Egito guardaram milhares de nomes de personagens importantes dessas civilizações. Neles não aparece o nome do pai de tantos povos e tribos. Abraão só surge no relato do Livro do Gênesis como expressão original de um grande personagem. Quem teria sido ele verdadeiramente? Um importante peregrino ou um líder de caravanas? Um pastor de um pequenino rebanho, marginalizado e em vias de sedentarização? Um estrangeiro que buscava com ardor uma terra onde pudesse se sentir em casa e descansar? Um personagem insignificante para a história profana ou um homem que viveu uma experiência única e reveladora da parte de um Deus exigente e fiel?

A resposta será simbólica e marcará as origens dessa fé inabalável de imensa multidão no mundo atual. Ao redor de Abraão e a partir do seguimento do patriarca, vai se reunir hoje a metade da humanidade crente, algo em torno de 3,5 bilhões de pessoas. Isso era algo inimaginável para alguém que começou uma migração forçada por uma grande seca ou talvez por gravíssima inundação e que saíra da pequenina cidade de Ur, na Caldeia, para chegar à "terra da promessa", na atual Palestina e Israel. Por que esse arameu errante fez a aposta arriscada de caminhar sonhando? Por que fazê-lo, motivado apenas por um estranho chamado de Deus e repleto de incertezas e fragilidades? O que ele levou na bagagem das terras da Mesopotâmia e o que foi aprendendo pelo caminho ao encontrar pastores e agricultores de outros povos e idiomas? Quem o terá ajudado naqueles seiscentos quilômetros de estrada? Quem foi acolhedor? Que alianças terá feito? Que pactos terá assumido? Que valores ele não pôde barganhar para permanecer fiel a si e a seu Deus? Com quem terá compartilhado seu alimento e onde terá feito pousada?

Abraão é esse homem sem poder, sem fama, sem realeza, desterrado de sua pátria, que se tornou rico da única fé que bebe da promessa direta de Deus. A promessa de que seria o herdeiro de uma inumerável descendência. Assim se exprime o belo livro intitulado *Pirkê Avot* (a ética dos pais), lido pelo povo judeu a cada sábado entre a Páscoa (*Pessach*) e o Ano-Novo judaico (*Rosh Hashaná*) logo após a oração da tarde: "A dez provas foi Abraão submetido e de todas saiu triunfante, e isto prova quão grande foi o seu amor por Deus" (capítulo 5,4).

Hoje, passados quatro mil anos desse êxodo primordial, vemos que os impérios de seu tempo caíram todos no esquecimento ou reduziram-se ao pó das ruínas, enquanto a sua posteridade espiritual se manifesta vigorosa e fecunda. Atualmente, seus filhos espirituais (judeus, cristãos e muçulmanos), alimentados na raiz de boa oliveira, são mais da metade da humanidade; reconhecendo-se como filhos de Abraão, começam lentamente a trabalhar juntos pela paz e pela justiça social em todo o planeta. A semente é pequenina, mas, semelhante à da mostarda, dará fruto abundante e saboroso.

É verdade que, muitas vezes, esses filhos foram incoerentes com a fé comum e dividiram-se traindo o pai e a fé em seu único Deus. Tal posteridade fragmentada e muitas vezes guerreira e conflitiva (lembremo-nos da perseguição feita aos judeus pelos cristãos, na época medieval e as cruzadas que destruíram o coração da fraternidade universal como pecado gravíssimo contra Deus e os irmãos) redescobriu nos últimos cinquenta anos após o Concílio Vaticano II (1962-1965), por obra e graça do Espírito Santo, que a nova era de unidade e caridade nos move a vivermos juntos o destino da humanidade. O Concílio Ecumênico tocou o coração e a mente de tantos, pois nasceu do sonho de um santo bispo, o papa João XXIII, que o convocou com o firme propósito de ser um concílio de fato aberto a todos os povos e religiões. O pontífice quis um concílio promotor do diálogo inter-religioso para desenvolver os bens espirituais e morais em favor do viver feliz como irmãos. Já começamos a colher alguns frutos deste árduo e belo semear.

A riqueza do mosaico de grupos religiosos presentes nos três grandes ramos da fé de Abraão foi redescoberta. Encontros são feitos. Perdões de palavras malditas são firmados em atos penitenciais e fraternos. Trabalhos em favor da paz são eventos frequentes. Aproximações e esclarecimentos são ofertados e podem ser mais bem compreendidos. Estamos em pleno período de aprendizado e de reconhecimento. Depois de tantos séculos de escuridão e mal-estar, até mesmo de violência em nome da religião, reencontramos nossa raiz comum. Reavivamos o eixo fundamental que mantém a árvore em pé e que faz a seiva chegar às folhas mais distantes. Assim se exprime de forma feliz uma doutora em Direito da Universidade de Barcelona e professora de Moral Social do Instituto de Ciências Religiosas de Barcelona: "Os encontros com outras tradições ajudam a tomar consciência do significado de uma humanidade comum 'diante de Deus', como companheiros todos na investigação da plenitude da Verdade" (*Cuadernos Cristianisme i Justicia* 157, Barcelona, out. 2008, p. 28).

O chamado que Deus fez a Abraão abre o tempo da Aliança entre Deus e seu povo. A resposta ao chamado é a fé que mantém a esperança. A fé é sempre esse amém que dizemos em nossas preces e que evoca a solidez e a certeza de que não seremos enganados e esquecidos. Nós afirmamos desde Abraão que Deus é único, verdadeiro e bom. Temos esta certeza que nos vem da fé. E temos a fé que vem desta certeza inabalável da Palavra de Deus, que nos salva e dá vida. A fé do patriarca Abraão está ancorada na segurança e na confiança plena de quem vê o invisível e acredita, apesar de tantas tempestades. Sabemos que esse ato de confiança repousa em elementos concretos em que se pode alimentar para viver o cotidiano da existência humana. A fé precisa de sinais exteriores, ainda que nasça no coração. Ela vive de festas e da história, embora as ultrapasse. Também se exprime em sentimentos e palavras objetivas, ainda que seja sempre uma escuta de murmúrios e sopros vindos de Deus. Aqueles que se assumem como filhos de Abraão vivem o caminho pedagógico da fé que reconhece que Deus existe e é um único Deus; que Ele pede que n'Ele possamos colocar nossa confiança; e que, afinal, depositar toda nossa força, alma e inteligência, ou seja, todo o nosso ser e nosso amor como adesão e engajamento firme e convicto neste Deus que nos ama por primeiro. Quando chegamos a esse grau de reciprocidade entre Deus e o fiel, somos herdeiros da promessa e fazemos parte das minorias abraâmicas, como bem disse o profeta e santo dom Helder Pessoa Câmara.

A fé de Abraão começou como toda fé começa: por uma conversão. Esse começo se tornou um dinamismo que brotou como fonte borbulhante e inesgotável, abrindo-se aos outros e à vida. Abraão começou uma viagem e nós, seus filhos e herdeiros, devemos prosseguir e dar continuidade a ela. Uma pessoa de fé não pode permanecer parada ou instalada em uma rigidez que será cadavérica. A vida e a fé necessitam de movimento e de novidades. A pessoa de fé é sempre um peregrino e um aprendiz. Os filhos de Abraão são irmãos consanguíneos legítimos quando vivem na fé e da fidelidade. Não aceitamos o ódio contra os irmãos judeus em tantas manifestações antissemitas presentes no mundo. Não aceitamos o preconceito contra os irmãos muçulmanos taxados erroneamente de terroristas, pois sabemos que o Islã é uma religião que propõe a paz e a misericórdia de Deus. Reprovamos os vexames e as discriminações sofridas por tantos irmãos cristãos em inúmeros países, pois isto é "incompatível com o espírito de Cristo" (NA 5).

Os filhos de Abraão creem na fraternidade universal como o único caminho que demonstra sem palavras que somos verdadeiramente filhos e criaturas de Deus. Retomando a leitura do *Pirkê Avot* (ética dos pais): "Todo aquele que possui as três qualidades que se vão enumerar é um discípulo de Abraão, nosso pai: o bom olhar, a humildade e a abnegação" (capítulo V, 23).

É preciso apresentar às nossas comunidades religiosas quem são hoje os profetas que costuram a teia da fraternidade universal e contribuem, a partir de sua confissão religiosa, para que sejamos enxertados na fé e nos caminhos de

Abraão. Pessoas que viveram e vivem as três qualidades do bom olhar, da humildade e da abnegação. Proponho uma pequenina lista brasileira que pode ser aumentada em cada igreja, sinagoga ou mesquita com novos nomes de filhos de Abraão. Personagens valiosos que podem rezar com os irmãos muçulmanos este verso do Corão: "Servos do Clemente são aqueles que caminham mansamente pela terra, e quando os ignorantes se dirigem a eles, respondem: Paz!" (Alcorão, Sura 25, verso 63).

Com estima, cito alguns nomes de pessoas abençoadas que constroem o diálogo nascidas na fé judaica: rabinos Alexandre Leone; Fritz Pinkus; Henry Sobel; Hugo Schlesinger, Michel Schlesinger e Raul Meyer, entre tantos irmãos mais velhos da comunidade judaica no Brasil.

Outras tantas pessoas que constroem a unidade, inspiradas na fé cristã: irmãs Gisa Fonseca e Isabel Sampaio Wilken; as religiosas e os padres da congregação de Sion; os franciscanos que trabalham na Terra Santa; cardeal Aloísio Lorscheider; dom Aloísio Sinésio Bohn; padre Celso Pedro da Silva; dom Daniel Kozelinski Netto; dom Décio Pereira; dom Edgard Madi; padre Elias Wolff; dom Fares Maakaroun; Faustino Teixeira; frei franciscano Félix Neefjes; dom Helder Pessoa Câmara; padre Humberto Porto; dom Ivo Lorscheiter; pastor presbiteriano Jaime Nelson Wright, padre jesuíta Jesús Hortal; dom João Oneres Marchiori; dom José Alberto Moura; padre José Bizon; padre José Oscar Beozzo; leigo metodista José Sant'Anna; frei Leonardo Martin; dom Luciano Mendes de Almeida; dom Luiz Soares Vieira; monge beneditino Marcelo Barros; padre Marcial Maçaneiro; dom Mauro Morelli; dom Meron Mazur; pastor luterano Milton Schwantes; cardeal Odilo Pedro Scherer; padre Orestes João Stragliotto; cardeal Paulo Evaristo Arns; dom Vartan Waldir Boghossian e dom Volodemer Koubetch, entre tantos excelentes cristãos que vivem e cultivam o diálogo como estilo de vida e de comunhão religiosa fundamental.

Também há nomes abençoados de membros da fé muçulmana que promovem a paz e testemunham a misericórdia de Deus, submissos à fé islâmica e seguidores das palavras do *Alcorão Sagrado* que não faz distinção entre nenhum dos profetas (*Alcorão*, Sura 3, verso 84): xeiques Ali M. Abdune, Jihad Hassan Hammadeh, Muhammad Ragip e Mustafá Goktepe e tantos outros membros de suas comunidades, em Foz do Iguaçu (PR); Mogi das Cruzes (SP); São Bernardo do Campo (SP), no Brás e no Bom Retiro, ambos na capital paulistana.

Assim é possível dizer que agimos "em nome de Allah, o misericordioso" (Alcorão, Sura 1, verso 1); d'Ele recebemos a fé: "Bendito seja Abraão pelo Deus Altíssimo que criou o céu e a terra!" (Gn 14,19b); é somente nessa fé no Deus Eterno que caminhamos, porque "quanto a nós, não somos homens que voltam atrás para a nossa perda, e sim homens de fé para a salvação das nossas almas!" (Hb 10,39). Assim, na fé e pela fé, podemos iniciar e findar cada dia orando: "Onde houver discórdia, que eu leve a união" (Prece de São Francisco de Assis). *Aman!* Amém! *Amin!* Assim seja!

Somos irmãos: precisamos uns dos outros.

10
O mal e a esperança cristã

Canta o poeta: "Tristeza não tem fim/ Felicidade sim!" E a estrofe segue melancólica: "A felicidade é como a pluma/ Que o vento vai levando pelo ar/ Voa tão leve/ Mas tem a vida breve/ Precisa que haja vento sem parar". Sentimos isso dia a dia e o experimentamos como uma triste sina. No combate entre tristeza e alegria, parece que a vitória é do mal, que não tem fim. Mas por que assim é o nosso viver? Será correta a visão do filósofo alemão Gottfried Wilhelm von Leibniz (1646-1716) ao dizer que o mal só pode ser entendido a partir de três diferentes pontos de vista: o metafísico, por meio da imperfeição e dos defeitos que fazem parte de toda a criação e de nosso existir; o aspecto físico, natural e corporal, que se manifesta como dor, sofrimento e fragilidade patológica; ou a dimensão moral, que se apresenta como falha nas virtudes sob o nome de pecado, realizado contra nós mesmos, contra os outros e contra Deus? Essa é uma distinção clássica na filosofia, mas será que nos leva a compreender algo novo ou talvez só sejam palavras ao vento?

Ou estaria certo e convicto Santo Agostinho de Hipona (354-430) em dizer que o mal se identifica com o não ser, pois o bem é identificado claramente como a perfeição e a beleza.

Assim, para o pensamento agostiniano, poderíamos conceber o enigma do mal em chave negativa, declarando que ele é sempre a ausência do ser e, portanto, uma realidade defeituosa. Isso permite valorizar a criação, a bondade divina e a ação do amor, mas talvez nos leve a novas perguntas ainda mais contundentes quando o inocente sofre e a fatalidade cai sobre nossas cabeças, como que nos submetendo a teologias do dolorismo, do sofrimento masoquista e, sobretudo, de um Deus ausente nas horas de conflito.

Ou será que não podemos definir o mal ainda que ele nos desafie e questione, mas precisemos enfrentá-lo como algo sem nome e sem rosto, sempre a nos machucar, diminuir ou reduzir a pó. A natureza é má, muitos homens são maus, e quem quer entender o mal sempre submerge em terras desconhecidas, escuras e incompreensíveis, pois, como diz o teólogo Andrés Torres Queiruga (1940-): "Não existe o problema do mal, somente muitos problemas, que se ocupam de muitos males"[41]. Mas o caminho que assume o mal como um sem sentido, algo inexplicável, nos deixaria atônitos e calados. Calados demais e ficamos parecidos com mortos-vivos. Diz o salmista ao ver essa situação humana radical: "Esqueceram-me como se fosse um morto, tornei-me como um objeto abandonado" (Sl 31[30],13).

Precisamos de alguém que venha em nosso auxílio e diga-nos uma palavra diferente e carregada de sentido. Alguém que nos proteja do mal, guarde-nos de todo mal e acompanhe-nos na batalha contra o mal. Alguém como Deus. É isto o que os cristãos devem fazer ao enfrentar o mal: não fazê-lo sozinhos, mas muito bem acompanhados por Deus mesmo.

---

41. *Repensar o mal:* da ponerologia à teodiceia. São Paulo: Paulinas, 2011, p. 15.

Pensar o mal, decifrar o enigma do mal a partir da presença de Deus como nosso advogado, nosso protetor e nosso irmão que ama e que salva e no Espírito que nos anima e fortalece. Não temos todas as respostas, mas com Jesus rezamos: "Por que me abandonaste?" Assim, a oração que fazemos na cruz e no abandono, "longe de ser uma expressão de incredulidade, é a forma mais pura da fé"[42].

O primeiro lugar importante da manifestação de Deus em nosso favor é o corpo humano. Nele vivemos os momentos mais dramáticos do mal, da maldade e da moléstia que atinge nosso viver. Somos frágeis e marcados pelo padecimento, pelo desgaste físico e mental e, sobretudo, por uma vida nem sempre vivida no equilíbrio e na serenidade. Viver é duro e nosso corpo sofre muito. Sofrimentos que nos ensinam, mas também sofrimentos que não compreendemos nem aceitamos. O corpo sofre com a falta de amor, de alimento, de justiça e de dignidade ofendida. O corpo sofre com os excessos, de drogas, de tabaco, de álcool, de pesos, de trabalho, de palavras malditas, de violência sexual e pela tortura dos corpos humanos e de seu pensamento. Tudo o que é excessivo machuca o corpo: gordura demais, comida demais, suor demasiado, enfim, nosso corpo pode morrer de exaustão física e psíquica. Precisamos do equilíbrio e da serenidade, mas nem sempre sabemos encontrá-los. Vivemos em sociedade dos excessos e do hiperconsumo e poderíamos ser felizes com muito menos. Muito do que Deus pode fazer por nós está na encarnação de seu Filho como ser humano, como um de nós, exceto no pecado. Ele veio viver como nós, sentir como nós, padecer como nós e, pela força da vida e do amor, resgatar-nos do lugar do mal pela força da verdade e de sua fidelidade ao Pai.

---

42. COMBLIM, J. *A oração de Jesus*. 2. ed. Petrópolis: Vozes, 1973, p. 48.

Um segundo lugar assumido por Deus na questão do mal é o tempo e a história. Deus enfrenta o mal em sua finitude e em seu limite, naquilo em que o mal quer nos apequenar. Ele propõe o infinito como um antídoto ao mal. Diante das concepções dualistas e cíclicas dos gregos que sempre sofriam o ódio e a vingança dos deuses do Olimpo, Deus, pai de Jesus, amou tanto o mundo e a humanidade que não pediu doze trabalhos fatalistas como o fez Zeus com Hércules, mas acompanha a luta de Jesus contra o mal e o fez vencedor pela ressurreição. Deus faz-se história descendo dos altos céus para nos fazer divinos e ressuscitados. Vive o tempo fazendo-o eterno. Abre a porta da eternidade para que vivamos com Ele para sempre. Ele nos quer em seu regaço e por todo o sempre. Não tem ciúmes de nós, nem quer nos punir, como os gregos pensavam citando lendas como as de Sísifo, que rolava eternamente uma pedra, ou a de Prometeu, que rouba o fogo dos deuses e, por isso, tem o fígado devorado e restaurado em uma punição dos deuses contra a sagacidade do humano. O ciclo quebra-se com a visão judaico-cristã, e a história torna-se lugar de redenção. Não outra história ou história paralela. A mesma história humana é o lugar da história da Salvação. A mesma história dos povos é sacramento da ação maravilhosa de Deus. Quebra a espinha dorsal do mal pela esperança.

Sabemos, desde Platão (428-348), que o mal não procede de Deus e que os vícios são uma responsabilidade humana, pois possuímos o livre-arbítrio. Nessa luta histórica entre graça e liberdade, vive o humano e assumimos nossas respostas. Diante do mal físico e natural, nada podemos fazer se não aceitarmos e prevenirmos com a ciência que temos. Terremotos, *tsunamis*, cometas, meteoros são fatalidades do cosmos e da Terra que não pode ser vistas moralmente, mas objetivamente como limites no existir. Muito podemos fazer, mas não tudo. Como diz Paulo de Tarso (5-67) aos Romanos: "Pacientes na tribulação, perseverantes na oração" (cf. Rm 12,12). Outra, é nossa postura quanto ao mal moral, pois sobre esse temos como decidir e discernir. Se podemos fazer o mal ou o bem, precisamos escolher. E assumir o ônus da escolha. E sermos julgados por isso. A música pode ser sinfônica se cada um de nós fizer sua parte e não criar acordes dissonantes e desumanos. Talvez possamos dizer, seguindo o teólogo Juan Luis Segundo (1925-1996), que "o mal esteja tranquilamente acomodado no propósito maior do Criador como estratégia para nos provocar a crescer e participar"[43].

Alguns tentarão o caminho mais fácil dos neoplatônicos ou gnósticos, afirmando o mal nas coisas e na matéria. Sempre dirão que o mundo é cópia falsa, que o mal é sempre material, que o espiritual tudo salva e o que devemos fazer é sublimar e fugir deste mundo. Jesus Cristo propôs outro caminho: não condenar, mas propor vida ao mundo. *"Pro vita mundi"*, para a vida do mundo, e, como dizemos no Credo cristão, "por nós e por nossa salvação", Deus fez-se homem no seio de Maria e habitou entre nós. Os cristãos veem na criação os sinais de Deus e acreditam que também o mundo geme clamando por redenção, como diz o apóstolo Paulo. Não somos tão pessimistas quanto Schopenhauer (1788-1860) ou Santo Agostinho, mas sabemos que sem o Cristo nada podemos. Não somos tão otimistas como Pelágio (350-423) ou Hegel (1770-1831), que creem no espírito do mundo e na força do humano, pois sabemos de nossas fraquezas e medos. De-

---

43. LIGÓRIO SOARES, A.M. *De volta ao mistério da iniquidade*. São Paulo: Paulinas, 2012, p. 234.

vemos ser plenamente realistas e buscar o caminho do meio. Kant (1724-1804) não é suficiente para enfrentar o mal, ainda que a ética seja ferramenta importante. Nietzsche (1844-1900) não consegue compreender Deus, por isso o nega. Não percebe a força do amor de um Deus crucificado. Ele não é o pai do mal nem seu sustentáculo, mas sim nosso aliado no enfrentamento do mal. Deus não nos faz impotentes, mas se torna nosso companheiro de estrada e de esperanças. Assim diz o salmista: "Vós contaste os passos da minha vida errante e recolhestes as minhas lágrimas" (Sl 56[55],9).

O derradeiro problema do mal reside no fato de que é apresentado ou transfigurado em algo banal. A filósofa alemã Hannah Arendt (1906-1975) deixou o rei nu ao dizer que a banalidade do mal é o que devemos de fato enfrentar e assumir como projeto humano e compassivo. O mal precisa ter os véus retirados e, ao perder o efeito fantasmagórico e surreal, possibilitar que possamos chamar por seu nome. Quem enfrenta o mal é capaz de superá-lo, mesmo ficando com marcas e feridas. Tirar o mal do anonimato e das estruturas e nomeá-lo como feito por homens e mulheres é tarefa primordial. O mal não é produto de monstros, mas da perversão e de uma exclusão deliberada do bem e do amor. Nossa força está em Deus. Assim diz Jesus: "Eu vos dou o poder de calcar aos pés serpentes e escorpiões" (Lc 10,19a). A questão do mal sustenta muitos ateísmos e proclama sempre a ausência de Deus na salvação de seus amados e do povo escolhido. Seria assim mesmo? Deus se cala? Ele se ausenta? É surdo? Não se mete na dor? Morreu? Assim diz duramente o salmista, querendo um sinal: "Despertai, Senhor. Por que dormis? Levantai-vos. Não nos rejeiteis para sempre" (Sl 44[43],24).

Interpelar Deus acusando-o de ser conivente com o mal deve incomodar os amigos de Deus. Precisamos convocar Jó, Jeremias, Sofonias, Amós, os Macabeus, o profeta João Batista e o próprio Jesus para serem nossas testemunhas e proclamarem a verdade sobre Deus em favor do sofredor, no enfrentamento da maldade e na esperança da vida plena. Assim sabemos dos profetas que pôr a culpa em Deus alivia a canseira humana, mas nada resolve da dor humana. Contra Deus e sem Ele, ficamos ainda mais frágeis e na orfandade. Nada ganhamos e tudo perdemos. Pensar o mal, retirando-o de Deus e aliviando a divindade de qualquer relação, pode salvar momentaneamente o mistério, mas nos remete a um beco sem saída. Se não foi Deus, ou se Ele é impassível, então por que sofremos desse jeito e Ele nos criou? Esse é o caminho fácil da apologética, mas sem resultado para quem sofre e tampouco para a imagem plena de Deus como amor. É muito falatório para nada. Se pensarmos que o mal é necessário, podemos ver algo sobre nossa finitude, bem como justificarmos nossa miséria e a própria inércia. Não há nada a ser feito! A paciência não pode ser assumida *a priori*. Deveria existir uma teimosia em quem sofre. Teimosia santa de quem sabe que Deus é bom e eterna é sua misericórdia (cf. Sl 100[99],5). Assim diz o teólogo: "Desde as origens da humanidade, houve homens e mulheres tateando em busca da verdade e da justiça, enfrentando as potências adversas; homens e mulheres que sentiram a angústia e o peso do silêncio e da solidão, o abandono no meio da reprovação e da culpabilização, teimosos na esperança"[44].

---

44. *Repensar o mal:* da ponerologia à teodiceia. São Paulo: Paulinas, 2011, p. 15.

Se Deus é por nós e conosco enfrenta o mal, temos um amigo e uma força para seguir lutando e pelejando, sem entender todo o mistério da vida e do mal, mas certos de que Deus está conosco, para nos livrar de todo o mal, sem magia e sem ilusões, mas no enfrentamento e na experiência diária do viver. Chamado ou não, Deus estará sempre presente para quem ama e quer viver, para que "no dia da desgraça, me esconda em sua tenda" (Sl 27[26],5). É singular que o livro do Apocalipse apresente a Igreja, representada por uma mulher que protege seu Filho Amado, lutando contra o império do mal. O mal é enfrentado pelo amor de uma mãe que cuida do fruto de seu útero e que acredita na força de Deus. O amor é mais forte que a morte. Ainda que o mal tente se camuflar e disfarçar, quem é discípulo de Jesus Cristo conhece seu Salvador e crê na verdade. Assim age movido por Deus de dentro de seu coração. Impede a ação do demônio, pois este quer agir do exterior e manipular. Quem é de Deus sabe que Jesus Cristo age por dentro da pessoa. Quando o mal atinge um crente em Deus, este não deve praguejar nem perder a fé, mas buscar imediatamente a Deus, pois, como diz Santo Tomás de Aquino (1225-1274): "O fim do demônio é fazer a criatura racional voltar as costas para Deus"[45]. Na hora da dor e da presença do mal, o cristão reza e confia: "Na minha aflição clamei ao Senhor, e Ele ouviu-me. Livrai-me, Senhor, dos lábios mentirosos, e da língua traiçoeira" (Sl 120[119],1-2).

---

45. ST III, q. 8, a. 7.

11
O segredo da serenidade

Nos últimos anos, a estupidez e a alienação vêm aumentando assustadoramente no Brasil. Sempre acompanhadas por ódio, cólera, raiva pelo discurso do desespero e da divisão inoculado pela mídia e pelas instituições que deveriam zelar pela paz e pela verdade. O povo brasileiro, sempre tão alegre e otimista, está sendo aferroado por grilhões de colonialismo cultural e vilipendiado pela cegueira moral gritante, produzindo monstros sem compaixão em todas as classes sociais. As pessoas nas metrópoles vivem na amargura e na depressão. Haveria remédio para tanta bílis acumulada? Creio que sim. Onde estaria a terapia restaurativa? Onde recobrar o amor primeiro? Seu nome é serenidade e se apresenta de muitos modos.

Segundo os dicionários, essa palavra significa 'uma qualidade ou estado do que é ou está sereno'. Ou seja, um estado de maciez e paz interior. Especialmente, exige-se a serenidade quando estamos diante de fatos adversos, pessoas grosseiras e situações que se tornam pesadelos e dores permanentes. Sereno é alguém capaz de ampliar seu coração tal qual um oceano para receber os rios caudalosos e avassaladores ainda mantendo a suavidade e a lucidez. O Brasil só será completo se cultivar essa virtude da placidez e de tranquilidade que nos faça ultrapassar esse momento obscurantista em que fomos enfiados a contragosto e injustamente. Precisamos voltar a viver o tempo bom advindo de nossa alma e de nossa vida fraterna e gentil. Afinal, gentileza gera gentileza.

Serenidade psíquica

O psiquiatra Flávio Gikovate (1943-2016) afirmou que "um aspecto muito importante para a questão da serenidade é a competência dos indivíduos para lidar com o tempo. Um exemplo disso é a inquietação que toma conta de muitos quando, presos no trânsito, não conseguem chegar a um encontro na hora marcada. Apesar do atraso não ser da responsabilidade deles, sofrem e se sentem por vezes até mesmo culpados pelo que está acontecendo. Chegam ao local esbaforidos e demoram um bom tempo para se recuperarem de um problema que, como regra, não tem a menor importância concreta"[46]. Acrescentou esse médico da alma humana: "Saber esperar é uma das virtudes mais raras que tenho conhecido e certamente contribui enormemente para que uma pessoa desenvolva esse estado de calmaria correspondente à serenidade"[47].

Concluiu Gikovate: "Perdemos a serenidade quando andamos muito devagar, perto da condição do ócio – que traz o tédio e a depressão – e também quando nos tornamos angustiados pela pressa de atingirmos logo nossas metas. Mais uma vez, a sabedoria, a virtude está no meio, naquilo que Aristóteles chamava de temperança: cada um parece ter uma 'velocidade ideal', de modo que se andar muito abaixo dela

---

46. Disponível em http://flaviogikovate.com.br/o-que-e-serenidade/ – Acesso em mar./2017.
47. Ibid.

tenderá a se deprimir, ao passo que se andar muito acima dela tenderá a ficar muito ansioso"[48].

Serenidade filosófica

Norberto Bobbio (1909-2004) produziu um *Elogio da serenidade* (publicado na Itália em 1983 e no Brasil em 2002, pela Editora Unesp), em que destacou que ela é uma virtude passiva associada a não violência. No entanto, não deve ser confundida com a submissão nem com a concessão. É ela quem nos ajuda a vencer os preconceitos e a intolerância que são da esfera do não racional. O autor afirmou que o homem sereno aceita o outro. Segundo ele, alguém sereno não se exalta, mas se vê igual aos demais. Assim a serenidade é oposta a insolência, ou seja, aquele que ostenta sua arrogância. Quem é sereno não ostenta nem a serenidade. Quem é inteligente não se vangloria, pois seria um estúpido. Quem ostenta a caridade certamente não a possui[49].

Serenidade como um evangelho em tempos de estupidez

O texto bíblico traz três menções no livro sapiencial dos Provérbios quanto à palavra sereno. Na primeira, pode-se ler: "Um coração sereno é a vida para o corpo, mas a inveja é cárie nos ossos" (Pr 14,30). Na segunda, está escrito: "A língua serena é árvore de vida, e a língua perversa quebra o coração" (Pr 15,4). Finalmente, na terceira e luminosa citação, está o seguinte versículo "Quem retém suas palavras tem conhecimento e o espírito sereno é pessoa inteligente" (Pr 17,27).

---

48. Ibid.
49. BOBBIO, N. *Elogio da serenidade e outros escritos morais*. 2. ed. São Paulo: Unesp, 2011.

O sábio proverbialmente nos oferece o antídoto para as cáries nos ossos, a quebra do coração e a ignorância e insensatez. A serenidade produz corpos sadios, corações completos e, sobretudo, uma inteligência para o bem-viver. Não se impõe, nem tripudia, sabendo no que crê e vislumbrando o que busca porque já o experimentou em si mesmo. A fragilidade do sereno é sua fortaleza.

Para que não fiquemos desesperados e raivosos em uma vida medíocre e estúpida, Deus, de tempos em tempos, envia mensageiros, profetas, sábios e pessoas serenas para indicar o caminho e revelar o segredo da paz interior. Na história recente de nosso Brasil, um luminar da serenidade foi dom Luciano Mendes de Almeida (1930-2006). Por meio de gestos e palavras, ele nos ensinou como sermos serenos, sem movimentos bruscos, amplificando corações e mentes. Ele era um homem suave e profundamente discreto. A humildade diante da pessoa humana o fez encurvar-se e sempre perguntar como mote de vida e carinho: "Em que posso lhe servir?" Equilibrado, sensato e sempre ao lado dos que sofriam, jamais era imparcial na forma diplomática ou asséptica. Agia sempre com compaixão, de modo profundo e radical. Sua parcialidade era tal qual a do coração de Deus. Do tamanho do coração de Jesus. Começando pelo último e almejando chegar a todos. Sempre que estávamos com ele, sentíamos que nosso coração pulsava e queríamos que nos revelasse o segredo da fonte da juventude e da serenidade que, de forma evidente, nos demonstrava. Dom Luciano era um sábio de múltiplos saberes, idiomas, cultura geral e antropológica, mas se apresentava tal qual fosse um mendigo de Deus. Só podemos comparar sua vida à figura do bom samaritano expressa no evangelho lucano (cf. Lc 10,29-37). Vendo-o atuar em favor dos pobres, penso agora que, enfim, posso entender por que o samaritano deu ainda dois denários ao hospedeiro e, em seguida, ordenou que o estalajadeiro cuidasse dele e, quanto tivesse gasto a mais, na volta ele pagaria a diferença! Eu sempre pensava: "Mas por que voltou? Já fizera muito e ainda pagara tudo. Para onde teria ido depois? Por que deixara dois denários de caução?" A serenidade do arcebispo permite-me entender o não dito final da parábola que livremente interpreto: o samaritano (aqui o santo bispo dom Luciano) serenissimamente foi atrás dos assaltantes para conversar com eles, ver que não mais fizessem tal crime, que se convertessem e que soubessem que Deus os ama e que ele, samaritano-Luciano-sereno, não poderia deixar a parábola terminar sem incluir plenamente na misericórdia divina aquele que fora o mais massacrado dos seres humanos, o mais caído de todos, aquele que machucou o próprio irmão. Dom Luciano completou a parábola dando a volta completa na viagem. Foi aos porões da humanidade. Foi além da parábola, para que nenhum personagem ficasse sem a luz de Deus. Para ele, os pobres eram a "sereníssima majestade" de seu viver e de seu agir. Todos eles, culpados e inocentes.

Assim se exprimiu dom Luciano: "Os pobres têm maiores possibilidades de converter o mundo, porque não fazem sua força consistir nem nas riquezas, nem na técnica, nem na beleza humana, nem sequer na reputação social, mas na pobreza. Quem é pequeno, que é pobre sabe que, se fez algum bem, isto lhe vem de Deus, pois sozinho não seria capaz. Privando os outros da alegria de descobrir que os valores são de Deus, podemos também ofuscar esses valores, porque, manipulando-os com nossas mãos, deixamos neles os vestígios da nossa pequenez e isto pode estragar sua beleza. Quando somos internamente livres, desapegados, este vestígio que deixamos habitualmente sobre as coisas não existe e distingue-se melhor o dom de Deus"[50]. Como afirma dom Luiz Antônio Guedes (1945-), dom Luciano foi considerado "a serenidade em pessoa"[51].

Como alcançar a serenidade?

Em tudo na vida, é preciso exercitar-se e praticar com fidelidade e paciência. A virtude que necessitamos também exige ser exercida diariamente. É necessário treinar e aprimorar o segredo/semente que nos entregaram para frutificar em belas flores. Coragem e paciência serão necessárias. São sete os princípios de bem-estar que nos farão sair desse momento de ódio a que fomos submetidos por grupos de manipulação da grande imprensa. Poderemos recuperar a saúde física e mental praticando-os. São eles:

1) O contato com a natureza.

2) A calma.

3) O não julgamento.

4) As conexões.

5) A aceitação.

6) O desapego.

7) A confiança e o estabelecimento de metas[52].

O primeiro é simples e concreto: reserve tempo em sua agenda para passear sozinho(a), se possível em parques e áreas floridas, por pelo menos uma hora sem falar, ler, nem escutar

---

50. OLIVERO, E. *Unidos em favor da paz* – Diálogos com dom Luciano Mendes de Almeida. São Paulo: Loyola, 1991, p. 122.

51. ARROCHELAS, M.H. (org.). *Deus é bom* – Homenagem a dom Luciano. Rio de Janeiro: Educam, 2006, p. 63.

52. JODICE, L. & STROCCHI, M.C. *Os 7 princípios do bem-estar para manter-se jovem e saudável*. São Paulo: Paulinas, 2015, p. 95-111.

música. Só contemplando e experimentando você mesmo(a) e seus passos. Estar inteiro(a) no passeio. E passear. Só isso.

O segundo exercício é suavemente aquietar-se ao fazer algo sem pensar no antes nem no depois. Pode ser lavar a louça e cuidar de cada detalhe da limpeza. Ou cozinhar para você mesmo(a) uma pequenina refeição e degustá-la com suavidade. Sem relógio e sem pressão. Se tiver uma planta, cuide dela, regue-a, fale com ela. Converse suavemente com seus filhos e ouça-os mais do que lhes fale. Tome sua esposa em seu colo e coloque-a para ninar. O mesmo vale para seu esposo. Sem pressão nem pressa. Suavemente e sem medo algum.

O terceiro pilar ou princípio pode ser exercitado procurando não emitir julgamentos sobre você nem sobre alguém durante toda uma manhã, depois um dia inteiro e semana. Se não conseguir fazer isso e julgar alguém, coloque as sandálias dele em seus pés, tal qual diz o ditado italiano: "Não se pode julgar ninguém sem ter caminhado com seus sapatos por pelo menos quinze dias". Se ainda assim não conseguir, imagine-se no lugar da pessoa e diga: "Em uma escala de 0 a 10, quanto do que eu critico nele(a) há em mim?" Se digo: "Fulano(a) é vaidoso(a)", devo me perguntar honestamente: "Quão vaidoso(a) sou eu?".

O quarto passo é buscar compreender e aceitar que estamos todos conectados em uma imensa rede de vida, de processos e de histórias. O que eu faço mexe com outros. O que outros fazem também reverberam em mim. Somos todos da mesma teia ou rede de complexidades, de medos e de amores. Santa Teresa de Calcutá (1910-1997) sempre dizia que não é o que damos que importa, mas o quanto de amor vai dentro daquilo que damos. É o invisível que vale. É o divino que muda. É o amor que comove. Muitas vezes, aquele(a) que nos critica ama mais do que quem que nos elogia protocolarmente. Diz um sábio zen: "Se encontrar alguém que mostre a você os próprios erros, acolha-o como se tivesse lhe mostrado tesouros escondidos e preste bastante atenção. Será melhor, não pior, para aqueles que atentam às palavras deste sábio"[53]. E completa o mestre budista: "Se você encontra dificuldade em me dizer algo abertamente, fale mal de mim para alguém, por favor, para que eu possa conhecer ainda que indiretamente meus próprios erros"[54]. Afinal, tudo o que dissermos sobre o pecado de alguém, certamente essa pessoa já imputou a nós anteriormente, de forma correta ou mentirosa. E, se disse o que é verdade, assumo. Falando inverdades, não falou de mim. Simples assim! Sem angústia nem raiva. Sem úlceras nem gastrite.

O quinto pilar é a aceitação. O maior desperdício da vida é querer impor coisas aos outros. Constantemente, isso resulta em fracasso total. É chamada de falácia da equidade, que é a tendência de acreditar que somente as próprias ideias e opiniões são corretas. Sempre resulta no desastroso: "Se me amas, deves pensar como eu". Faz lembrar aquele dito do monge Shantideva (685-763): "Se você tem um problema e pode resolvê-lo, por que se preocupa? E, se tem o problema e não pode resolver, então por que ainda se preocupa?" Aceitar-se primeiro, estar receptivo(a) à vida e lutar para mudar partindo de si mesmo(a) é a chave de tudo. Quem consente em pensar de outra forma pode constatar que a vida é feita de

---

53. *The Dhammapada*. Oxford: The Clarendon Press, 1881 [Trad. F. Max Müller] [The Sacred Books of the East] [Disponível em https://archive.org/details/dhammapada_0707_librivox/dhammapada_01_muller.mp3 verse 76 – Accesso em mar./2017].

54. RÔSHI, S.A. *Para uma pessoa bonita* – Contos de uma mestra zen. São Paulo: Palas Athena, 2002, p. 154-155.

múltiplos ângulos. O inaceitável é aquilo que fere os valores. As opiniões e as ideias todas podem ser claras, escuras, contraditórias, boas e más. Aceitar pessoas é ser humano. Criticar ideias é ser inteligente. Destruir pessoas e honras não é humano nem inteligente. Um pequeno exercício pode ajudar: escreva em um papel quantas vezes em um dia ou semana você perdeu a calma e a serenidade. Relacione a situação, o horário, as pessoas e os motivos. Com calma, poderá descobrir se a raiva veio da cabeça, do coração ou do estômago. Assim poderá aceitar a cura. A melhor família do mundo é a sua, mesmo que comam um pedaço de pão seco. Se houver amor e serenidade, seus filhos são seu tesouro.

O sexto princípio é um dos mais difíceis e importantes. É o distanciamento ou o desapego. Quanto mais inseguro for alguém, mais se apega e fica dependente de pessoas ou coisas, e isso traz sofrimento para ele e para os outros. A ideia mais bonita seria sempre esta: "Posso até viver sem você, mas prefiro estar com você". Deixar as bugigangas para ficar com o essencial. Cultivar o essencial em si mesmo e nas relações com quem amamos. Um exercício excelente seria deixar seu lugar de trabalho, ou de família, ou de igreja onde você é indispensável por um dia ou por algumas horas e fazer algo totalmente fora do padrão formal. E, ao voltar, verificar como a vida seguiu seu curso sem criar vínculos pesados com você ou por sua causa. Isso deve valer ainda mais para quem carrega fardos pesados do passado e não consegue superá-los. Pense que o mundo não começou com você, mas saiba que ele não irá avante sem sua presença. Faça a experiência de, ao acordar, dizer: "Hoje é o melhor dia da minha vida, pois assim o sinto e assim o farei, com a graça de Deus e minha esperança teimosa".

Enfim, o derradeiro pilar da serenidade é confiar e estabelecer metas positivas usando o hemisfério direito do cérebro, que é a sede das emoções, da criatividade, da cura e da intuição. Ore, celebre, festeje, conserte o que foi quebrado, arrependa-se de erros e de mentiras. O mais importante é cultivar a gratidão das pessoas que estão ao seu redor. Agradeça aos atendentes, aos ascensoristas, aos auxiliares de limpeza, aos companheiros de trabalho. Peça que Deus lhe dê elegância e paz para exprimir palavras suaves. Mesmo quando criticar, faça-o semelhantemente a uma mãe ao oferecer remédio ao filho doente. "Aquele que fecha os lábios passa por inteligente" (Pr 17,28b). Enfim, falemos do que brote do fundo de nosso coração. Serenamente. Suavemente. Placidamente. Na paz! O mais, calemos.

12
O pequeno zero

Muitas pessoas marcam nossas vidas e se tornam inesquecíveis. Seus gestos, suas palavras, seus sentimentos, suas lutas e seus sonhos nos inspiram e fortalecem. Além de nossos familiares, há aqueles que passam por nossa vida, ou em nossas leituras, mexendo com nossas entranhas. Não podemos mais viver sem pensar neles. Ficamos matutando a cada dia naquilo que fizeram na prática de suas vidas, como amaram e quais utopias carregaram na mente e no coração. Três dessas pessoas luminosas que tocaram meu coração foram Santa Teresinha de Lisieux, carmelita francesa; Irmã Maria C. Correa Lovera, religiosa paraguaia, das Franciscanas Missionárias de Maria; e dom Luciano Mendes de Almeida, jesuíta, arcebispo de Mariana (MG) e antes bispo auxiliar de São Paulo. Esses três "santos" penetraram os segredos divinos e mexeram com nossa vida. Pretendo compartilhar aquilo que deles aprendi sobre Deus e o amor aos pequenos.

Santa Teresinha, um grãozinho de areia
Santa Teresinha de Lisieux (1873-1897), nascida com o nome de Marie Françoise Thérèse Martin, desde criança, quis ser pequena e assumiu em suas cartas costumeiramente o uso

de curiosos diminutivos. Ela se denominava com frequência de "o pequeno zero", "grão de areia" e "gota de orvalho". Para Santa Teresinha, o diminutivo e a pequenez possuíam uma fonte espiritual muito profunda. Sua mística e sua ligação com Deus passavam por esta pequena via. Ela dizia que, se alguém pretendesse subir a "Montanha do Amor", deveria, como bom alpinista, abandonar o orgulho, a pressa, as vaidades ou grandezas. Quanto mais alta for a montanha, mais humilde deve ser o alpinista. Para o alpinista do amor, a subida deve ser precedida do reconhecimento da pequenez e a fidelidade e disciplina da ascensão se darão por esta serenidade de cada passo. Deus não consegue entrar em um coração fechado ou orgulhoso. Para Santa Teresinha, a pequenez é um meio efetivo e privilegiado de assemelhar-nos a Jesus. Ser pequeno é a porta para ser ainda mais amado e querido por Deus. Santa Teresinha ensinava que, para viver o caminho para Deus, é preciso permanecer como uma criança diante de Deus (cf. Mt 18,1-4).

Na carta 196, ela escreveu: "Apraz a Jesus mostrar-me o único caminho que conduz a fornalha divina, esse caminho é o abandono da criancinha, que adormece sem medo nos braços de seu Pai..." Não é só um reconhecer-se pequena do ponto de vista racional ou mental, como ato lógico e intelectual, que é o primeiro passo, mas, querer ficar pequeno, como identidade e atitude vital. Ou seja, descobrindo e compreendendo que somos pequenos e frágeis, e sabendo do nosso nada, podemos alegres e confiantes, nos jogar nos braços do Bom Deus, e curtir esse momento de colo divino, em que Deus, com imenso carinho, amor e misericórdia, trata-nos como um pai maternal e nos preenche com seu amor.

Na caderneta amarela, escrita por Madre Inês de Jesus (?-1951), com relatos dos diálogos com Santa Teresinha, nos meses de abril a setembro de 1897, podemos compreender o que ela entendia por ser pequena: "É reconhecer seu nada, esperar tudo do Bom Deus, como uma criancinha espera tudo do seu pai; é não se inquietar com nada, não guardar nada de riqueza. Mesmo entre os pobres, dá-se à criança o que lhe é necessário, mas, logo que ela cresce, seu pai não quer mais alimentá-la e lhe diz: 'Trabalhe agora, você pode bastar-se a si mesma'. É para não ouvir isto que não quis crescer, sentindo-me incapaz de ganhar minha vida, a vida eterna do céu. Fiquei, pois, sempre pequena, não tendo outra preocupação senão a de colher flores, as flores do amor e do sacrifício e de oferecê-las ao Bom Deus para seu prazer" (CJ 6.8.8). O ato de ser pequeno torna-se uma situação existencial teológica e espiritual profunda.

A imagem teresiana mais bela é aquela do pequeno zero com que Teresinha se autodenomina pessoal e teologicamente. Eis o que escreve em uma carta datada de 9 de maio de 1897, a padre Adolphe Roulland (1870-1934): "De fato, o zero por si mesmo não tem valor, mas, colocado ao lado da unidade, ele se torna poderoso, contanto que fique no lado certo, após e não antes!... É justamente lá que Jesus me colocou e espero ficar aí para sempre... Eu lhe peço, pois, meu irmão, que queira enviar sua bênção ao pequeno zero, que o Bom Deus colocou ao seu lado" (CT 226). Claramente não são masoquismo nem irrelevância invertida. Sem qualquer pessimismo, Santa Teresinha assumiu a realidade de ser alguém que é quebrada, consumida, sabendo que, no céu, o grãozinho ou o zero está destinado a brilhar (cf. CT 74). Ao dizer-se gota de orvalho, disse que o orvalho só existe à noite e, assim que o sol dardeja seus raios, o orvalho destila pérolas, cintila luz e se muda em um leve vapor (cf. CT 141). Santa Teresinha valorizava tanto a pequenez e leveza do orvalho, que até chamava a Sagrada Eucaristia de orvalho (cf. CT 240).

Irmã Maria Correa (FMM), em busca dos mais pobres

Maria C. Correa Lovera (1940-1994), irmã franciscana paraguaia, fez-se religiosa aos 34 anos. Ela morreu em um acidente em Assunção, no Paraguai, depois de vinte anos de ação entre os pobres. Viveu uma vida muito, muito simples, mas profundamente mística e inspiradora. Quando terminou o período de formação, foi destinada para trabalhar com os camponeses de Eugenio A. Garay, na diocese de Villarica, no Paraguai. A primeira pergunta que fez às companheiras de missão foi: Quem são os mais pobres da paróquia? Em seguida, ao andar pela diocese, descobriu, pelo sopro do Espírito, que havia pessoas ainda mais pobres: eram os irmãos indígenas do povo Mbyá. Após obter o sinal verde da provincial e do bispo diocesano, começou sua imersão entre os mais pobres entre os pobres. Quando tomou a decisão de realizar a missão, ela pensou nas privações que teria de passar entre os indígenas em seus assentamentos precários. Então, como uma atleta, começou a exercitar-se: no inverno, cobria-se com menos cobertores e roupas pesadas. Isso também ocorreu quanto aos alimentos e as vestes que passou a usar com austeridade e despojamento. Desde o início, anotava em uma caderneta pessoal os nomes das pessoas, das comunidades indígenas, sua situação, as rotas para chegar aos lugares mais difíceis, o que conversavam, o que ela via e sentia. Caminhadas imensas a pé, a cavalo, sozinha, com outras pessoas; riachos a ultrapassar, perigos, noites sem dormir. Dos primeiros momentos de rechaço, foi surgindo lentamente uma relação construtiva na fé e no amor. Assim testemunhou Irmã Blanca, que com ela esteve oito anos: "A radicalidade da entrega de Maria brotava por todos os poros: caminhava até 60 quilômetros para chegar ao irmão indígena necessitado; escutava-os incansavelmente, como se escutasse a Palavra de Deus. Sempre respondia às pessoas que lhe perguntavam se os indígenas conheciam Deus, dizendo: 'Eu não necessito falar aos indígenas, porque eles é que me falam de Deus'. Acostumou-se a chamar os indígenas de seus príncipes e senhores. Para ela, cada viagem e cada encontro com o povo Mbyá eram 'servir aos meus príncipes', ainda que muitas vezes os encontrasse alcoolizados e doentes. Então dizia a uma religiosa: 'Vês? Dás conta do quão difícil é servir a este meus senhores? Não é fácil aceitá-los como são, respeitá-los seriamente e colocar-se aos seus pés para servi-los'. Dizia que isso só era possível para aquele e aquela que se 'apoiem na fé e no compromisso com Cristo; se não, não poderá perdurar essa entrega'. Esta mulher tão simples conheceu a Deus profundamente, junto aos pobres e indígenas do Paraguai. Ela chegava a pedir licença às roseiras para cortar uma flor para a capela das irmãs: 'Te peço permissão, minha roseira, para cortar tuas flores, para adornar minha capela, para que juntas possamos louvar ao Nosso Criador'. Ela foi a semente pequena que germinou no coração do povo indígena, vivendo por eles, como uma autêntica franciscana"[55].

Dom Luciano Mendes, o doutor dos pequenos

Dom Luciano Pedro Mendes de Almeida (1930-2006) foi um dos maiores intelectuais que o Brasil conheceu. Padre je-

---

55. FANEGO, J. *Jirones de una entrega*. Assução: Casa de las Hermanas FMM, 1996.

suíta, depois bispo católico, fez-se obediente ao Evangelho em sintonia absoluta com Cristo, que movia seu coração e seus passos. Em nome de Jesus, viveu e morreu. Como um santo. Mente privilegiada, fez uma radical e profunda opção pelo outro e pelos pequenos. Compreendeu, desde menino, que estava consagrado a cuidar de todos aqueles que não tinham um ninho para serem alimentados. Assumiu, desde cedo, a tarefa pessoal do cuidado. Fazer os pobres felizes era sua felicidade. Como disse Santo Agostinho de Hipona (354-430): "O pobre clama, o Senhor escuta. E como me tornarei pobre para clamar? Mesmo que possuas alguns bens, não presumas de tuas forças. Entende que és indigente, compreende que és pobre enquanto não tiveres aquele que te enriquece. O anjo do Senhor acampará ao redor dos que o temem e os livrará"[56]. Dom Luciano ouviu o clamor do pobre, pois compreendeu claramente que o Cristo é nossa maior e única riqueza. E que o Cristo se revela no pobre e na pequenez. Ele fez verdadeira a palavra de Jesus, guardada por Lucas em seu Evangelho: "Eu te louvo, ó Pai, Senhor do céu e da terra, porque ocultaste essas coisas aos sábios e entendidos, e as revelaste aos pequeninos" (Lc 10,21). Ou pela comunidade de Mateus relendo o Salmo 8,3, quando afirma: "Da boca dos pequeninos e das criancinhas de peito preparaste um louvor para ti!" (Mt 21,16d).

O cotidiano desse pastor engajado em favor de toda pessoa humana, iluminado pela opção pelos pobres, foi sempre marcado por gestos concretos de solidariedade e amor. Sem-teto, pessoas que moravam em cortiços, mulheres marginalizadas, favelados, moradores de rua e crianças abandona-

---

56. SANTO AGOSTINHO. *Comentário ao Salmo 33*. São Paulo: Paulus, 1997, p. 444.

das consideravam-no como pai e mãe ao mesmo tempo. Sua agenda tinha muito mais que 24 horas diárias. Seus gestos revelavam Jesus e a bondade do Pai que a todos ama compassivamente. Nem acidentes, nem doença, nem fragilidade do corpo impediam sua presença e suas palavras de esperança. "Em que posso lhe servir?" era sempre o mote inicial. E havia realidade depois da resposta. Não era retórica ou conversa 'para boi dormir'. Dom Luciano levava a sério a encarnação. Ela a compreendia tão firme, como Santo Ignácio de Loyola (1491-1556) a pensou. E fez da sua ação um gesto permanente de contemplação. E sua vida se tornou uma missa permanente.

Dom Luciano sempre sonhou com meninos pequenos conduzindo a esperança do povo, tal qual Isaías sonhara em seu belo canto utópico (cf. Is 11,6). Sempre acreditou no amor presente em todo ser criado por Deus, só esperando a palavra certa para eclodir e manifestar-se, tal qual Jesus com seu *"Effathá"* (Abre-te!), quando, atravessando a região da Decápole, lhe apresentam um surdo-gago para ser curado. O religioso sempre esteve rodeado de crianças chegando inclusive a colocar sua mitra de pastor na cabeça das crianças da Favela de Vila Prudente (SP), em imagem memorável da cena jesuânica plena de alegria pascal: "Deixai vir a mim as crianças e não as impeçais, pois delas é o Reino dos Céus" (Mt 19,14).

Ele descobriu que o mais importante para ser alguém é fazer que o outro fosse assumido como irmão para viver feliz. Não há humanidade plena sem fraternidade ativa e comunhão pessoal. Ao fazer-se pobre, em sua vida pessoal, vestes, lugar de moradia, transporte, não só tornava crível a mensagem que transmitia, como também questionava os valores do desperdício, do consumo e da mercantilização da vida e dos sujeitos. Ao tratar com dignidade os últimos, amava a todos. Ao valorizar o que era pobre, rejeitado, desprezível aos olhos do mundo, refez o caminho do apóstolo Paulo entre os pobres do porto de Corinto, podendo também dizer: "Não há entre vós muitos sábios segundo a carne, nem muitos poderosos, nem muitos de família prestigiosa. Mas o que é loucura para o mundo, Deus o escolheu para confundir os sábios; e, o que é fraqueza no mundo, Deus o escolheu para confundir o que é forte; e, o que é vil e desprezado, o que não é, Deus escolheu para reduzir a nada o que é, a fim de que nenhuma criatura se possa vangloriar diante de Deus" (1Cor 1,26-29).

Cada um desses três personagens, em seu tempo e a seu modo, viveu o amor de Deus de forma humana e singela. Eles se fizeram pobres, os últimos entre os últimos. Ao realizar esse aniquilamento, que Paulo Apóstolo (5-67) chama de *kénosis* (do grego *kénos*, que se traduz por 'vazio, zero, nulidade, esvaziar'), puderam encontrar Cristo em plenitude de coração aberto sem distrações. Os três, livre e alegremente, assumiram a cruz como o paradoxo central de suas vidas. Teresinha no Carmelo, marcada pela saúde frágil e a dura moléstia que a consumiu totalmente. Irmã Maria, atropelada por um ônibus, e o arcebispo Luciano, consumido pela doença na entrega aos pobres e à Igreja que tanto amou. Os três foram crucificados pelo amor. Nessa cruz que reduz o ser humano ao nada, ao vazio de si mesmo, resplandeceram no amor revolucionário do Deus *Abbá*, que tudo transforma. Ser zero diante de Deus é, portanto, o segredo maior do ser cristão. Assumir-se como orvalho é a porta da eternidade. Ser grão de areia é o mais que poderemos ser para Ser de verdade. Enfim, viver como pobres entre os pobres, lutando contra toda a miséria, é a maior das bem-aventuranças. Os três religiosos não só falaram do amor de Cristo, mas o viveram em seu cotidiano. Como eles, nós só poderemos entrar na alegria do amor se participarmos do sofrimento do próprio amor. Sem humildade, não há amor que produza frutos. Cada um deles viveu o seu "Gólgota pessoal" para mostrar onde Deus está. Como afirmou padre François Varillon (1905-1978): "Quando a infância e a agonia coincidem, nos conhecemos a nós mesmos e conhecemos a Deus"[57]. O juízo final dependerá de nosso amor aos pobres e aos pequenos, fazendo-nos grãozinhos nas mãos amorosas de Deus (cf. Mt 25,40).

---

57. VARILLON, F. *L'humilité de Dieu*. Paris: Le Centurion, 1974, p. 130.

13
A providência divina ou a bússola essencial do bem viver

A Bíblia possui 773.692 palavras em 31.104 versículos. Nenhum dos vocábulos do Livro Sagrado exprime a palavra "providência". Entretanto, os 73 livros da biblioteca da história da salvação de judeus e cristãos ilustram firmemente a solicitude de Deus por todas as suas criaturas e de que há um sentido de plenitude em sua obra no cuidado paternal pela humanidade que é silhueta divina. Providência quer dizer: "ver antecipadamente ou prover e abastecer com o que é necessário para viver". Ao ler o Livro dos Salmos, ouvimos do próprio Criador uma declaração de amor por seus filhos e filhas: "Em ti esperam os olhos de todos, e no tempo certo tu lhes dás o alimento; abres a tua mão e sacias todo ser vivo à vontade" (Sl 145[144],15-16). Aqui está a Providência divina. Deus guarda, cuida, ouve, salva, orienta, abre, fecha, aproxima-se, sussurra, questiona, realiza, não abandona e ama desmesuradamente. Em sua amorosa e plena sabedoria, ordena todas as coisas, todos os fatos e a história para o ponto de plenitude e de luz.

Uma clássica parábola hassídica explica como, sem negar a liberdade da criatura, Deus conduz a história e suscita um olhar sobre tudo o que vivemos de bem e o que nos faz sofrer ou morrer. "Um rabino certa vez vê uma folha cair de uma árvore esvoaçando até o chão. Ele pergunta à folha: 'Por que você caiu?' A folha responde: 'Não sei, creio que foi o meu galho que me sacudiu para fora'. O Rabino pergunta ao galho por que este sacudira e expelira a folha, e a resposta: 'Ah! Foi o vento'. O vento não soube dizer por que soprara o galho, exceto que tinha sido uma sugestão do anjo-chefe da natureza. O anjo, por sua vez, disse ao Rabino que tinha recebido ordens do próprio Criador para ventar. O Rabino pergunta a Deus: 'Por que, Senhor Adonai, quiseste mover vento, galho, folha?' E lhe respondeu o Eterno: 'Apanhe a folha'. O Rabino apanha-a da terra... e se surpreende ao encontrar um pequeno verme abrigando-se na sombra que se formara debaixo da folha. Reflete a sabedoria semita: 'Tudo, mesmo o cair de uma única folha, acontece por uma razão, e cabe a nós e nossa mente descobrir ou reconhecer a administração de Deus por detrás de tudo.'" Nem sempre conseguimos ver o verme que necessita da folha. Até porque tudo é mistério do infalível e eterno coração divino. Deus sustenta como Mãe acolhedora e nutriz tudo em suas mãos (e regaço!) ao governar o mundo com o intuito de conduzi-lo à plenitude da beleza fundamental. Eis por que, ao criar, Ele diz no Gênesis: "Deus viu tudo o que tinha feito: e era muito belo" (Gn 1,31b).

Os cristãos sabem pela fé e leem em sua vida cotidiana cada sinal, cada fato ou cada crise como sinais da providência divina em conexão e em parceria com o cosmos e com a liberdade humana. Uma sinfonia sem marionetes e sem determinismos e paradoxalmente marcada por uma flecha de sentido para e pelo amor. Aprende-se a ver que o próprio mal humano é transfigurado por Deus e integra-se em sua vontade eterna de tirar bem do mal, como diz o patriarca José a seus irmãos quase ao final do livro do Gênesis: "O mal que tínheis intenção de fazer-me, o desígnio de Deus o mudou em bem, a fim de cumprir o que se realiza hoje: salvar a vida a um povo numeroso" (Gn 50,20). O governo e o poder divinos são totais, pois, se o homem propõe, Deus dispõe (cf. Pv 19,21). A questão que permanece dura e forte é que a Providência divina não conduz o ser humano à passividade, pois assim não seria cocriador, tampouco pode negar a liberdade de consciência, pois isso o faria um robô ou brinquedo nas mãos de um Deus cruel. Deus não impõe necessidade alguma na ordem dos atos que são sempre contingentes e limitados, pois Ele assim quis; tampouco nega que esses sejam livres, pois também assim quis e fez.

Providência *versus* liberdade

Como se dá a tensão entre a vontade de Deus e as livres vontades humanas? Entre os desejos de vida e as situações da morte de tantos inocentes? O bem-querer e as dezenas de atos insólitos contra o amor e a verdade? Será que Ele é provident ou seria isso uma invenção teológica de padres e de sacerdotes para explicar o inexplicável?

Ao crer e professar a fé em um Deus que cria, ama e segue os passos pessoais e coletivos de todos os humanos desde o primeiro Adão até o último ser terrestre, nós nos deparamos com o mal e o azar dentro do mundo? Seria a Providência divina uma espécie de sorte ou de Mega-Sena reservada para alguns privilegiados? E os azarados "perderam" o benefício de Deus? Então Ele seria Pai de alguns? Ou seriam os pecados que impediriam seu olhar? Seria o destino ou uma predestinação de poucos? Seria a Providência divina algo genético ou viria só em pílulas?

Os teólogos clássicos recordam-nos de que a Providência divina é, ao mesmo tempo, a certeza da vitória de Deus e um convite para atravessar as provas e os males. Não é uma carta branca de alguns VIPs, mas uma dádiva divina para todas as criaturas em seu plano de salvação. Ao respeitar a criação e suas criaturas, particularmente as pensantes, Deus não intervém diretamente nos acontecimentos, mas está sempre próximo do ser humano em todas as circunstâncias. Não há momento, nem lugar, nem pessoa sem a presença e o cuidado divinos. Nem sempre entendemos como e gritamos incomodados por males sem-fim: "Por que comigo? Por que ele? Que mais podia eu ter feito? Deus, onde estás? Chamei-te e não me ouvistes? Estou só!" Santo Tomás de Aquino (1225-1274) assim responderá: "Como Deus é o provedor universal de todo ente, pertence a sua Providência permitir certas deficiências em determinadas coisas particulares, a fim de não impedir o bem perfeito do Universo. Se Ele impedisse todos os males, muitos bens ficariam faltando ao conjunto de sua obra. Sem a morte de animais, a vida do leão seria impossível, e a paciência dos mártires não existiria sem a perseguição dos tiranos"[58].

A certeza da Providência divina não é simplória, nem automática, mas envolta em enigmas e mistérios que precisam ser decifrados ou guardados no coração para que, passados longos anos, consigamos concatenar os fios e, enfim, enten-

---

58. TOMÁS DE AQUINO. *Suma Teológica*, I, q. 22, a. 2, ad 1. São Paulo: Loyola, 2003, p. 443.

der o que estava escondido atrás daquele véu de dor e de sombras. Às vezes, morremos sem entender a razão daquilo que nos parece sem sentido. "Esta é a convicção que animava Santa Teresa de Ávila quando ela dizia ao Senhor: 'Tu provas rigorosamente a teus amigos, mas é, eu creio, para melhor manifestar, pelo excesso do sofrimento, o excesso ainda maior de teu amor'"[59].

Pela fé cristã, sabemos que há um sentido, o qual tende ao bem de toda a obra de Deus. Os anjos também o sabem. Esta é a resposta de Abraão ao filho: "É Deus quem proverá o cordeiro para o holocausto" (Gn 22,8). E o apóstolo Paulo cantará em meio às perseguições: "O que nos resta dizer, depois disso? Se Deus está conosco, quem estará contra nós? Pois estou convencido de que nem a morte nem a vida, nem os anjos nem os principados, nem o presente nem o futuro, nem os poderes, nem a altura, nem a profundeza, nem qualquer outra criatura poderá nos separar do amor de Deus manifestado em Cristo Jesus, nosso Senhor" (Rm 8,31.39).

Deus não brinca com a humanidade como se jogasse dados, nem quer que os seres humanos sejam seus escravos sem cérebros. Não nos quer deístas que negam sua ação na vida humana, nem fatalistas que dizem que Ele está surdo e somos merecedores de todo o mal por desígnio imposto por Deus de forma vertical e sem possibilidade de questionamento. Nosso Deus não é caprichoso ou zombeteiro. É todo-poderoso e livre de toda manipulação. O livro de Jó é a prova viva de que Deus nos quer briguentos e não apalermados e depressivos, mesmo que respeitando os enigmas que não compreendemos. Nosso Deus é Senhor não arbi-

---

59. DESCOUVEMONT, P. *Peut-on croire à la Providence*. Paris: De l'Emmanuel, 2007, p. 63.

trário, mas Pai compassivo. É preciso uma nova maneira de falar da onipotência sem identificá-lo àquela fatalista dos deuses romanos, gregos ou dos atuais ídolos modernos.

O que Deus quer das criaturas?

Como Senhor do Universo e da história, Deus criou o mundo inteiro segundo a vontade livre e oculta de sua sabedoria e sua bondade. Ele governa este mundo com sua Providência ontem, hoje e até o final dos tempos, agindo e transformando segundo sua vontade de amor tudo o que reduz o ser humano e coisifica as pessoas em direção à perfeição. O nome desse projeto e desígnio divino é viver em seu Reino e dele participar livre e alegremente. Como é onisciente e onipotente, Ele conhece o futuro das criaturas de forma abrangente. Vê o que não vemos, ama o que não amamos, sonha o que ainda nem pensamos sonhar, abre portas que nem sabíamos existir e, pela presença de seus anjos e de todos os nossos irmãos, coloca-nos em situações e em lugares que possibilitam o melhor de nós mesmos. E a Providência divina é tão bela e boa que Ele enviou seu Filho Amado para que participasse conosco de nossa vida e de nossa busca de salvação. N'Ele e por Ele, damos glória e participamos da Glória Divina. Há um otimismo da parte de Deus mesmo se o que vemos são trevas e derrota. Há sempre sua intenção subterrânea ou interna em cada ação ou pessoa com quem convivemos. Em momentos de maior sofrimento, surgem anjos, profetas, sábios, cuidadores para nos recordar de seu amor e "mostrar" indiretamente suas "providências" generosas por nós e nossa fragilidade. Alguns chamarão a isso de sorte ou coincidência. Os cristãos denominam essa intervenção de presença providencial de Deus. Ele faz maravilhas em cada um de seus amados. Todo movimento de boa vontade procede de Deus e é suscitado por Ele. Mesmo quando tudo parece derrota e silêncio, surgem novas sementes para demonstrar que a vitória do mal é passageira ou transitória. As conquistas do ser humano são sinais da grandeza de Deus e frutos de seu mandamento. As derrotas são também traços de algo que não entendemos ou que virá a ser descoberto posteriormente na relação sujeito-sujeito que Deus escolheu para viver seu amor conosco.

Diz o teólogo belga Adolphe Gesché (1928-2003): "Para a Escritura, o fato de a criação depender de Deus significa que, em vez de ser entregue ao anonimato, ao acaso ou à necessidade, ela é confiada aos cuidados de um Sujeito, entendamos: um ser pessoal, fonte de inteligência e de liberdade, não submetido ao destino, que permanece senhor da situação. Ela descarta desde logo, e de maneira radical e definitiva, a ideia de um mundo submetido a um poder anônimo ou a uma força cega. Feito a partir do nada (*ex nihilo*), o mundo não traz consigo nada, nenhum peso, nenhuma história, nenhuma herança. Se o mundo está submetido unicamente a Deus, isso significa que ele está submetido a alguém que não é ele mesmo. O Deus judeu-cristão é então plenamente Sujeito"[60]. A Providência divina manifesta-se como força de Deus em nosso favor. Compreendemo-la como cuidado, sopro, fonte de esperança e salvação, ao saber que o mundo não está sem rumo. Tudo pode ser retomado e salvo. Nada é irremediável, inevitável ou necessário. Ao assumir a Providência divina, aceitamos como o outro lado da moeda a liberdade autorizada e querida por Deus. Nossa liberdade existe porque Deus existe. Nossa liberdade não é contra Ele, mas por causa d'Ele.

---

60. GESCHÉ, A. *Deus para pensar* – O mal. São Paulo: Paulinas, 2003, p. 74-75.

Diz Gesché: "Um manejador de marionetes não é um criador. O Deus judeu-cristão nunca foi, como deus Rá, ameaçado pela serpente dos abismos, correndo o risco de não ser mais deus e não dar conta de suas prerrogativas. Ele é sempre Ele mesmo e nos quer à sua imagem e semelhança"[61].

Em resumo, podemos dizer que o mistério da Providência de Deus nos faz afirmar que Ele tem horror do mal e nos acompanha em nossa luta contra todos os males, inclusive tirando o bom até do que é mau. Há uma bela história chinesa que nos ensina a viver uma grande dor. Um jovem duramente machucado pela dor pergunta ao mestre como poderia superá-la. O mestre pede que ele pegue um punhado grande de sal, coloque em um copo e beba o líquido em seguida. Ele o faz e diz que o gosto era horrível. O mestre pede que leve outro punhado de sal, jogue dentro de um lago e tome um copo d'água do mesmo lago. "Que gosto teve?", pergunta o mestre. "Agora é bom", responde o jovem. "Você sentiu o salobro agora?" "Não", responde o jovem machucado. O mestre concluirá: "A dor na vida de uma pessoa não muda. Mas o sabor da dor depende do lugar onde você a coloca". Quando experimentar a dor, aumente o sentido das coisas. Em lugar de depositá-la em um copo, ponha-a em um lago!

O mistério da presença invisível e permanente de Deus não é um louco acreditar no destino nem em fatalidades. Muito menos em render-se ao panteísmo ou ao providencialismo paralisante. É nossa consciente e deliberada entrega nas mãos de Deus, pela graça ao compreender, como Edith Stein (Santa Teresa Benedita da Cruz [1891-1942]), que é preciso distinguir entre planificado e por acaso. Diz ela em uma de suas cartas: "Aquilo que não estava nos meus planos estava

---

61. Ibid., p. 79.

nos planos de Deus. Mais viva se torna para mim a convicção da fé de que – visto a partir da perspectiva de Deus – não existe acaso, que toda a minha vida, até os últimos detalhes, estava traçada nos planos da Providência divina e, diante do olhar de Deus que tudo vê, constitui-se num contexto cheio de sentido"[62].

Por sua vez, o Catecismo da Igreja Católica (CIC)[63] ensina-nos que: "A criação tem a sua bondade e sua perfeição próprias, mas não saiu completamente acabada das mãos do Criador. Ela é criada em estado de caminhada (*in statu viae*) para uma perfeição última a ser ainda atingida, para a qual Deus a destinou. Chamamos de divina Providência as disposições pelas quais Deus conduz a sua criação para esta perfeição" (CIC 302).

Confiemos na Providência e rezemos como Santa Edith Stein: "Senhor, as ondas são impetuosas. E a noite é escura. Por que não a iluminas para mim, que velo só? Mantém firme a mão no timão, consola-te e aquieta-te. Tenho em alto apreço teu barquinho e quero conduzi-lo ao seu destino. Apenas, fiel de mente, presta atenção à bússola, que ajuda a alcançar a meta, atravessando a tormenta e a noite. O ponteiro da agulha treme e oscila, depois volta a aquietar-se, para que te aponte a direção, onde quero que vá tua viagem. Por isso, consola-te e acalma-te: por meio da tempestade e da noite, a vontade de Deus te conduz fiel, se a consciência vigiar"[64].

---

62. STEIN, E. *Teu coração deseja mais* – Reflexões e orações. Petrópolis: Vozes, 2012, p. 116.

63. *Catecismo da Igreja Católica*. 9. ed. São Paulo/Petrópolis: Vozes/Paulus/ Paulinas/Loyola/Ave-Maria, 1998.

64. STEIN, E. Teu coração... Op. cit., p. 98-99.

14
Carta para um enfermo muito amado

Sei que você está vivendo um momento difícil. Soube que você faz muitas perguntas e que diz não ter boas respostas. Nem eu as tenho, embora viva procurando. Depois de visitá-lo, aumentou dentro de mim a necessidade de perguntar direto para Deus. Sei que muita coisa em seu corpo manda sinais de falhas, dores e medos. É a hora da crise, mas, como dizem os chineses, pode ser a hora da oportunidade. Que será que essa enfermidade tem a lhe dizer, a nos dizer e a Deus dizer?

Pensei em lhe escrever antes, mas o tempo sempre me escapa pelos dedos. Decidi que de hoje não passaria, pois essa é a hora do bom amigo receber uma palavra de saúde. Espero que você possa ler este bilhete e compreender o que quero compartilhar com você sobre sofrer e a fé cristã.

A primeira coisa que queria lhe dizer é que, nas horas de sofrimento, urge levantar os olhos para algo maior que a dor ou o limite que se manifesta. É algo assim como, ao entrarmos no avião, não ficássemos logo buscando o manual de primeiros socorros ou o saco de vômitos e, sem descuidar dos procedimentos de segurança, buscássemos como crianças alegres qual a janela mais bem situada para ver as nuvens ou olhar para as formiguinhas na terra. Ampliar o horizonte e fazer coisas que nunca fizemos. Lembrei-me de um texto de Fulton Sheen que é bem oportuno: "O coração do ser humano é como a pedra de um moinho; se jogarmos trigo, teremos farinha; se jogarmos pedras, teremos cascalho". A decisão do que pôr para moer em nosso moinho é sempre algo pessoal. Cada qual escolhe o produto a ser moído. Acontece que nem sempre percebemos que poderíamos moer trigo em vez de sempre colocar cascalho bruto e lamentações que produzem mais brita e mais feridas.

Se a doença é uma prova, não é maldição, tampouco uma segregação. Precisamos saber que não somos imunizados da dor ou do sofrer, mas sabemos que a força espiritual ajuda a combater e vencer males físicos. Se o olhar e a coragem persistirem, seremos capazes de mover montanhas. Deus certamente tem uma palavra a lhe dizer. Fale com Ele. Pergunte! Sobretudo: escute-o! Quando os momentos de bem-estar nos escapam e a realidade da dor nos atinge, é a hora de abrir-nos para a cura de Deus.

Na visita que lhe fiz no hospital, você me disse que ELE, lá em cima, quis lhe dar uma lição, e eu penso que esse é um modo particular de ver o sofrimento. Mas, se me permite, gosto de interpretar isso que me disse, apontando o dedo para o céu, de outra forma. Para mim você quis dizer que tem convicção de que Deus está no controle de tudo. E isso é muito bom. Deixe Deus ser Deus. Deixe que "o bem e a misericórdia divinos o sigam todos os dias de sua vida". Se você tem medo dessa nova situação, por conta da fragilidade humana e das dificuldades pessoais, é possível (eu creio!)

deixar de lado o desânimo que tantas vezes brota no nosso coração para crer que Deus ama de verdade. Aqui também me lembro desta linda frase hebraica: "Amar de verdade significa saber o que causa dor e sofrimento a seu amigo" (rabino Moshe Leib Sassover). Ora, Deus nos ama muito e por primeiro, e conhece nossas dores, por isso estamos em suas mãos e a seus cuidados. Você pode pensar que Ele o está punindo e até pode encontrar justificativas para tal penitência, mas isso seria falsificar ao próprio Deus que não pune com castigos e também não dá prêmios de bom comportamento.

Deus ama por amor. Você pode ficar com raiva d'Ele, pois raiva honesta é uma forma de rezar. Ficar com raiva de Deus é sinal de que você quer dizer Àquele que muito lhe ama que sente algo forte e difícil dentro de você. Ele lhe escutará sempre, mesmo se suas palavras forem duras ou indelicadas. Mas saiba que Deus continuará sendo sempre seu rochedo e seu terapeuta. Certamente enviará seus anjos para lhe fazer companhia e cuidar espiritualmente de você. Aproveite para pedir perdão àqueles que ofendeu.

Uma segunda palavra que queria compartilhar com você é a da autonomia da pessoa humana. É isso mesmo: você é a sua solução. Ou, ao menos, você é uma chave importante para a cura. Nós, seus irmãos, irmãs, sobrinhos, primos, tios, mãe, pai, família, amigos, médicos, terapeutas, somos só os coadjuvantes daquela sua força interior. É verdade que, nessa hora, muitos cuidam de você. Também é verdade que sua mesa de cabeceira parece uma farmácia, por causa de tantos medicamentos que você tem de deglutir de duas em duas horas. Mas lembre-se sempre de que você não é um objeto, que é o sujeito principal da própria recuperação. Você é o ator principal dessa cura, com a graça de Deus, a terapia dos médicos e sua força interior. Faltando isso, nada feito. Inúmeras vezes nos evangelhos, Jesus diz aos enfermos: "a sua fé lhe curou!" Há muita coisa que você pode fazer por você mesmo. Não se atrofie, nem se diminua, com autopiedade. Só há cura se houver participação.

Uma terceira palavra me veio à mente quando li o texto de Steve Jobs, fundador da Apple. Ao ser diagnosticado com uma grave doença, ele disse: "Assumo cada dia como meu único dia de vida. Só existe mesmo o dia de hoje, pois o ontem já se foi e o amanhã ainda não veio". *Carpe diem*, dizem os latinos; ou seja, "viva cada dia". Jesus assume tal perspectiva ao dizer que devemos ser como lírios silvestres, que não trabalham nem fiam, mas vivem o seu dia. E isso basta (cf. Mt 6,28-34). Viver de forma mais simples, sem pressão, sem medo, curtindo cada momento. Viver de forma mais frugal e menos ansiosa. Isso elimina as ansiedades inúteis e diminui o estresse que nos debilita e nos faz escravos dos ansiolíticos e de calmantes químicos. Viver inteiros o momento presente é um jeito de viver que precisamos aprender a cultivar. Quando estiver tomando café, só tome o café, ou seja, deguste, olhe, cheire, beba cada golinho, sopre ou assopre o calor da xícara, pense café, sinta café, saboreie café. E só. Não tenha nada mais na mente, nem fora da mente. Assim não cria monstros nem aumenta os fantasmas nesse momento de fragilidade. Fique sempre inteiro com você mesmo e com Deus. Só isso basta para ser feliz. E é claro, agradeça a Deus pela oportunidade de lutar e vencer nesse momento e nesse lugar. Se há obstáculos e bloqueios, é preciso enfrentá-los com garra e com ousadia, mas sem exageros. No Livro do Eclesiástico (cf. Eclo 31,1-8), também conhecido como *Sirácida*, está escrito:

"As vigílias do rico acabam com a saúde, a preocupação pelo sustento afasta o sono, e perturba mais que doença grave. São uma armadilha. Feliz o homem que se conserva íntegro e não se perverte com a riqueza". A doença sempre vem com a preocupação.

Recentemente, li em algum almanaque algo que gostei: "Toda alma tem um lugar de poder aqui na Terra, um espaço físico onde se sente melhor e de onde pode comandar a própria e criativa realidade. É necessário que você defina esse lugar e o arrume da melhor forma possível" (Oscar Quiroga). Isso é bem oportuno para sua hora e sua doença: arrume seu lugar, curta- -o e faça que os outros sintam seu prazer e sua leveza nele. Não fique pesado, nem para você nem para os outros. Ganhe leveza a partir desse lugar de poder e de criatividade. Se onde estiver agora não é esse lugar, transforme-o! Esse lugar às vezes está intacto em nosso interior. Basta que ampliemos e desdobremos nosso ser.

Queria compartilhar agora um fato pessoal: nessa semana, minha mãe, dona Carmen, de 82 anos, fez a segunda cirurgia simples no olho esquerdo para colocar aquela pequenina lente ocular e superar a catarata. Enquanto esperava no saguão hospitalar, rezando por ela, sua cirurgia e pelo médico, eu fiquei bastante tempo olhando todas aquelas pessoas que vivem para lá e para cá em uma recepção de hospital. Hospital cheio, cadeiras lotadas, atendentes correndo de um lado para o outro, fichas e mais fichas, crachás, seguranças, tevês ligadas em novelas e programas de desenhos japoneses; ao meu lado, duas senhoras trocando receitas culinárias, motoristas de ambulâncias com suas requisições, os alto-falantes com recados e pedidos de toda ordem, pessoas subindo e descendo dos elevadores para as visitas gostosas e de rostos alegres (recém-nascidos) e aqueles que iriam fazer as visitas difíceis e de rostos pesarosos (parentes idosos e frágeis em UTIs). De repente, surgiu, como em um passe de mágica, um rapaz vestido de palhaço. Percebi que, depois de brincar e fazer sorrir a todos do saguão, distraindo nossas mentes e nossos corações, ele se deteve à frente de uma senhora que o chamou angustiada. Naquele momento, o rapaz não usou mais do espalhafato anterior, nem de seus brinquedos; quase se ajoelhando, ele a ouviu atentamente, em um silêncio respeitoso. Ela lhe pediu um abraço e ele a abraçou como se fosse da própria família, consolando-a e ouvindo-a de forma amorosa e delicada (e eu lá indiscreto, xereteando seu jeito ao fazer sua terapia do riso). Fiquei muito impressionado, porque naquele mundo de tantas expectativas diversas, uma verdadeira Babel de emoções, trabalhos, sinais, nesse saguão normal de um hospital, a dor de uma mãe por seu filhinho encontrou consolo nos braços de um palhaço. Ele a ouviu, abraçou, suavizou o próprio tom de voz, quase sussurrando as palavras de consolo. Fui até ele e lhe disse convicto: "Muito obrigado!" Ele também me agradeceu, sem entender muito bem o porquê, e eu lhe expliquei que vira o modo como havia tratado aquela senhora. Ele me explicou o difícil momento daquela mãe de menino em tratamento muito complexo e de poucas esperanças. Perguntei ainda por que ele fazia esse tipo de voluntariado, e o jovem me disse que este era seu *slogan*: "Nós acreditamos no ser". Fiquei a me perguntar quantos que trabalham com pessoas enfermas assumem este "crer no ser". E quantos que fazem disso sua vocação primordial. E que também ficam doentes, são frágeis e têm dúvidas e mais questionamentos que respostas. Nas horas em que a dor for muito grande, mantenha o bom humor e peça a graça de Deus. Não há desgraça que fique em pé se houver um sorriso que cura.

Agora quero terminar este texto com estas palavras. Você pode passá-las para o pessoal lá de sua casa, que cuida de você em tantos momentos. Descobri que esta vida só é possível de ser bem vivida se cuidarmos de nós mesmos e se deixarmos que nos cuidem. Desde o primeiro dia de nossa existência, estamos sempre nas mãos de tantos cuidadores: pais, avós, tios, irmãos, obstetra, médico neonatal, pediatra, professoras, até aqueles que cuidam de nós na invisibilidade social, sem os quais não viveríamos: os que plantam e os que colhem nossa comida, os que cuidam e tratam da nossa água que chega às torneiras, os que trabalham conosco, e nossos amigos, que são os cuidadores mais essenciais.

Cuidar é olhar o mundo, o Criador, e nosso corpo. Cuidar é cumprir o dever sagrado para com a silhueta de Deus, que somos nós mesmos. Há um conto rabínico que nos diz que, depois da aula, o sábio Hillel parte apressado para casa. Os alunos lhe perguntam, vendo seu afã e sua decisão: "Aonde vais?" Ele diz: "Cumprir um importante dever religioso". "Qual", perguntam os alunos? Ele responde: "Tomar banho!" E eles não acreditando no que ouviram, dizem: "Tomar banho é por acaso um dever religioso?" E ele: "Se muitos são pagos para limpar as estátuas do rei que existem nas praças e teatros, como posso eu, criado à imagem e semelhança de Deus, deixar de cuidar de meu corpo?" (*Leviticus Rabbath* 34,3). Meu bom amigo enfermo, agora, mais do que nunca, é a hora de manter-se saudável. Permaneçam saudáveis: você e seu cuidador! Se precisar, chame um sacerdote para que ele lhe unja com o óleo santo da Igreja apropriado para animar o corpo e a alma na busca da saúde plena. É um sacramento para ajudar a vida das pessoas, não para a hora da morte.

Deixo, enfim, algumas dicas preciosas que fui recolhendo de amigos médicos, terapeutas, enfermeiras dedicadas, pessoas de fé profunda que trabalham no delicado mundo da saúde:

Não pule refeições. Faça exercícios físicos regularmente para liberar os sentimentos contidos ou represados. Tente dormir o suficiente, mas procure não hibernar. Mantenha sua saúde para cuidar da dos outros. Não se martirize e não aceite palavras de desânimo. Respeite as próprias necessidades. Atenda aos telefonemas, mesmo daqueles que podem parecer chatos. Responda com ternura e compaixão. Escute seus sentimentos e seus medos. Seria tão bom se houvesse uma pílula mágica para conseguir curas mágicas, para vidas mágicas, em tempos mágicos e mundos mágicos. Não há saída fácil. Deixe o fluxo das emoções percorrer seu caminho natural. Faça coisas que nunca fez e que gostaria de fazer. Se puder, vá até a padaria. Não beba álcool, pois isso bloqueia seus sentimentos, mas por pouco tempo e de maneira infeliz. Contemple a natureza. Converse com as plantas. Leia um belo romance. Leia e reze os salmos bíblicos. Faça uma boa meditação. Pule amarelinha. Faça alguma loucura santa. Crie seus intervalos de descanso. Reserve momentos de quietude. Feche seus olhos e ouça uma boa música. Reduza a velocidade. Coma devagar. Acorde a cada manhã e diga para você mesmo: "Estou renovado, restabelecido, refrescado". Diga também: "A paz que está em mim vai fecundar a paz que existe nos outros". Fale de seus sentimentos. Diga o nome concreto deles. Pronuncie-os em voz alta. Ou, se não puder, ao menos os escreva. Destrave assim as camadas profundas e secretas de seus sentimentos. Não fuja dos amigos. Parece o caminho mais fácil, pois você pode estar cansado e desgastado. Saiba que precisa mais do que nunca das pessoas. Não se afaste nem afaste quem o ama. Não se isole. Reconheça e respeite suas necessidades, bem como as de quem cuida de você. Monitore sua saúde, compreenda seus sentimentos, compartilhe com os amigos, tome conta de você. Cuide de si mesmo e de quem cuida de você.

Termino este texto, deixando duas preces que você pode fazer sempre que quiser e fico esperando sua resposta para essa minha carta de amizade.

Primeira prece, quase que uma jaculatória: "Deus, por favor, me cure!"

Segunda oração, uma antiga prece do povo irlandês: "Que a estrada se abra à sua frente, que o vento sopre levemente às suas costas, que o sol brilhe morno e suave em sua face, que a chuva caia de mansinho em seus campos. E, até que nos encontremos novamente, que DEUS lhe guarde na palma de suas mãos".

Abraços afetuosos e terapêuticos do amigo que lhe quer bem!

15
Santo Anjo do Senhor

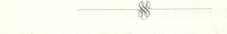

"Santo Anjo do Senhor, meu zeloso guardador, se a ti me confiou a piedade divina, sempre me rege, me guarda, me governa e me ilumina. Amém". Desse modo, milhões de pessoas começam ou terminam suas preces de cada dia. Repetimos a linda oração composta no ano 1111 em terras inglesas e transcrita do saxônico para tantos idiomas. Queremos viver sob a guarda dos anjos para que olhem por nossos filhos, amigos e familiares. Acreditamos nos seres espirituais para que estes nos iluminem na escura e longa estrada da vida. Guardamos o medalhão do berço, até os dias de adulto, pois são memória profunda e uma prece que nasce no coração. Confesso que sempre gostei dos anjos, mas nunca havia pensado seriamente neles. Chegou a hora desta reflexão teológica como adulto! Quem são esses anjos guardiães? Que fazem? Como sinto e vivo a presença deles em meu cotidiano? Interferem em minha vida? Guardam aos humanos só como fadas e gnomos infantis? E, quando somos adultos, será que ficamos sem anjos?

Quando eu tinha dezessete anos me caiu nas mãos, como bela surpresa, o livro de Peter L. Berger (1929-2017), professor de sociologia em New Brunswick, Estados Unidos, como um título instigante: *Um rumor de anjos*. No texto ele fala que a suposta morte do sobrenatural diz muito do que vive o homem moderno, mas pouco sobre o que é o sobrenatural. Dizia o sociólogo americano: "Anjos são mensageiros de Deus ou sinais". Isto me tocou muito. Seguir os rumores dos anjos é redescobrir o sobrenatural mesclado ao natural. Posteriormente, continuava o autor: "Os anjos sinalizam o cuidado de Deus por este mundo, no julgamento e na redenção. Nada é deixado fora deste cuidado. Tentei também mostrar que nossa situação não é uma fatalidade inexorável e que a consciência secularizada não é o absoluto como ela quer apresentar-se. Se os sinais de transcendência se tornaram rumores em nossa época, então nos podemos lançar na exploração destes rumores, e segui-los até sua fonte"[65]. Seguir esses pequenos sinais é o que pretendo fazer neste artigo. Pensando nisso, descobri que os anjos estão agindo sempre. Exemplos é que não irão faltar nem em minha vida, nem de meus familiares. Olhando o álbum de fotografias, eu vejo sempre os sinais secretos de muitos anjos.

Quem são os anjos?

Os anjos são criaturas de Deus, puros espíritos, não corporais, que agem como seus mensageiros. Anjo é um encargo de Deus, disse Santo Agostinho de Hipona (354-430). Anjo deriva do hebraico *malak* e do grego *aggelos*, que é o portador de uma mensagem. Anjo é enviado de uma mensagem divina. Anjos são os delegados dos céus. Eles não são substância divina, mas criaturas pessoais, imortais, dotadas de razão e vontade, e criados bons pelo próprio Deus. Ele

---

65. BERGER, P.L. *Um rumor de anjos* – A sociedade moderna e a redescoberta do sobrenatural. 2. ed. Petrópolis: Vozes, 1997, p. 124-125.

é espírito pelo que é, e é anjo por aquilo que faz. Os anjos agem, de certa forma, como mediadores entre Deus e os homens, pois Ele concede aos anjos graça, dons de graça celestiais e habitação de Deus. É claro que pela fé cristã sabemos que o único Mediador e Salvador é Jesus Cristo, o Filho do Deus vivo, mas podemos dizer que os anjos colaboram com Cristo para o bem das pessoas e da criação divina. Assim dizia o papa Leão XIII (1810-1903): "Nada impede, como ensina o Doutor Angélico, que alguns outros, entre os quais os anjos e os santos do céu, os profetas e os sacerdotes dos dois Testamentos, sejam chamados, sob certo aspecto, mediadores entre Deus e os homens, enquanto cooperam de maneira dispositiva e subordinada a unir o homem a Deus, então na verdade o ornato desta glória convém de maneira mais eminente ainda à Virgem altíssima" (DH 3320). Eles habitam o mundo celestial e adoram ao único Deus e Senhor, do qual são servidores. Realizam grandes feitos, anunciam milagres e presenças do mesmo Deus e assumem papel terapêutico e curativo para os que atravessam dores e doenças graves. Alguns anjos têm nomes especiais para designar seu poder na ação divina. São Paulo Apóstolo (5-62) distingue classes de seres angelicais. Cita aos arcanjos (cf. 1Ts 4,16. E ainda Tronos, Soberanias, Principados e Potestades [cf. Ef 1,21; Col 1,16], e os Poderes Celestiais [cf. Ef 1,21]. Entretanto, São Paulo afirma que Cristo é o centro do mundo angélico e que todos estão submissos a Ele. Assim cremos que os anjos superam em perfeição todas as criaturas visíveis, exceto Cristo, que é o Verbo Encarnado[66].

---

66. JOÃO PAULO II. *Catecismo da Igreja Católica*. São Paulo: Loyola, 2006, p. 330.

Anjo foi sempre um símbolo cultural do invisível, pois representa as forças que ascendem e descendem dos céus. Daí possuir asas e ser representado especialmente por homens alados. Ele une nossa origem em Deus com o nosso viver e nossas fragilidades sempre carentes de uma ajuda celeste. O símbolo dos anjos e dos seres alados sempre acompanhou as culturas dos povos. Desde os querubins babilônicos até os super-heróis alados do cinema contemporâneo. Queremos ser protegidos por seres que nos elevem ou que venham dos céus. Seres que nos sublimem ou volatizem a nossa vida dura. Os anjos surgem na iconografia artística desde o quarto milênio antes de Cristo. A arte gótica os exprimiu em numerosas imagens, igrejas e esculturas. Sempre destacando o aspecto protetor e sublime. No Brasil, o barroco introduziu dezenas de anjos nas Igrejas coloniais baianas e mineiras. Verdadeiras obras-primas de nossa cultura e da inspiração angelical de nossos artistas. Com o tempo os anjos foram classificados em uma hierarquia celeste. De anjos, arcanjos, querubins e serafins. São nove as classes de anjos. Essa maneira metafórica de falar dos seres invisíveis já constava da obra de São Cirilo de Jerusalém (313-386), em sua Catequese. Santo Ambrósio (340-397), bispo de Milão, falava da ação dos serafins.

Os anjos da guarda

Crer em anjos faz parte de nossa fé cristã como uma das nossas verdades recebidas e transmitidas de geração em geração, com fundamento bíblico assumido pela Tradição. Nós cremos que anjos são "poderosos executores da sua Palavra, obedientes ao som da sua Palavra" (Sl 103[102],20). Os anjos estão aí desde a criação do mundo, e agem na história da Salvação, servindo à vontade divina e concorrendo para a sua realização: eles protegem, ajudam, seguram os crentes, comunicam as palavras e profecias aos escolhidos por Deus, anunciam nascimentos e vocações, assistem aos profetas. O Salmo 91[90],11-12 diz explicitamente: "Porque Ele ordenou a seus anjos que guardem você em todos os seus caminhos. Mal nenhum poderá cair sobre você. Doenças graves não se aproximarão da sua tenda"; e a Carta aos Hebreus 1,14 pergunta de forma retórica dos anjos guardiães e de sua tarefa delegada pelo Altíssimo: "Não são todos eles espíritos servidores, enviados a serviço daqueles que vão receber a salvação com herança?" O livro do Êxodo 23,20 apresenta o anjo que vai à frente do povo hebreu para protegê-lo o conduzi-lo na caminhada do deserto rumo à terra da liberdade, do leite e do mel. São os anjos protetores do povo hebreu. Há os anjos que protegem a infância de Jesus, o Filho do Altíssimo. Há outros que servem a Jesus quando das provações no deserto (cf. Mt 4,11). Diz o CIC: "[...] São ainda os anjos que 'evangelizam' (cf. Lc 2,10), anunciando a Boa-nova da Encarnação (cf. Lc 2,8-14) e da Ressurreição (cf. Mc 16,57) de Cristo"[67]. A ciência teológica que estuda os anjos se chama *angeologia*. A obra clássica que marcou todo o pensamento cristão pertence ao autor Pseudo-Dionisio, o Areopagita, denominado a estrela do Oriente e mestre do Ocidente, que nos ofereceu tal qual Santo Agostinho, obras arquetípicas da mística cristã. Entre elas, situa-se certamente o clássico livro *Hierarquia Celeste* (CH), em que podemos ler no início da obra: "Todo bom dom e toda dádiva perfeita vem de cima, desce do Pai das luzes. E quanto nos seja possível estudemos as hierarquias dos espíritos celestes conforme a Sagrada Escritura nos revelou de modo simbólico e anagógico. Elevemo-nos

---

67. Ibid.

porém sobre esta profusão luminosa até o puro Raio de Luz em si mesmo"[68]. Como cristãos das diversas igrejas, ritos e comunhões, cremos que desde a mais tenra infância até nosso último suspiro nossa existência frágil é envolta pela proteção e cuidado de anjos. Assim diz o salmista: "O anjo do Senhor acampa ao redor dos que o temem, e os defende" (Sl 34[33],8). Por sua intercessão nós, como Igreja, suplicamos ao Deus três vezes Santo que sejamos ladeados por um anjo como nosso protetor e pastor para nos conduzir à vida[69]. Cremos que os anjos influenciam nossa vida no sentido do bem e da paz interior sem suprimir nossa liberdade pessoal e nosso livre-arbítrio. Sabendo que, como disse São Gregório de Nazianzo (329-389): "Neste mundo visível nada se dispõe a não ser pela criatura invisível".

A nossa confissão cristã católica celebra como Igreja peregrina aqui na terra, unida aos anjos e santos que vivem nos céus, e juntos damos Glória a Deus, recordando dos anjos em cada liturgia pelos fiéis defuntos, quando cantamos o hino querubínico da liturgia oriental bizantina e na memória dos arcanjos Miguel, Gabriel e Rafael, comemorados desde o século VIII e na festa anual de cada 29 de setembro. Além disso, os católicos celebram a linda festa dos Anjos da Guarda, uma crença e devoção formulada por Honoré d'Autun (1080-1157), em pleno século XII e que foi assumida em 1670, pelo papa Clemente X (1590-1676). Tornou-se memória obrigatória da Igreja Universal, a ser recordada anualmente em 2 de outubro. Assim consta do Martirológio: "Memória

---

68. DIONÍSIO AREOPAGITA. A hierarquia celeste. In: MARTIN, T.H. (org.). *Obras completas del Pseudo Dionisio Areopagita*. Madri: BAC, 1995, p. 119-120.

69. BASÍLIO MAGNO. *Adversus Eunomium*, PG 29, 656B.

dos santos Anjos da Guarda, que, especialmente chamados à contemplação do rosto de Deus, foram também enviados por Deus em auxílio dos homens e mulheres, para que os acompanhem e aconselhem com a sua invisível, mas solícita presença"[70]. A *Liturgia das Horas*, no dia dos anjos, apresenta um trecho dos Sermões do Abade São Bernardo de Claraval (1090-1153), no qual este reza e pede aos monges cistercienses: "Sejamo-lhes fiéis, sejamos-lhes gratos a tão grandes protetores; paguemos-lhes com amor, honremo-los tanto quanto pudermos, quanto devemos"[71]. Uma lenda antiga diz que os anjos pesam as almas dos defuntos e depois as levam para estar na presença da Santa Luz do Altíssimo. Os principais promotores da piedade popular em torno dos anjos são as ordens religiosas dos beneditinos, dos dominicanos e particularmente dos franciscanos.

Os cristãos não inventaram os anjos, mas aprenderam a sentir sua presença invisível. Os cristãos descobriram pela Páscoa de Cristo em nossas vidas, que esta presença de anjos é sempre algo secundário e ação coadjuvante. Mas isto não quer dizer que precisemos desprezar estes sinais e seres de Deus. Saber ouvir os "rumores de anjos" sussurrando em nossos ouvidos ou movendo nossos corações certamente pode nos elevar de um reducionismo estéril. Renegar os anjos pode nos tornar ainda mais melancólicos, tristes e doentes da alma. Crer nos anjos e escutar suas asas batendo pode certamente nos conduzir a surpresas oferecidas por Deus gratuitamente por meio dos anjos. Anjos podem abrir a porta de

---

70. CONFERÊNCIA EPISCOPAL PORTUGUESA. *Martirológio Romano*. Fátima: Secretaria Nacional de Liturgia, 2013, p. 515.
71. *Liturgia das Horas* – Ofício das Leituras. São Paulo: Paulinas, 1987, p. 1.577.

nosso coração empedrado. A beleza dos anjos pode tornar a vida mais leve e suave. As asas de anjos poderiam nos elevar para além de mediocridade atual. A obediência dos anjos pode ser uma inspiração para superar a rebeldia infantilizada. A amorosidade angelical certamente nos faria melhores na hora do fracasso. Crer em seres de existência sobrenatural pode ampliar nosso horizonte atrofiado. Ateus negam Deus e seus anjos. Materialistas desprezam o sobrenatural considerando-o banal e vazio. Saduceus de todas as épocas negam anjos por arrogância ideológica.

Para os cristãos, a ajuda dos anjos se dá de forma individual em muitas ocasiões e realidades pessoais bem como em momentos coletivos de um povo (cf. Dn 12,1). Cada cristão pode desempenhar um papel de guardião e mensageiro de paz para seus irmãos. Assim o fizeram tantos sacerdotes como São Maximiliano Kolbe (1894-1941), dom Luciano Mendes de Almeida (1930-2006), dom Tomás Balduíno (1922-2014) ou religiosas como Irmã Dulce (1914-1992) e Madre Teresa de Calcutá (1910-1997). De modo especial o padre Renzo Rossi (1926-2013), missionário florentino, assumiu o papel de anjo dos encarcerados políticos das prisões brasileiras a quem visitava diuturnamente, durante toda a ditadura militar[72]. Muitos cristãos sempre conversam com seus anjos como revelam em seus diários, dom Helder Pessoa Câmara (1909-1999) e o santo papa João XXIII (1881-1963). Certamente todos eles foram dóceis ao Espírito Santo e muito atentos aos sussurros de seus anjos da guarda. Se, como diz Santo Agostinho: "Cada uma das coisas visíveis deste mundo é confiada a um poder angélico", certamente precisamos destas forças e mo-

---

72. JOSÉ, E. *As asas invisíveis do padre Renzo.* São Paulo: Casa Amarela, 2002.

ções angelicais para superar aquilo que sozinhos jamais teríamos forças nem visão para ultrapassar. Como nos diz tão suavemente Santo Tomás de Aquino (1225-1274): "Os anjos podem, servindo-se para tanto de agentes corporais, produzir tais efeitos, como o ferreiro que usa o fogo para tornar o ferro maleável"[73]. Deixemos o fogo dos anjos tornar maleável nossa dureza interior para louvar a Deus e viver a felicidade como filhos amados.

Hoje sei e posso proclamar que os anjos sempre estiveram comigo. Sei e vivenciei essa presença misteriosa em um momento dramático em que a vida de meu filho Gabriel estava por um fio e eu quase o perdia. Houve um milagre angelical. Soube que anjos acompanharam meus familiares durante a guerra na Alemanha, salvando e protegendo minha mãe, minha avó e minhas tias em uma fuga de Leipzig para Frankfurt em 1947, em pleno inverno rigoroso. Sei que um anjo salvou a vida de meu avô materno Karl Godfried Müller, indicando-lhe o caminho para o Porto de Hamburgo. Sei que esteve com minha esposa, Maria, durante o delicado e dramático parto de minha filha Ana Clara, salvando ambas da morte. Posso hoje afirmar com Santo Tomás que os anjos iluminam, protegem nossa existência e, sobretudo, existem e ofertam os milagres e sinais de Deus, agindo em nossa imaginação, em nossos sentidos, em nossos corpos e em nossas histórias reais. Embora pareça que, às vezes o anjo da guarda nos abandona, Deus nunca nos abandona, pois Ele sabe que os demônios sempre estão à espreita para encontrar a quem devorar (cf. 1Pd 5,8). A guarda dos anjos é um dos modos pelos quais Deus exerce sua Providência. De forma invisível, inexplicá-

---

73. TOMÁS DE AQUINO. *Suma Teológica*. São Paulo: Loyola, 2002, vol. II, parte I, questão 110, art. 3s., p. 797.

vel, mas real. Se sofrermos, por pena ou culpa, Deus sempre estará presente para nos consolar. Ele envia os seus anjos e suas graças. Quando carentes ou se estivermos no fundo de algum poço, rezemos ao anjo guardião"[74].

---

74. Ibid. vol. II, parte I, questão 113, art. 6, p. 827.

Parte 2

Proseando com Jesus,
o Filho Amado

1
Em nome do Filho

Toda prece cristã é trinitária. Nasce na Trindade e dirige-se fielmente à Trindade. Tudo ao Pai pelo Filho no Espírito. Ter fé em Deus significa realizar quatro movimentos em nossa vida: tender para Deus; ir resolutamente para Ele; progredir cada dia no caminho que conduz a Deus e, enfim, achegar-se até Deus e permanecer n'Ele. Esse é o caminho que Santo Agostinho apresenta como guia seguro na viagem para Deus. Não é um estágio parado ou inercial, mas um movimento do coração. Rezar é caminhar. Rezar é avançar. Cumpre refletir e pensar a pessoa do Filho, como essa mediação única para viver em Deus e aprender d'Ele quem Ele é e o que quer de nós. O que fazemos em nome de Jesus? O que Jesus quer que façamos em seu nome?

Comecemos por ouvir o próprio Jesus. Impressiona que Ele coloque uma questão sobre sua pessoa: "E vós, quem dizeis que eu sou?" (Mt 16,15). Tal interrogação percorre todos os evangelhos. Se tomarmos o Evangelho de Marcos, espanta-nos a multiplicidade de adjetivos dados a Jesus: Santo de Deus (1,24); Filho de Deus (3,11); Mestre (4,38); carpinteiro, filho de Maria (6,3); profeta (8,28); Filho de Davi (10,47-48); Rabi (11,21); Messias (12,37); Cristo, o Filho do Deus Bendito

(14,61); Nazareno (14,67); Filho do Homem (14,71); rei dos judeus (15,2); rei de Israel (15,32) e crucificado (16,6).

A resposta mais simples é dizer que Jesus de Nazaré é o Salvador, pois é o que significa seu nome em hebraico (Deus salva). Seu nome já indicava a missão que lhe foi confiada: ser o escolhido por Deus Pai para manifestar sua glória, seu poder e sua misericórdia. Por nós e por nossa salvação, Ele se fez homem e, como amigo e companheiro, sofreu, entregou-se e ressuscitou para nos ofertar a vida em plenitude. Feito corpo como nós, esse Jesus se faz fonte e promessa de um corpo imortal. Suas palavras, seus gestos, seus ensinamentos abrem nossos olhos para compreendermos que vemos Deus quando vemos Jesus. Ele é a porta para Deus.

Os primeiros cristãos disseram o nome de Jesus sempre acrescido de alguns títulos que manifestavam a experiência única que experimentaram depois da ressurreição. São cinco os títulos que expressam em nome de quem age a Igreja:

Filho do Homem. Expressão semita que significa "o homem em seu aspecto frágil e precário". Jesus mesmo quis referir-se preferencialmente por esse título. Ele aparece na boca de Jesus 80 vezes, sendo 69 nos evangelhos sinóticos e 11 em João. Também aparece em Apocalipse 1,13 e 14,4 e em Atos dos Apóstolos 7,56, na ocasião do apedrejamento de Estevão. Reconhecer Jesus como Filho do Homem significa pensar em sua autoridade, no perdão dos pecados e em associar sua vida e sua prática ao Servo Sofredor. Jesus, Filho do Homem, veio para dar a sua vida em resgate de muitos (cf. Mc 10,45). Rezar em nome d'Ele significa assumir a causa da humanidade como a causa da Igreja. Significa fazer-se servidor da humanidade. Tornar-se um humanista integral, como pregaram o papa Paulo VI, ou o beato João Paulo II. Jesus, plenamente divino e plenamente humano, é o verdadeiro redentor de toda a humanidade. Do homem todo e de todo homem. Entre humanidade e divindade, não há oposição, mas fecundo diálogo.

Senhor. O termo aramaico remete a senhorio e domínio. Deus manifesta-se como Senhor e os judeus o proclamam como Meu Senhor (Adonai). A tradução grega será o termo *Kyrios*. Este título era aplicável ao imperador e sua transferência para Jesus será um gesto de valentia e confiança de que só Jesus é o Senhor e "em nenhum outro há salvação, porque também debaixo do céu nenhum outro nome há, dado entre os homens, pelo qual devamos ser salvos" (At 4,12). Os cristãos guardam em aramaico uma antiga expressão litúrgica para proclamar em nome de quem eles viviam. Ei-la: *Maranatha*, ou seja, Nosso Senhor, Vem! (cf. 1Cor 16,23; Ap 22,20). Tomé e Pedro exprimiram aquilo que a comunidade cristã cantará liturgicamente a plenos pulmões: "Meu Senhor e meu Deus!" Rezar em nome do Senhor Jesus é não aceitar nenhuma idolatria e nenhum outro senhor. É rezar agindo em favor de uma sociedade igualitária em que as pessoas não sejam feitas objetos e os objetos tornados senhores das pessoas. É proclamar, como diz o padre jesuíta salvadorenho Jon Sobrino: "A última linguagem da fé é o amor. Quem quiser verificar sua própria verdade acerca de Cristo deverá em última análise perguntar-se por seu amor a Cristo. Há amor a Cristo na América Latina? Quiçá esta pergunta simples seja a última chave para compreender e interpretar a verdade que se afirma sobre Cristo. Só Deus conhece a medida desse amor" (*Jesus na América Latina: seu significado para a fé e a cristologia*. São Paulo: Loyola/Petrópolis: Vozes, 1985). Proclamar a soberania de Deus é comungar da soberania de Jesus como o Senhor. Em nome de Jesus, nosso Senhor, afirmar a verdade sobre a vida das pessoas alicerçadas na vida de Deus. Não deixar qualquer espaço para falsificações de Deus ou dos seres humanos. Quem falsifica Deus falsifica a humanidade, e quem falsifica a humanidade (pela tortura, inveja, ganância, pecado, exploração, preconceito, arrogância, gula, submissão, machismo, exclusão social ou corrupção) terminará irremediavelmente por falsificar o nome de Deus, ao assumir senhores falsos em sua vida. Por isso diz Paulo a Timóteo: "Quem invocar o nome do Senhor afaste-se da injustiça" (2Tm 2,19b).

Cristo. Esta é a tradução grega da palavra hebraica *Mashiah*, que quer dizer "ungido, untado com óleo, marcado para uma missão fundamental por Deus em meio do povo". Cristo é um título semelhante a Messias. Eram ungidos reis e profetas. Os discípulos reconheceram-no como o Messias prometido. O surpreendente é que Jesus pede silêncio a quem o proclamasse como tal. O Evangelho de Marcos é abundante de ordens expressas de Jesus exigindo um cala-boca. Lemos em Mc 1,25.40-45; 5,21-23.43; 7,31-37; 8,22-26; 9,9. Por que a ordem de calar? Para não identificar a missão de Jesus a um messianismo passageiro da mera tomada do poder. Para não se reduzir ao que propunham inúmeros grupos ideológicos do tempo de Jesus: sicários, essênios, fariseus ou zelotes. Os movimentos messiânicos haviam sido sumariamente destruídos. Jesus assume-se como Ungido sem aceitar o rótulo nem a estratégia da violência armada. Não quer fazer propaganda, mas experimentar reais práticas messiânicas. Escuta os discípulos de João Batista perguntar-lhe se era o Messias (cf. Mt 11,3) e dá uma resposta lapidar: "Cegos veem, coxos andam, hansenianos são purificados, surdos ouvem, mortos ressuscitam e os pobres são evangelizados (cf. Mt 11,4s.)".

Rezar a Jesus como Messias, como o Ungido do Pai é reconhecer que Jesus ataca os males pela raiz. Do mal que nasce na cegueira e na paralisia física e mental até aquele que nos atinge inteiramente: a nossa morte. Dizer que Jesus é o Cristo é transformar-se em "embaixador" e ser capaz de rogar "da parte de Cristo" para que cada um se reconcilie com Deus. É ser penetrado pelo óleo santo e tornar-se o perfume de Cristo no mundo. Dizer o nome de Cristo é atualizar o Reino de Deus que brota tanto entre os pobres como entre privilegiados e bem-aventurados. Dizer que Jesus é Cristo é enfrentar como Ele quaisquer tentações (cf. Mt 4,1-11) e alegrar-se como a samaritana: 'Eu sei que o Messias – que se chama o Cristo – vem; quando Ele vier, nos anunciará tudo'. Jesus disse-lhe: 'Eu o sou, eu que falo contigo'" (Jo 4,25-26).

O Servo de Javé. Esta é a tradução do hebraico *Ebed Yahweh*. Quem reza ao Servo de Javé reconhece aquele que veio para servir. Vale lembrar o hino do apóstolo Paulo em 1Cor 1,17-31, sobretudo o verso 20: "Porventura não tornou Deus loucura a sabedoria deste mundo?"

O Filho de Deus. Proclamar Jesus como Filho Unigênito do Deus Altíssimo é a mais elevada compreensão da fé cristã. É o coração da mensagem e a própria pessoa do Filho que manifesta seu segredo de amor (cf. 1Jo 5,11). É reconhecer e proclamar que Jesus é Deus. É sentir-se pleno ao viver em Cristo. Professar o Evangelho de Jesus é um convite, não uma ameaça nem uma ordem impositiva. Isso se fará a partir de Jesus, o mais perfeito de todos os homens, pois "Jesus realiza de forma absoluta e cabal a capacidade humana, a tal ponto de poder identificar-se com o Infinito" (BOFF, Leonardo. *Revista Eclesiástica Brasileira [REB]*. Petrópolis, p. 538, 1972).

Retomando a questão original, pode-se dizer que em nome do Filho só podemos viver no Amor e para o Amor. Colocar Cristo como centro da catequese é desvendar sua pessoa e atualizar seus gestos e suas palavras. O nome de Jesus é o nome mais doce que existe. Ao morrer bastará sussurrá-lo, exprimindo aquilo que nasce do coração, como fez Joana D'Arc ao ser queimada.

2
A oração secreta de Jesus

Ousamos dizer: "Pai nosso". Que forte! Que belo! Quão grande é o mistério de fé! Será que compreendemos bem essa ousadia? O que Jesus quis ensinar aos discípulos naquele momento especial em que ensinou uma oração secreta e única?

Esta é a oração da libertação integral. Essa é a oração que brota em nossos lábios pela força do Espírito do Ressuscitado. Deve sempre estar acompanhada de um temor reverencial e de uma atitude orante. Hoje, muitos rezam a oração de Jesus. Nas Igrejas, ela ocupa a parte central nas liturgias. Nós a recebemos em duas versões complementares: a redação da comunidade de Lucas evangelista, assemelhando-se a uma catequese primitiva, para grupos pagãos e gregos, inscrita no capítulo 11, versos 1 a 13; e a versão da comunidade de Mateus, inscrita no capítulo 6, versos 1 a 18, em que se vê claramente sua conexão com o estilo judaico de rezar e agradecer a Deus diariamente.

Lucas transmite a oração de Jesus, preocupado com quem nunca rezou. Mateus transmite a mesma prece para quem reza todo dia e, até muitas vezes por dia, e quer evitar a rotina que leva à mediocridade. Lucas diz que o importante é pedir, pois Deus sempre dará coisas boas aos seus filhos. Mateus quer que aqueles que rezam sempre o façam de maneira concisa e sucinta. Nada de falar demais, mas falar de dentro do coração. A atual versão litúrgica é uma sinopse de ambas. Mateus fala aos judeus e usa do texto original aramaico. Lucas fala aos gregos e a traduz com discreto retoque, para que seus ouvintes entendam o que é dito em outro idioma e melodia poética.

Jesus compôs essa oração em sintonia com sua cultura, com a linguagem litúrgica dos salmos e abrindo o coração ao Deus da vida e seu Pai querido. No nosso lugar, na nossa vida, no segredo de nosso coração, também somos convidados a rezar a prece de Jesus, que é a prece dominical da Igreja. Esta oração nasceu ligada umbilicalmente ao Batismo e à Eucaristia, naquela que é uma das fontes essenciais da fé cristã: a liturgia.

Pai querido, Pai nosso, *Abba* (*papaizinho*), que estás nos céus: experimentamos a originalidade da prece de Jesus dita do fundo de seu coração. Esta é a primeira e fundamental invocação: chamar Deus de "paizinho querido", como crianças balbuciando suas primeiras palavras diante do pai/mãe que nos ama primeiro. Sabe-se que muitos povos chamaram Deus de Pai, também descobrimos que Jesus diz algo totalmente novo. Usa a palavra aramaica *Abba* para lembrar-se de quando era amamentado por sua mãe, Maria, e diz "papaizinho" como primeira palavra. Nos evangelhos, são 170 vezes em que Jesus fala de Deus com o nome de "paizinho": *Abba*! De acordo com o teólogo alemão Joachim Jeremias (1900-1979), "este termo *Abba* é a manifestação perfeita do mistério de sua missão" (*O Pai-Nosso: a oração do Senhor*. São Paulo: Paulinas, 1979, p. 37). Jesus diz que podemos chamar Deus de Pai e experimentar esse amor como crianças amadas e que lhe pedem colo. Quem é discípulo deve rezar com essa confiança e intimidade. E, tal como uma criança, entrará no Reino de Deus. Na Igreja dos primeiros séculos, não era nada óbvio nem público rezar essa oração. Era algo reservado, pleno de respeito e reverência. Só os iniciados podiam fazê-la, depois de uma preparação e da adesão livre ao grupo de seguidores de Jesus. Se alguém não fosse introduzido ao mistério de Deus como Pai, na catequese mistagógica, continuaria pensando em Deus como figura mítica, extraterrestre ou energia cósmica. Faria d'Ele uma energia ou um conceito abstrato e nunca o Pai de Jesus. Dizer essa invocação que abre a oração do Pai-Nosso é um privilégio responsável dos batizados. É um segredo maravilhoso guardado cuidadosamente por quem já é membro da Igreja, e que o recebeu depois do Batismo. Quem balbucia o nome *Abba*, falando com Deus, é acolhido e abençoado e seu coração se enriquecesse de bondade divina. Dizia o padre jesuíta Karl Rahner (1904-1984): "Tornai o meu coração semelhante ao Coração de Vosso Filho, e tão amplo e tão rico em mim, para que nele meus irmãos encontrem o caminho para Vós, para que durante a minha curta vida, um deles, ao menos, entre por esta porta para saber que Vós o amais" (*Apelos ao Deus do silêncio*. Lisboa: Paulistas, 1968, p. 29). Jesus ensina Deus como nosso Paizinho. A liberdade humana não conflita com a divindade e o poder d'Ele. Esther, uma mãe carinhosa de um jovem de dezesseis anos, quando este quis visitar as geleiras da Argentina e diante do medo do pai em autorizar tal aventura, recebeu de sua mãe em uma noite, escondido no seu travesseiro este belo poeminha: "Os filhos da mãe-galinha ciscam minhocas no jardim enquanto esperam o dia do corte. Os filhos da mãe-águia deslizam oníricos no céu azul com asas que cresceram sob o seu olhar". Eis aqui uma bela metáfora do Pai maternal, a quem ousamos pedir e orar, pois Ele é fiel e cuida de cada um de nós.

Teu nome seja santificado: este nome é inefável, criador e santo. Esta é a segunda petição. É o único nome digno de toda a santidade. Em nosso mundo vemos claramente que Deus não é glorificado nem santificado, nem muitos de seus filhos nem a sua criação. As injustiças e a corrupção criam ídolos e negam o Deus vivo e verdadeiro. Destroem pessoas, esperanças e vidas frágeis. Perdemos a memória de Deus e criamos simulacros e fantasmas de nossos desejos pequenos e egoístas. Os cristãos precisam participar da santidade divina. Santo Irineu (130-202) resumia esta petição de forma muito bonita: "A glória de Deus é que o homem viva, assim como a glória do homem é ver a Deus". A segunda petição está profundamente articulada à terceira.

Venha o teu Reino: a terceira petição revela a ansiosa expectativa daqueles que creem no Deus que vem sempre ao nosso encontro e não nos abandona. É simultaneamente pedido e lamento, espera e advento. É uma forma de convicção de que, dizendo Santo o nome de Deus, veremos prevalecer em nossa vida seus valores, seus projetos e seus sonhos. Se só Deus é Santo, tudo o mais é relativo e circunstancial. Só Deus é grande! Isso aponta para o futuro e para a consumação definitiva. Isso impede submissões e depressões. Esta é uma petição de quem está em uma situação de miséria e sofrimento profundo e quer que o bem prevaleça. Quem reza essa prece é porque crê nas promessas. Clemente de Alexandria (150-215) diz que estas palavras foram ditas pelo próprio Jesus em sua vida palestinense: "Pedi as coisas grandes e Deus vos concederá as pequenas" (Op. cit., p. 56).

Seja feita tua vontade, assim na terra como no céu: aprender a fazer a vontade de Deus e abandonar-se nela. Essa é a quarta petição. Assim rezava Santa Catarina de Sena (1347-1380): "Compreendo que não consigo conhecer-te se antes não me despojo da minha perversa vontade pessoal. Por isso me ensinaste a renunciar à minha vontade e a me conhecer. Mais te encontrarei e conhecerei se com mais perfeição me despir da vontade própria e me revestir da tua vontade". E Charles de Foucauld (1858-1916) em sua célebre oração do abandono: "Meu Pai, eu me abandono a ti, faz de mim o que quiseres. O que fizeres de mim, eu te agradeço. Estou pronto para tudo, aceito tudo. Desde que a tua vontade se faça em mim. E em tudo o que Tu criaste, nada mais quero, meu Deus. Nas tuas mãos entrego a minha vida. Eu te a dou, meu Deus, com todo o amor do meu coração, porque te amo, e é para mim uma necessidade de amor dar-me, entregar-me nas tuas mãos sem medida, com uma confiança infinita, porque tu és... Meu Pai!"

Dá-nos hoje nosso pão de cada dia (e de amanhã): esta é a quinta petição. Nela está presente a dimensão fundamental da justiça no agir fraterno daqueles que se dizem filhos de Deus, no hoje e no futuro. Para dizer-se filho, é preciso tornar-se irmão primeiro. O pão cotidiano posto à mesa de todos de forma igualitária e generosa. O pão dos sonhos e utopias feito história na vida de quem sabe e aprendeu a repartir com alegria. As petições do pão e a do perdão estão sempre ligadas. A oração cristã nunca foge das exigências da justiça social e da partilha. E mais ainda do perdão que ultrapassa a justiça pela misericórdia. Nenhum pão sem perdão. Nenhum perdão sem pão. O pão de cada dia e o pão de amanhã. O perdão nas horas fáceis e o perdão no meio do ódio e da segregação intragável. Jesus pede o pão da vida para viver aberto ao futuro. Alguns pensam que isso isentaria os cristãos das preocupações terrenas e materiais dos pobres e excluídos. O teólogo Jeremias esclarece isso em sua obra sobre o Pai-Nosso: "Seria um grosseiro equívoco ver nisto uma espiritualização à maneira da filosofia grega, uma discriminação entre pão da terra e pão do céu. Para Jesus, não há oposição entre pão terrestre e pão da vida" (Op. cit., p. 45).

E perdoa-nos nossas dívidas (ofensas), como nós também, ao dizermos estas palavras, perdoamos a nossos devedores (ofensores): eis a sexta petição da prece de Jesus. É uma exigência pessoal e comunitária em favor dos outros, como que em uma prestação de contas. Nada submete a Deus em seu amor e onipotência, mas exige um comportamento diferente do homem que reza o Pai-nosso. Quem é discípulo deve estar sempre disposto a perdoar. O perdão recebido deve ser distribuído, comunicado e multiplicado. As primeiras petições suplicam por Deus. As últimas esperam gestos divinos dos seres humanos. Diante dos obstáculos, o humano descobre-se e se plenifica: aprende a ser humilde e fiel. Saber perdoar é o coração da fé cristã. Assim dizia com sabedoria Santo Antônio (±1191-1231): "Quanto mais profundamente lançares o alicerce da humildade, tanto mais alto poderás construir o edifício". É um caminho difícil, certamente não masoquista, mas livre e libertador. É claramente paradoxal, como bem disse São João da Cruz (1542-1591): "Para vir a ter tudo, terás que ir por onde não tenhas nada".

E não nos deixes sucumbir à tentação, mas livra-nos do mal: um pedido de proteção insistente é a sétima petição, em que suplicamos a Deus para que não nos permita sucumbir e sejamos protegidos frente às tentações que sempre existirão. Não seremos isentos das tentações, mas temos de Deus a força e a graça para permanecer fiéis. São Bento de Núrsia (480-547) recomendava a seus monges: "Pôr em Deus sua esperança. Não querer passar por santo antes de o ser, mas sê-lo primeiramente para que o digam com mais verdade. Preservar a boca de qualquer assunto mau ou pernicioso. Nunca desesperar da misericórdia de Deus" (*Regra de São Bento*. Tradução de Monjas da Abadia de Santa Maria. São Paulo: Grafa, 2004. p. 47-51.). Nesses tempos modernos fugazes, é preciso não cair na tentação do ativismo e do excesso de ocupações. Lembrava São Pedro de Alcântara (1499-1562) sobre as dez coisas que impedem a devoção e entre elas, esta: "As ocupações excessivas, porque ocupam o tempo e afogam o espírito, e assim deixam o homem sem tempo e sem coração para cuidar de Deus" (*Tratado da oração e da meditação*. 2. ed. Petrópolis: Vozes, 2007, p. 118).

Amém, pois é a ti que pertencem o Reino, o poder e a glória, por todos os séculos: o Pai-nosso, a oração secreta de Jesus, completa-se com uma doxologia, um hino de louvor que é um ato de fé sereno e completo. A oração sempre termina com um grande Amém, um grande sim! Sim a Deus como Pai nosso. Sim à vida. Sim ao Reino e à vontade de Deus. Sim ao pão nosso de cada dia. Sim ao perdão. Sim à esperança. Sim ao nosso Deus *Abba*! Assim disse de forma radical São João de Ávila (1500-1569): "Quem não quer o 'nosso', não quer ao Pai". Santo Tomás de Aquino (1225-1274) terminava seu comentário do Pai-nosso dizendo: "É por isso que o Espírito Santo, pelo dom de Sabedoria, nos faz dirigir este pedido ao Pai. Graças a este dom, alcançaremos a bem-aventurança, para a qual nos ordena a paz. A paciência, com efeito, nos assegura a paz na adversidade. E por isso os pacíficos são chamados filhos de Deus, pois são semelhantes a Deus. A eles, como a Deus, nada pode perturbar, nem a prosperidade, nem a adversidade. 'Bem-aventurados os pacíficos, porque serão chamados filhos de Deus' (Mt 5,9). Amém é a reafirmação geral de todos os sete pedidos da Oração Dominical".

3
A comunicação de Jesus de Nazaré

Esta antiga melodia do padre Zezinho tocava sempre nosso coração de criança ao apresentar, de forma singela, o que é preciso para ser feliz: "Amar como Jesus amou/ Sonhar como Jesus sonhou/ Pensar como Jesus pensou/ Viver como Jesus viveu/ Sentir o que Jesus sentia/ Sorrir como Jesus sorria/ E ao chegar ao fim do dia/ Eu sei que dormiria muito mais feliz". Acredito que deveríamos acrescentar: "Falar como Jesus falou", pois Jesus possuía um modo único de comunicar e de falar de Deus, que precisamos conhecer e divulgar. Jesus foi um excelente pregador. Anunciou o Reino de Deus com entusiasmo e autoridade de mestre e profeta. Sua pregação surpreende fortemente os ouvintes: "Ninguém nunca falou como este homem" (Jo 7,46). Seu discurso é sempre novo e envolvente, penetra as profundezas do ser, não só pela novidade, mas por um conteúdo autêntico. Impressiona saber que, em sua vida, Jesus nada escreveu. Toda a sua mensagem foi proclamada em aramaico, carregada de sotaque galilaico. Os registros da tradição oral serão transmitidos em língua grega por discípulos que criaram um estilo literário com o nome de Evangelho.

Ele agiu como um missionário itinerante, usando uma fascinante e diversificada metodologia didática, expressa em variados "gêneros literários": discursos, parábolas, ditos sapienciais, memória de falas proféticas e salmos antigos. Sempre uniu palavras aos fatos. O uso didático de breves narrativas fundava-se em um tripé sapiencial: crise, novidade e decisão. As parábolas, tão logo contadas por Jesus, suscitavam uma crise entre os ouvintes, gerando uma tensão criativa e uma polarização de posições e pensamentos. Em seguida, a dinâmica da própria palavra dita fazia irromper a necessidade de discernimento em busca do novo que superasse o que se tornara obsoleto depois que Jesus falara. Enfim, exigia-se de todos os que o ouviam uma decisão firme a ser tomada: ou ficar a favor ou colocar-se contra. Nada de meio-termo. Cada parábola sugere um momento de escolha muito mais do que uma moral da história ou um final de conto da carochinha. As parábolas não são fábulas, nem originalmente alegorias. As parábolas de Jesus não são simulacros do real. São sempre falas experienciais. É uma comunicação decisiva tal qual uma opção feita na vida. Quando Ele fala, nós podemos tocar naquilo que nos é dito. Diante da iminência da chegada de Deus e tendo como cenário o pensamento escatológico, Jesus propõe alguns requisitos necessários para viver a novidade que está por toda a parte em semente e que aqui e ali anda germinando viçosa e teimosa. É preciso arrepender-se de toda conduta equivocada; é preciso crer na novidade e lançar-se com amor e fidelidade ao labor da utopia criativa sem cair na banalidade do mal nem resvalar na tentação do bem imposto aos demais. Nada de imposição, nem de muito falar de si mesmo, mas uma alegre e livre proposição das maravilhas de Deus ocorrendo na vida e na história. A fala de Jesus abre olhos e ouvidos para as surpresas divinas.

Jesus fala de forma envolvente e transformadora, com atitudes originalíssimas em relação aos pobres, aos marginalizados, aos doentes, aos necessitados, aos inimigos, às mulheres, às crianças, à lei, ao templo, à natureza e ao próprio Deus, que apresenta como 'paizinho' (em aramaico, *Abba*). Usava de parábolas com maestria e arte. Tais historietas metafóricas, conhecidas em grego como *parabolé* e em hebraico como *mashal*, eram narrativas carregadas de conteúdo imagético. Jesus tem atrás de si a poesia semita que assume de forma privilegiada para exprimir aos ouvintes uma realidade divina que pudesse atingir suas mentes, corações e ações. Isso é falar como Ele falou: "Longe de teorias abstratas, há um fundo essencial de abertura ao humano e ao mundo que se exprime em sentenças breves ou sob a forma de parábolas que não devemos interpretar como alegorias: são na verdade relatos vivos, de cenas curtas destinadas a ilustrar uma verdade que se quer colocar na memória dos ouvintes. Estas imagens, Jesus as retirava do tesouro do Antigo Testamento, e também as emprestava da vida cotidiana de seu tempo"[75].

Em toda a sua vida pública, Jesus usou de modo constante de parábolas. Diz Mateus que Ele nada dizia sem ser em parábolas (cf. Mt 13,34). O total de parábolas elencadas nos quatro evangelhos chega a 85, entre simples provérbios, similitudes, narrativas e as parábolas completas. No Evangelho de João, só há duas: a do bom pastor e a da vinha. Nos outros três evangelhos, conhecidos como sinóticos (Marcos, Mateus e Lucas), temos 83 metáforas para comunicar o Reino de Deus. Estudos linguísticos mais recentes chegaram ao total de 38 parábolas, semelhantes ao coração da pregação mes-

---

75. GEOLTRAIN, P. Jesus. In: *Encyclopaedia Universalis*. Vol. 9. Paris: Centre National de La Recherche Scientifique, 1971, p. 428.

siânica de Jesus. Ele usava imagens que apresentavam alguns valores e propostas de vida plena. A significação das parábolas percorre os temas essenciais para os cristãos até os dias de hoje e se tornaram chaves interpretativas e peças únicas da literatura universal. Podemos identificar à luz da leitura do estudioso Joachim Jeremias uma classificação nas parábolas:

- parábolas de misericórdia, por exemplo, o fariseu e o publicano (cf. Lc 18,9-15);
- parábolas que salientam a exigência da hora, por exemplo, as dez virgens (cf. Mt 25,1-13);
- parábolas de julgamento, por exemplo, o joio e o trigo (cf. Mt 13,24-30);
- parábolas de confiança, por exemplo, o semeador (cf. Mc 4,3-9);
- parábolas que apontam para a urgência diante da catástrofe, por exemplo, o fogo sobre a terra (cf. Lc 12,49-50) e o rico avarento (cf. Lc 12,16-21).

Não podemos deixar de citar a narração (parábola com encenação) do "pai pródigo", que erroneamente é chamada de "filho pródigo", tal como nos é proposta no Evangelho de Lucas (cf. Lc 15,11-32). Essa parábola é como se fosse o Evangelho dentro do Evangelho. É tão exemplar e decisiva, que inúmeros pintores a retrataram em seus quadros. O mais famoso deles é o quadro *O retorno do filho pródigo*, pintado por Rembrandt entre 1663 e 1665 e exposto no Museu Hermitage, em São Petersburgo.

Jesus também nos fala por meio de suas ações, curas e percurso de vida na Palestina do século 1º. Seu peregrinar não era um simples caminhar de um lugar para outro, mas revelava sua missão redentora, suas opções, seus métodos, suas decisões e, sobretudo, seu amor em favor dos pobres, das viúvas, dos órfãos, das mulheres e dos estrangeiros. O que Jesus faz mostra tudo aquilo que fala, e o que proclama confirma tudo aquilo que faz. São falas e ações salvíficas, coerentes, testemunhais e radicais (pois vão à raiz dos fatos e acontecimentos), sem extremismos nem fundamentalismos reducionistas. Assim, no Evangelho de Marcos: "Grandes multidões, ouvindo falar de tudo quanto fazia, vieram ter com ele" (Mc 3,8).

O uso da literatura profética, a conexão inquebrantável com Deus e a escuta atenta dos pregadores populares de seu tempo tornam Jesus um *expert* em comunicação: ao falar reúne em torno de si pessoas entusiasmadas; não cansa os ouvintes; comunica-lhes um segredo alvissareiro; conquista a atenção de cada pessoa; faz-se entender; cria recursos na fala; não dá respostas prontas, mas faz perguntas inteligentes; é avesso ao fundamentalismo religioso; oferece amplo espaço para pensar e concluir; usa de palavras simples; divulga, mas não impõe; é direto e objetivo; trata a todos com respeito e retidão, sem infantilismos; é bem-humorado e sagaz; vê a realidade, emociona-se, transforma-a por gestos e palavras; é movido pelo amor e pela justiça; preocupa-se com aquele ou aquela que o questionam e interpelam; ouve o interlocutor e descobre a sua verdade; deixa espaço livre para o silêncio que fala, cria personagens e, sobretudo, suscita consciência crítica chamando a todos de amigos. Sua fala já é um estilo de vida, é muito mais uma atitude do que um conjunto de ações fragmentadas. Um modo de ver e viver a vida diante de Deus e dos irmãos que se mostra íntegro, pleno e articulado.

Por meio dos milagres, como verdadeiros sinais da presença providente de Deus na história, Jesus restabelece a comunicação bloqueada ou interrompida, reintegrando a pessoa na comunidade e diante de si e de Deus. Comunica com seus gestos, seus silêncios e seu olhar. Também estimula e encoraja a comunicação, a amizade, a convivência, a fraternidade. Ele não impõe modelos pré-fabricados ou que aniquilem o outro que fala e critica, pois, de forma aberta, propõe o colóquio das diferenças como caminho. Sua fala se faz inspiração, respiração e, sobretudo, transpiração. Ele mostra seu interior e o amor que está em seu coração transbordante. Esta é o que poderíamos chamar de envolvente "educomunicação", ou seja, um caminho pedagógico e uma escola de vida para todos os que d'Ele se aproximam. Jesus fala para que se aprenda a aprender. Suscita a palavra, revela o segredo mais íntimo do humano para que cada pessoa possa reconhecer-se sem sombras nem medos. Como um gesto suave de um verdadeiro poeta: "Uma vez que a linguagem constitui o ser-Homem e, em consequência, o agir criativo-poético-linguístico constitui atividade genuinamente humana, Jesus, como poeta de suas parábolas, nos vem ao encontro de imediato em sua natureza humana. Assim como em toda a interpretação de um poeta e artista, o consentir e o configurar criativo constituem o caminho adequado para fazer a obra de arte falar de maneira sempre nova em determinada época e situação"[76].

O chamado permanente feito aos discípulos para segui-lo é carregado de sentido e de alegrias apostólicas. Sua fala mexe com a alma dos ouvintes; seus discursos e sermões estão impregnados de força dramática e suas ações tocam os corpos e restauram as vidas. O segredo dos evangelhos é apresentado como uma pérola encontrada. Quem ouve Jesus sente-se livre e pleno. Quem prega a sua mensagem acaba libertado por ela mesma: "A verdade vos libertará" (Jo 8,32b).

---

76. BAUDLER, G. *A figura de Jesus nas parábolas*. Aparecida: Santuário, 1990, p. 139.

Falar como Ele falou será sempre um exercício pessoal que nos faz amar, sonhar, pensar e viver como o próprio Jesus viveu. Descobriremos a nossa vida como uma dádiva divina. Se a vida de Jesus se faz narrativa e suas narrativas revelam segredos da vida em Deus, compreendemos, portanto, que entender Jesus é entender o segredo central de nosso viver, selado pela palavra divina (o homem não vive só de pão, mas de toda palavra que sai da boca de Deus!).

Um pensador francês[77] disse que na linguagem está a única saída do ser humano e que a nossa escolha é decidir entre a palavra ou a morte! A fala de Jesus nos permite superar essa angústia existencial de forma inédita, pois suas palavras são como portais que ultrapassam a morte, permitindo vislumbrar a luz viva da Palavra Eterna. Assim o resumirá o prólogo do Evangelho de São João: "No começo, a Palavra já existia: a Palavra estava voltada para Deus, e a Palavra era Deus. No começo ela estava voltada para Deus. Tudo foi feito por meio dela, e, de tudo o que existe, nada foi feito sem ela. Nela estava a vida, e a vida era a luz dos homens. Essa luz brilha nas trevas e as trevas não conseguiram apagá-la" (Jo 1,1-5).

---

77. SAFOUAN, M. *La parole ou la mort*. Paris: Seuil, 1993.

4
As oito felicidades de Jesus

O caminho da felicidade está localizado em um mapa que nos foi entregue gratuitamente por Jesus Cristo. É uma proposta alegre e gentil do Filho de Deus encarnado que se faz caminho de vida e estilo de ação. Para atingir a plenitude de vida que todos almejamos, Jesus propõe que sigamos oito etapas no amor. Ele as apresenta no célebre Sermão da Montanha tal como é descrito na versão antiga e resumida, do evangelista Lucas (cf. Lc 6,20-26), e na mais extensa (aqui comentada), do evangelista Mateus (cf. Mt 5,1-12).

O que são as bem-aventuranças senão uma lista estranha e "louca" de oito felicidades? E que são estas senão a experiência saborosa da alegria perfeita! De fato, muitos puderam ler tais textos como uma introdução, um pequeno caminho de moral cristã ou uma atualização do código ético da vida feliz, pois o desejo de Deus é que o ser humano viva, e viva feliz. Esta participação na vida divina deve fazer-se cotidiana e concreta. Os textos originais de Lucas e a versão de Mateus querem apresentar com vigor e beleza esse mapa para a festa.

Devemos, entretanto, ler os textos arrancando deles o sentido mais profundo e a verdade escondida por detrás das palavras. Em primeiro lugar, vale lembrar que a promessa de felicidade e plenitude não é uma conquista meramente humana, como se fôssemos os autores primeiros desses momentos de graça em nosso viver. A alegria, se é verdadeira e plena, nasce de Deus e em Deus. Ela significa acolher um dom, uma dádiva ofertada por Deus a cada pessoa que quer viver em comunhão com a Trindade Santa. Quem vive n'Ele é feliz. Nesse sentido, o caminho de Jesus é uma "grata surpresa" que pede uma resposta generosa e livre. Se você quer ser feliz, viva a felicidade que Deus lhe oferece e nos presenteia diariamente. O caminho da felicidade presente no Sermão da Montanha é traçado por um conjunto de oito atitudes vitais conectadas a cada uma das oito bem-aventuranças ou felicidades. Não é moral de elite ou somente de alguns. Não é inatingível ou para anjos. É para gente simples e comum. É para todos os que seguem Jesus, mas exige que olhemos o binóculo pelo lado contrário. A seguir, estão relacionadas as oito felicidades vitais:

"Felizes os pobres de espírito, porque deles é o Reino dos Céus" (Mt 5,3). Os pobres são felizes quando vivem nas mãos de Deus, não se submetem à voracidade do lucro e do dinheiro e são generosos e abertos à partilha; enfim, quando são "pobres com espírito" (na bela expressão do teólogo-mártir padre jesuíta Ignácio Ellacuría Beascoechea). Não se pode fazer uma leitura puramente espiritualista de um texto que toca nas bases materiais da vida e da sociedade e que exige conversão de práticas sociais diante do rosto sofredor do pobre que clama a Deus por justiça. Se o texto de Mateus suprime as três maldições feitas aos ricos, presentes no original texto de Lucas, isso não significa que Jesus não tenha dito com clareza que "é mais fácil entrar um camelo pelo fundo de uma agulha que um rico entrar no Reino de Deus"

(Mt 19,24). Como dizia Santo Ambrósio, "pobre vive a virtude da temperança, e isso o conduz aos valores e a vida do Reino". Em sua *Suma Teológica*, Santo Tomás de Aquino afirmou que a pobreza de espírito pode se referir "tanto ao desprezo das riquezas como ao desprezo das honrarias, por meio da humildade (ST I-II q.69 a.3)".

"Felizes os que choram, porque serão consolados" (Mt 5,4). Quem chora: aquele que sofre, ou é injustiçado, ou perde quem ama, ou perde a esperança. Como podem ser felizes se vivem a angústia da perda ou da opressão? É uma felicidade desconcertante e paradoxal. Tais infelizes sabem que Jesus é o mestre da justiça e creem que seu Evangelho é uma Boa Notícia. A felicidade está em transformar a aflição em esperança. Isto pode ocorrer e cumprir-se nesta vida e não só na vida futura, conforme disse Santo Agostinho comentando o Sermão (L1, c4, n.12 ML 34,1235). De acordo com dom Helder Câmara (1909-1999): "Quando parecer um absurdo esperar, quando parecer ridículo esperar, recordemos que, na evolução criadora, o humano surgiu de um pensamento de amor do Pai, que este humano custou o sangue do Filho de Deus e que é objeto permanente da ação santificadora do Espírito Santo". Se, ao nascer, mãe e filho choram: uma de dor e o outro para respirar e sair do ventre, o ato de chorar quer ser um novo parto. Será feliz quem for capaz de condoer-se e deixar-se afetar pela dor dos irmãos; quem emprestar seu ombro para que outro possa chorar; quem souber discernir. No salmo 126[125],5, está o seguinte verso: "Os que semeiam entre lágrimas, recolherão com alegria". Choram os que sabem que o "amor não é amado", os que veem triunfar a mentira e a injustiça e os que testemunham muitas comunidades cristãs, infantilizadas e alienadas. Seremos consolados por Deus, que nos oferece o refrigério para a alma em experiências vividas no tempo, no amor e na fé. A tristeza e o pranto virão conectados ao amor. Os olhos dos que choram se reconhecem e se consolam. Na famosa ária cantada por Luciano Pavarotti, *Una furtiva lagrima* (parte do último ato da ópera *O elixir do amor*, de Gaetano Donizetti), escutamos emocionados: "Uma lágrima furtiva irrompe de seus olhos. Jovens festivos parecem invejá-la. O que mais devo eu buscar? Me ama, eu o vejo! Um só instante e o palpitar de seu coração posso sentir. Seus suspiros se confundem com os meus. Ó Céus, posso morrer! Mais eu não peço!"

"Felizes os humildes, porque herdarão a terra" (Mt 5,5). Os mansos, ou suaves, ou gentis, ou doces são todos aqueles que o são não tanto por temperamento ou qualidade psicológica, mas sim por causa da dura necessidade de sua condição social e política. São mansos quando tudo em sua vida pede e os coloca em posição e ação de luta. São mansos e não violentos quando o mundo onde vivem é pleno de violência e voracidade destrutiva. São mansos por dentro e por fora. No rosto e nas mãos. Nas palavras e nas atitudes. Não em momentos diplomáticos, mas como pessoas transparentes e plenas; são mansos quando todos estão nervosos e estressados. São feitos de santidade, pois bebem nas fontes do Deus Santo. Santo Agostinho afirmou que as bem-aventuranças seguem uma linha ascendente, os mansos exercitam-se na mansidão. Mansos são aqueles que aprendem a ser moderados. Os ouvintes de Jesus devem ter se assustado com essas palavras, pois destoam da vida comum e das reações humanas mais corriqueiras. Quem vive tempos de dureza normalmente se torna duro e inflexível. Perde a mansidão. Hoje em dia, também parece uma "santa loucura". Diante de nós, temos a satânica tríade de nosso novo milênio: força, poder e violência. Como chamar de feliz justamente o manso? Mansidão se aprende de Jesus, pois vem de seu Sagrado Coração (cf. Mt 11,29-30). Mansidão é uma forma específica de humildade, que engloba a condescendência, a indulgência, a suavidade e a própria misericórdia. Eles herdarão a terra pela doce força de seus sonhos, pois são mais fortes que os violentos. Constroem onde todos os demais destroem.

"Felizes os que têm fome e sede de justiça, porque serão saciados" (Mt 5,6). Tal desejo ardente nasce da sede e da fome. Justiça com amor ou como diz o papa Bento XVI, em sua encíclica *Caritas in Veritate* (a caridade na verdade). Esta sede é mais que a santidade ética ou o perdão dos pecados. Ter fome de justiça é um patrimônio e uma atitude de quem é eleito de Deus. É parte fundamental da fé bíblica e em especial no Evangelho de Mateus, em que surge sete vezes. Para o evangelista, justiça é caminhar na estrada do bem. É uma opção interior que apresenta consequências no modo de viver diante dos outros e no modo de organizar a vida pessoal e pública. Tal felicidade transforma os famintos em justos e os justos em famintos. Mesmo que viva bem e com justiça, eu não descansarei enquanto houver uma pessoa injustiçada no mundo

"Felizes os misericordiosos, porque alcançarão misericórdia" (Mt 5,7). Esta liga a segunda e a terceira. É a felicidade de quem possui compaixão de coração que é abertura essencial ao outro. Constitui-se um nome valioso para o amor que se faz entrega ao próximo e ao sofredor. É mais que uma virtude, é um nome de Deus. A misericórdia é filha d'Ele. Esse amor misericordioso não é raquítico nem efêmero. É abundante, generoso, forte, feliz, pleno e transbordante. Deus dá Deus. Como diz a bela melodia de padre Zezinho: "Por um pedaço de pão e um pouquinho de vinho, Deus se tornou refeição e se fez o caminho".

"Felizes os corações puros, porque verão a Deus" (Mt 5,8). A limpeza e a pureza de coração significam ter um coração sincero, sem ser dividido por paixões e vícios. Ser simples é tarefa árdua, pois exige retidão de consciência e coerência de vida. Exige ficar ao lado dos bons e dos simples. É buscar sempre estar na verdade. Puros são os transparentes, os iluminados, os generosos, os que lutam contra a cegueira. É preciso ser criança para ver a Deus. Quem não reconhece que o mundo está nas mãos de Deus, e não em suas mãos "perdeu uma vez mais aquela infância sem a qual não há acesso ao Reino (RATZINGER, Joseph. *El Dios de Jesucristo*. Salamanca: Sígueme, 1979, p. 69)". Na letra da Missa dos bem-aventurados, composta pela Irmã Míria T. Kolling, canta-se o seguinte refrão: "Os olhos jamais contemplaram, ninguém sabe explicar o que Deus tem preparado, àqueles que em vida o amar".

"Felizes os que agem em prol da paz, porque serão chamados filhos de Deus" (Mt 5,9). Quem são os construtores da paz? Quem são os pacificadores? São pessoas ativas, da paz inquieta, da luta discreta e do amor concreto. Não é paz covarde ou ausência de conflito, nem de cemitério ou subserviência. É uma luta criadora, que não se reduz à luta, mas à utopia. Que tem o humano como fim e não como meio. E as pessoas de paz são semeadoras de um mundo outro. Anunciam o fim de um velho mundo enquanto colaboram no parto de um novo modo de viver. Quem se torna semelhante a Deus pode de certo modo ver a Deus. Isso é possível com os olhos do coração.

"Felizes os perseguidos por causa da justiça, porque deles é o Reino dos Céus" (Mt 5,10). Esta é diferente das demais, embora as sete anteriores a iluminem, e ela às outras. Remete aos profetas; fala da cruz e da perseguição de quem fica ao lado de Jesus e defende os empobrecidos. É a felicidade da perseverança e da fidelidade. Significa a busca, a cada dia, da fortaleza em Deus. É uma vibrante exortação à obediência que é colocada em prática. Não é teoria, mas vida ativa. É dizer e fazer. Seguir Jesus é sempre um engajamento pessoal. Exige um sim convicto. Ser perseguido é um sinal dos cristãos. A perseguição por calúnia e por ser discípulo de Jesus. Sofrer por ser cristão é algo normal. Jesus viveu cada uma das oito felicidades e, por ser tão sincero e apaixonado pelo Reino de seu Pai, mostrou-nos o caminho da verdadeira alegria.

Toda vida cristã, pessoal ou social, deve ser penetrada do espírito das bem-aventuranças, sobretudo da pobreza evangélica (cf. GS 72). Se nossa vida terrestre é provisória, saibamos que as alegrias de Deus são eternas. Como escreveu Teresa de Lisieux à irmã Léonie: "A única felicidade na Terra é aplicar-se em achar deliciosa a parte que Jesus nos dá". Ao final da vida, ela revelou: "Estou com um apetite que vale por minha vida inteira; parece que estou morrendo de fome. É inacreditável! Agora que não posso mais comer, tenho vontade de comer todo tipo de coisas gostosas: frango, costeleta, arroz e atum" (12 e 31 de agosto de 1897). Essa menina-mulher não quis ser santa pela metade, mostrando-nos que devemos desejar a felicidade completa, não apenas uma parte dela. Em resumo, devemos degustar da felicidade plena, saborosamente apresentada nas bem-aventuranças de Jesus segundo São Mateus.

5
As tentações de Jesus ontem e hoje

Os evangelhos sinóticos (Marcos, Mateus e Lucas) contam-nos que, após o batismo de Jesus realizado por João Batista às margens do Rio Jordão, o Nazareno foi movido e impulsionado pelo Espírito para o meio do Deserto de Judá, distanciando-se do Jordão. Foi para o meio do nada e, nesse lugar de mortes reais, ser tentado e verificado em suas opções primordiais. Essa seria a primeira de muitas provas de fogo do profeta, na escolha livre de um caminho libertador e na escolha da mensagem sapiencial para dirigir ao povo de Israel. Sob aquele sol escaldante do deserto, jejua deliberadamente por um largo tempo (simbolicamente quarenta dias), sem nada comer ou beber, sem familiares ou companheiros, em completa solidão. Jesus precisa tomar decisões nucleares para fazer florescer o projeto de Deus, que aconteceria por meio da graça e da força do Espírito de Deus. Os evangelistas Mateus (cf. Mt 4,1-11) e Lucas (cf. Lc 4,1-13) apresentarão de forma dramática a experiência de Jesus em sua luta contra três tentações. Usando do gênero literário de um tentador externo à pessoa tentada, veremos com clareza como e a quem Jesus se manteve fiel, sem deixar-se contaminar pela imundície do mal.

A primeira cena é apresentada pelo demônio tentador, que diz: "Se és Filho de Deus, ordena que estas pedras se tornem pão" (Mt 4,3; Lc 4,3). A resposta clara e contundente de Jesus contra soluções simplistas e mágicas é retirada do Livro do Deuteronômio: "O humano não vive somente de pão, mas de toda palavra que sai da boca de Deus" (Dt 8,3b). Para vencer o diabo, que quer magia, simulação, distração e mentira, Jesus apresenta a tradição mais antiga do código de Moisés: viver movido pelo sopro de Deus, acreditar na Palavra do Deus vivo e verdadeiro, partilhar no deserto, acreditar na solidariedade, ficar ao lado dos migrantes, dos pobres, das crianças, dos novos refugiados urbanos que vivem desprezados nas ruas de todas as cidades do mundo como cidadãos apátridas e sem direitos a nada: nem pão, nem casa, nem água. Jesus escolhe a graça de Deus e se nega a banalizar a vida e a pobreza. Ele rejeita o simplismo e a ausência de pensamento que geram a pior das maldades que é a banalidade do mal, que, como nos mostrou a filósofa Hannah Arendt (1906-1975), é um novo tipo de crime que pode atingir pessoas comuns que gritam por ética e moral, mas praticam o mal em seu cotidiano e não enxergam os irmãos caídos nas próprias portas e bairros. Executam ordens superiores ou agem como marionetes de grandes grupos ideológicos, sentindo-se defensoras da moral dos bons em luta contra os maus. São esses maniqueístas que tantas vezes fazem o mal ou ficam comodamente sentados em seus sofás sem nada fazer. Querem o pão nosso de cada dia só em suas mesas e abominam na prática a oração do "Pão nosso de cada dia" na mesa de todos. O diabo fala em pão vindo das pedras, mas quer reduzir Jesus a um objeto e escravo das coisas. O pão é fruto do trabalho e deve ser ofertado a todos como algo de Deus. Antes do pão, ouvir a Palavra de Deus, que é o segredo e fonte de todo existir humano. Saber que somos pó não é um reducionismo, mas sim um privilégio e uma revelação. Somos pó divino, argila moldada nas mãos do Criador. Não somos só uma pedra ou comedores insaciáveis de pães; somos filhos amados do Pai de Jesus. Jesus não acredita que dinheiro, mercadorias, coisas emancipem e libertem o humano. Sabe que a alegria e a verdade estão em outro lugar e em outros valores. São os amigos os que, de fato, nos enriquecem, é a família que enobrece, são justiça e amor àqueles que constroem tesouros e é, sobretudo, o ouvir a palavra divina que nos sustenta na hora da dor e da morte. Será sempre possível negar o mal e indignar-se contra os maldosos e a mentira. Sempre é possível deixar-se guiar por Deus e seus anjos e não por satanás e os espíritos impuros. "Embora sabendo-se como o ser humano pode ceder à violência extrema, o que deve ser posto em relevo é a resistência a essa tentação, como mostra o respeito que temos por todos(as) os(as) 'Justos(as)', por todas as Sophie Scholl e todos os Aristides de Sousa Mendes, que se recusaram a obedecer a ordens que implicavam o abandono dos mais vulneráveis a um destino que, por vezes, já se sabia ser um destino de morte. Sabemos que entre a gravidade e a graça (Simone Weil), houve os(as) que, em circunstâncias difíceis, escolheram a graça. É a sua não banalidade que nunca devemos deixar de sublinhar"[78].

Na segunda cena, no alto do Templo de Jerusalém, dirá o diabo: "Se és Filho de Deus, atira-te para baixo, pois está escrito: 'Ele dará ordens a seus anjos a teu respeito, e eles te

---

78. SANTOS, L.F. *Hannah Arendt*: a não banalidade do bem [Disponível em http://www.publico.pt/mundo/noticia/hannah-arendt-a-naobanalidade-do-bem-1613762 – Acesso em abr./2015].

levarão nas mãos, para que teu pé não tropece em nenhuma pedra'" (Mt 4,6; Lc 4,9b). A resposta clara e contundente de Jesus contra obrigar Deus a ser marionete ou "tapa-buracos" foi retirada do Livro do Deuteronômio: "Não tentarás ao Senhor, teu Deus" (Dt 6,16). Não se pode pôr Deus à prova, como se fosse um brinquedo ou objeto. Tentar-lhe é grave pecado daqueles que querem ocupar seu lugar. Expulsam Deus para tornarem-se ídolos e ditadores. Usam da religião para dominar, alienar, obscurecer a visão e criar pessoas neuróticas ou drogadas. Usam da política de forma individualista e imoral. Tentam a Deus falando em seu nome. Falam do bem, mas impõem o mal e a mentira. Foi assim que os dois maiores totalitarismos se expandiram no século XX: o nazifascismo e o stalinismo soviético. Um como ideologia da direita e outro de grupos de esquerda, ambos apresentando projetos de super--humanos, mas radicalmente negando a liberdade pessoal. Esmagavam os sujeitos para construir Estados totalitários. Usavam métodos similares, produzindo males destruidores de milhões de pessoas e povos, enquanto mentiam abusando de palavras como liberdade, democracia, moralidade, verdade, bem, felicidade e utopia. O autor búlgaro-francês Tzevtán Todorov (1939-2017) desnudou essa memória do mal e a tentação do bem criticando duramente aqueles que quiseram decidir a vida de todos sem ouvir as vozes plurais de nossas sociedades e cidades. Não se pode vender ou usar da liberdade humana para qualquer projeto político, econômico ou religioso sem que cada pessoa em sociedade pense e decida com autonomia e decisão. Não é por que se vestem com roupas vistosas e luminosas que o corpo real das democracias modernas seja de fato democrático. Há muito ouro de tolo. Há mais simulacro do que verdade. Há muitos discursos do bem, ditos por pessoas diabólicas. É preciso separar o joio do trigo. Muitos se deixam seduzir por esse canto de sereia que, ao final, destrói aquilo que diz construir. Aquilo que é feito sobre a areia desmorona. Ficar contra Deus ou querer abusar d'Ele é sempre uma decisão que afetará e fará sofrer ao próprio ser humano. Deus não é adversário, mas companheiro de nossa jornada. Todorov convida-nos a resistir ao mal sem sucumbir à tentação do bem. A permanecer humanos no meio da tormenta. A fazer coisas simples para cada pessoa, independentemente de ideologias. Aquele bem imposto que acaba tornando-se um mal maior. Sentimentos como bem e amor se propõem, não se impõem. Pregar o pluralismo é vivê-lo diariamente pelo respeito ao outro e no diálogo como estilo de vida. Nem vitimizações, nem heróis, nem sacerdotes puros. Superar todos os maniqueísmos pela vivência livre e o reconhecimento do outro que me interpela e questiona. Não segregar, mas incluir e ouvir o divergente. Como cristãos, viver em Deus e no amor misericordioso sem recompensas e conscientes de nossa fragilidade. Compreender a grandeza e a miséria do humano, eis a questão do momento. Não há guerras humanitárias, nem bombardeios cirúrgicos, nem higienização que seja ética. Punir os pobres, os negros, as crianças, os indígenas não é justiça nem democracia, mas sinais de vingança e de uma ditadura em gestação. Anos de imperialismos têm feito surgir milhares de células terroristas como ovos da própria serpente. A espiral da violência não será vencida com mais violência e armas. Assistimos a isso claramente na Síria, na Faixa de Gaza e, sobretudo, na aniquilação do povo Somali, que vive submetido aos grupos paramilitares financiados por russos, árabes e norte-americanos. Esses são os novos espíritos impuros da prepotência, da morte e da negação da vida. Resistir a sua ideologia e a seu poder é muito difícil e duro, pagando-se caro ao enfrentar tal idolatria. Perguntava-se Todorov: "Estaremos nós ameaçados, em um futuro previsível, pelo retorno de um mundo totalitário, ou mesmo só de seu espírito?"[79]

Na terceira cena, na mais alta das montanhas, proporá satanás: "Tudo isso eu te darei, se de joelhos me adorares" (Mt 4,9; Lc 4,7). A resposta clara e contundente de Jesus será a de expulsá-lo, recordando novamente do texto do Livro do Deuteronômio: "Adore o Senhor teu Deus, e somente a ele preste culto" (Dt 6,13). Jesus recusa cultuar e submeter-se ao demônio, porque é Filho do Deus vivo e verdadeiro, a quem ama como seu Senhor e Pai. Recusa a ajoelhar-se como seus antepassados o fizeram no deserto. Assume a causa da justiça e o amor aos pobres como eixo da Boa-Nova de Deus. Enfrenta na tríplice tentação as forças contrárias à vontade divina. Confronta as forças econômicas da exploração e da miséria. Desnuda as forças políticas da opressão e da mentira. E, enfim, decifra o discurso ideológico da alienação. Jesus enfrenta o diabo no campo psíquico sem cair na depressão ou na ansiedade doentias. Enfrenta o demônio na ordem social, evitando a cegueira moral e a insensibilidade com as outras pessoas. Enfrenta satanás retirando dele seu poder mentiroso e sedutor, fazendo-o beber do próprio veneno, ou, como Jesus diz, afogando-o com a mó. O cálice de Cristo é o cálice do amor, não do ódio. Sua vida é feita de entregas, sem magia ou manipulações religiosas. Jesus fica ao lado das vítimas e faz justiça "no" e "pelo" amor. Assim dirá o teólogo Adolphé Gesché (1928-2003): "O mal não escapa de Deus. Este não cessa

---

79. TODOROV, T. *Mémoire du bien, tentation du mal*. Paris: Robert Laffont, 2000, p. 333.

de lutar e combater o mal, mas a luta é longa, porque é verdade que Deus deve e quer contar com nossa liberdade, que não pode suprimir como se fosse um faquir qualquer ou um mágico amador de fantoches e marionetes"[80]. O demônio quer que acreditemos que o caminho para o bem passa pelo pecado e pela exploração dos demais seres humanos. O diabo quer que pisemos uns nos outros para subirmos na vida. É exatamente isto que nos faz o maior dos males: desumaniza-nos e nos afasta de nossa meta, que é a de amar e ser amado. O mal existe como excesso no demônio e como defeito no humano. É preciso combater com vigor a cada dia.

Saindo da região desértica da Judeia, Jesus voltará diferente e plenamente convicto para fazer seu caminho como pregador ambulante. Em meio a espinhos, serpentes, jejum e areia, brota a esperança de sua missão evangelizadora. Do alto do monte das tentações, perto de Jericó, abre-se um novo horizonte de vida. O deserto sempre foi paradoxal: lugar de demônios e local de peregrinação rumo à liberdade da Terra Prometida. Era memória e esperança. Aqui temos um belo resumo simbólico e teológico do projeto de Jesus, que se assume como servo de Javé. Não mais uma vida cômoda, segura e plena de benesses, mas repleta de riscos e sofrimentos ao lado dos sofridos, perseguidos, sem-terra, sem casa, doentes e desprezados pelos judeus e pelos romanos. Jesus dirá um não retumbante ao deus-dinheiro, ao deus-poder e ao deus-ídolo.

As três respostas de Jesus são memória ativa do que o povo viveu no deserto depois de séculos de escravidão em terras egípcias. Sua fidelidade renova a fidelidade do povo de

---

80. GESCHÉ, A. *O mal*. Vol. 1. São Paulo: Paulinas, 2003, p. 169 [Deus para Pensar].

Israel, consagrado ao único Deus e Senhor. O povo sempre pode cair nas tentações da desconfiança, da acumulação e da prepotência. Jesus manteve-se fiel e não foi seduzido por Lúcifer, preservando seu caso de amor com Deus, sem dividir seu coração com falsos deuses. Sua história pessoal identifica-se com a história profética de seu povo, iluminando os passos de sua consagração batismal como serviço à vida, à verdade e aos pequenos. Continuamos em novos desertos enfrentando novos demônios acompanhados do Espírito de Jesus para não esmorecer e para manter nossa fidelidade. A recompensa é uma vida simples e feliz, como a vida de uma família unida. Se obedecermos a satanás, entretanto, sofreremos muito. Como diz Santo Antônio de Lisboa e Pádua (1195-1231) em seu sermão na festa da Cátedra de São Pedro: "Toda a sabedoria e prudência deste mundo é alimentar a carne e amontoar pedras, dinheiro. Essas pedras servir-lhes-ão para serem apedrejados no dia do juízo"[81]. Diante do tentador, precisaremos fazer opções e decidir se queremos viver o Evangelho de Cristo ou não. Os que querem só poder, dinheiro e prepotência já fizeram a escolha diabólica. Os humildes sofreram as humilhações no caminho da justiça e celebrarão a Páscoa a cada amanhecer, na partilha e na amizade. Para essa batalha épica da vida, será sempre bom jejuar e guardar um tempo de oração no deserto. Ser cristão não é exigir privilégios, mas viver obediente a Deus e a seu projeto. Viver assim como Jesus, tentado, mas não vencido. Derrotado pelo amor, nunca pelo ódio ou pela sujeira do demônio.

---

81. SANTO ANTÔNIO DE PÁDUA. *Obras completas* – Sermões dominicais e festivos. Vol. 2. Porto: Lello e Irmão, 1987, p. 781 [Intr., trad. e notas de Henrique Pinto Rema].

6
A fé, o sal e a identidade cristã

Em nossos dias, muito se tem escrito e falado sobre a fé e a identidade cristãs. Qual seria o testemunho que queremos dar de maneira suave e clara? Não mais a imposição do passado sem resultados nem eficácia, nem o comodismo e a inércia do presente. Uma fé proposta e uma identidade assumida como sal. Esse foi o pedido de Jesus, proclamado logo depois das bem-aventuranças, para todas as pessoas que quisessem ser porta-vozes do Evangelho: "Vós sois o sal para a humanidade; mas, se o sal perde o gosto, deixa de ser sal e não serve para mais nada. É jogado fora e pisado pelas pessoas que passam" (Mt 5,13).

Que sal é esse de que necessitamos tanto em nossos dias? Que "cloreto de sódio mesclado com iodato de potássio" precisamos para salgar e conservar nossas vidas diante da corrosão de valores e de identidades verdadeiras? Certamente um sal que não torne os cristãos insossos e insípidos. Obviamente, se salgados ao extremo, poderemos esterilizar terrenos, culturas e futuros, tal como o faziam os romanos depois de dominar uma cidade, salgando a terra em demasia para destruí-la. Nossa missão cristã, ao contrário da prática autoritária e destrutiva dos impérios, é de servir a Deus e iluminar o mundo na busca da paz. Nós, cristãos, cremos que "a Palavra de Deus convida o homem à fé. Ato original, a fé está também em profunda consonância com o dinamismo humano. Nela, o crente tem uma luz radical, com a qual interpreta o sentido profundo de sua existência"[82].

Uma pitada a cada dia

Necessitamos de sal bom na medida certa. Precisamos hoje de sal iodado para impedir novas doenças endêmicas e a "queda de pressão e tonturas" em nossas comunidades. Uma dose diária pequenina é suficiente para viver bem e saudável. Bastam seis a oito gramas por dia, duas pitadas, para manter o equilíbrio do corpo, isto é, para o balanço ideal dos nutrientes em cada uma das bilhões de células do organismo. O cristão transforma-se em sal quando ele mesmo vive sua fé pessoal de forma integral. É alguém que crê no que professa e confessa o que crê. Essa virtude purificadora do sal começa pelo próprio cristão antes que fale, julgue ou comente o que outros fazem ou dizem. Não há identidade sem inserção na história humana. Não pode um cristão viver segregado ou isolado. Identidade é um processo de salgar toda a vida pessoal e comunitária. Perder-se para salvar a vida.

Assim o cristão, que é sal, oferece-se como um condimento essencial e fisiologicamente necessário para a vida de seus amigos e companheiros de jornada. Ele deve assumir, sem arrogância, uma vida sábia para que pelo Batismo possa consagrá-lo como um agente catalisador de comunhão e de gosto na vida social e comunitária. Tal como o sal é a reação de um ácido com uma base, o cristão deve agir de forma a realizar o

---

82. Missão da Universidade Católica na América Latina (Seminário de Buga). In: CELAM. *Os cristãos na universidade*. Petrópolis: Vozes, 1968, p. 14.

equilíbrio entre as pessoas e "cristalizar" uma vida duradoura e estável, em que não ocorram o amargor e a amargura de situações sem horizonte, criando desespero e depressão. E, ao mergulhar no mar da vida, estes se dissolvem para atingir o coração e a vida de todos. Atingem cada molécula de forma atômica e profunda e, embora não sejamos capazes de ver, podemos saborear e degustar. Transformam-se em alma do mundo metidos tão densamente no mundo sem ser do mundo. É um paradoxo incrível, mas fundamental para realizar o Evangelho de Cristo no mundo e para a vida e não a fuga do mundo. Sem separar-se nem perder sua identidade, oferecem-na para fecundar e tornar incorruptível tudo o que tenderia à morte e ao fracasso. Lembremos que, para os povos semitas, consumir juntos pão e sal significa selar uma amizade indestrutível. Esse é o papel atual que se pede aos cristãos na vida civil, social e política de nossas cidades e nossos países.

Cidadãos e estrangeiros na própria pátria

Assim lemos, na joia da literatura cristã da Igreja primitiva, a *Carta a Diogneto* (escrita provavelmente por Quadrato para Adriano, por volta do ano 120 da Era Cristã, na cidade de Atenas). Nela se define a identidade do cristão nestes termos: "Os cristãos, de fato, não se distinguem dos outros homens, nem por sua terra, nem por sua língua ou costumes. Com efeito, não moram em cidades próprias, nem falam língua estranha, nem têm algum modo especial de viver. Sua doutrina não foi inventada por eles, graças ao talento e à especulação de homens curiosos, nem professam, como outros, algum ensinamento humano. Ao contrário, vivendo em cidades gregas e bárbaras, conforme a sorte de cada um, e adaptando-se aos costumes do lugar quanto à roupa, ao alimento e ao resto, testemunham um modo de vida social admirável e, sem dúvida, paradoxal. Vivem em sua pátria, mas como forasteiros; participam de tudo cristãos e suportam tudo como estrangeiros. Toda pátria estrangeira é pátria deles, e cada pátria é estrangeira. Casam-se como todos e geram filhos, mas não abandonam os recém-nascidos. Põem a mesa em comum, mas não o leito; estão na carne, mas não vivem segundo a carne; moram na terra, mas têm sua cidadania no céu; obedecem às leis estabelecidas, mas com sua vida ultrapassam as leis; amam a todos e são perseguidos por todos; são desconhecidos e, apesar disso, condenados; são mortos e, desse modo, lhes é dada a vida; são pobres, e enriquecem a muitos; carecem de tudo e têm abundância de tudo; são desprezados e, no desprezo, tornam-se glorificados; são amaldiçoados e, depois, proclamados justos; são injuriados e bendizem; são maltratados e honram; fazem o bem e são punidos como malfeitores; são condenados e se alegram como se recebessem a vida"[83].

Viver uma fé adulta é algo exigente. Por experiência e revelação, sabemos que Deus e a humanidade estão ligados entre si. Como diz Jean Delumeau: "Se se mata o primeiro, o segundo está votado à mesma sorte, por falta de quem o defenda. Ao menos para os cristãos, Deus se fez (através da Encarnação) solidário ao homem, e o homem se tornou sagrado: promoção que confere a seu beneficiário um estado de dignidade singular"[84]. O sal do cristão deve ser o catalisador que une o humano ao divino pela experiência pessoal da fé e pela celebração comunitária da Palavra e da Eucaristia.

---

83. *As razões da minha fé*. São Paulo: Loyola, 1991, p. 28s.
84. *Padres apologistas* – Carta a Diogneto. São Paulo: Paulus, 1995, n. 5, p. 22-23.

Assim como se extrai o sal da água marinha pela evaporação, podemos fazer emergir o melhor da humanidade pela imersão do cristão na vida cultural de seu povo. O empenho pessoal de viver mergulhado entre os seus para dar sabor à vida é um elemento essencial da identidade cristã. Mergulhar para salgar. Misturar para transformar o todo. Assim uma pitada dá sabor a toda uma panela, tal qual a mãe faz a comida para seus filhos. "Crer, para um cristão, significa ter empenhado sua existência sobre a fé em Deus. Seu comportamento é dirigido a um tempo pelos laços com a sociedade em que vive e pelos laços com Cristo. Sabe que Jesus se solidarizou com cada um dos homens e que o que realiza com os mais humildes é com o próprio Jesus que o faz. Esse amor a outrem é a garantia do amor que o cristão tem a Deus: 'O que não ama a seu irmão que vê, como é que vai amar a Deus a quem não vê?', diz São João. Ele chega até ao perdão das ofensas e à benevolência para com os inimigos: 'Se perdoais aos homens as suas ofensas, vosso Pai celeste também vos perdoará, mas se não perdoais aos homens, vosso Pai também vos não perdoará vossas faltas', especificou Jesus no Evangelho"[85].

Pessoas de caráter e alegria interior
Essa ação do cristão se faz com realismo e prudência, sem exageros e com discernimento exercitado na prática diária e na vida de oração. O cristão sabe que o Espírito de Deus age e pela graça transforma cada pessoa, pois ele, como seguidor de Jesus, já experimentou essa transformação. Por isso, crê

---

85. IGREJA CATÓLICA/Secretariado para os não cristãos. *A esperança que está em nós* – Breve apresentação da fé católica. Petrópolis: Vozes, 1969, n. 33, p. 68s. [Trad. Ephraim Ferreira Alves].

e vive de modo distinto. "Com relação a si mesmo, o cristão comporta-se com realismo, é humilde e sóbrio; humilde porque sabe os limites e a fraqueza do homem: tudo lhe foi dado gratuitamente por Deus, recorre a Ele continuamente por causas de suas insuficiências e faltas, para pedir-lhe força e perdão; sóbrio, isto é, senhor de seu corpo, de sua sensibilidade e sensualidade, pois sabe que está latente nele a desordem e é tentado a gozar descontroladamente dos bens do mundo. Está, portanto, vigilante para se tornar na medida do possível homem perfeito, a exemplo de Cristo. Luta contra a cupidez e a inveja, ainda que interiores, prática abstinências e com jejuns se obriga à generosidade, a fim de ser mais dócil ao impulso interior do Espírito Santo, a uma vida de oração e amor"[86].

O cristão sabe que deve cumprir um papel de evangelizador e anunciador de valores, esperanças e alegrias que carrega no coração. Tem o dever de testemunhar aquilo que crê. Também deve cumprir a obrigação de sua identidade como um operário do diálogo. Precisamos ser cristãos e viver a fé de forma espontânea e transparente. Isso requer uma mentalidade aberta e suave. Não podemos cair na tentação de uniformizar, de enquadrar aquilo que Deus quis diverso e complementar. Cada pessoa deve nos revelar Jesus Cristo. Cada ser humano possui, inscrito em seu coração, o plano de Deus para ele e para aqueles que o conhecem. Procura ser justo e honesto, na vida pública e no mundo privado. Procura não ser incoerente, nem esquizofrênico. "Como homem privado, é honesto até nos mínimos detalhes. É fiel às sagradas leis da família, honrando os pais, respeitando o cônjuge como seu igual, e educando os filhos a quem tem o dever de fazer homens livres;

---

86. Ibid., n. 34.

cidadão, cumpre seus deveres sociais, 'dando a César o que é de César', conforme a ordem de Cristo. Foge da violência e trabalha em harmonia com todos; respeita o direito alheio, particularmente o da liberdade de consciência"[87]. O sal do cristão precisa ser sal de sabedoria. Assim se torna sal da terra e salário para a vida de cada dia de todos os que fazem um mundo mais humano e mais justo. "O cristão não é ocioso. Dizia São Paulo: 'Aquele que não trabalha não coma'. O cristão reconhece no trabalho a colaboração do homem com Deus, o meio de se realizar e ser útil à comunidade humana. Dedicando-se a ele, responde pessoalmente à vontade divina sobre a criação. Capacidade e integridade profissionais constituem, portanto, para ele preliminares a qualquer outra busca de perfeição"[88].

O sal do cristão pede que participe de alegrias e tristezas, angústias e esperanças de seu povo. "O cristão não é um isolado no meio dos homens, mas como o sarmento de uma vinha ou o membro de um corpo. Sabe que está integrado na Igreja, comunidade viva dos cristãos, e associa-se publicamente à sua vida. Participa de suas festas, tempos fortes de alegria ou de penitência, para dar testemunho da fé e exprimir a solidariedade para com os irmãos. Em particular toma parte na celebração eucarística – dever de participar da missa –, em que se une espiritualmente ao sacrifício de Cristo com toda a comunidade, tendo feito as pazes com todos"[89].

O sal do cristão é proativo e consistente. "Perdão e paz não querem dizer inércia; pelo contrário, conhece o dever de ser promotor da justiça social, da paz e liberdade, pois

---

87. Ibid., n. 35.
88. Ibid., n. 36.
89. Ibid., n. 37.

a humanidade deve aperfeiçoar-se e crescer até atingir sua dimensão perfeita conhecida por Deus. Em uma sociedade obscurecida pela injustiça e pela hipocrisia, ele opõe-se a toda forma de exploração, de vexame e de preconceito, empenhando a própria pessoa na promoção do próximo. Trabalhar pela promoção humana é para o cristão um fim que tem seu valor intrínseco e persegue de acordo com muitos outros homens de crenças diferentes. Mas não pode ele contentar-se com esse esforço de humanização, pois é membro da Igreja, cuja missão é anunciar a todos os homens que Deus os ama e lhes enviou seu Filho Jesus Cristo para fazê-los conhecer seu amor"[90].

Podemos dizer que o cristão é e deve ser sincero, leal. Alguém de gestos generosos de amor e bondade, que procura viver a serenidade e paz interiores, que procede da vida mística e de um contato direto com Deus. O verdadeiro cristão luta com todas suas forças contra o sofrimento e tenta aliviá-lo com os recursos da ciência e da tecnologia disponíveis, sem ferir os preceitos éticos fundamentais. Quer ser humano plenamente e defender a vida e toda a vida, da concepção até a morte natural. E evitar caminhos vazios e nocivos. E chamar de ciência somente aqueles "conhecimentos que geram, nutrem, defendem e fortalecem a fé soberanamente salutar, a qual conduz o homem à verdadeira felicidade"[91]. Esse ato de inteligência pessoal se converte em ato de fé, com sabor de Deus, para a plena liberdade expressa na verdade.

---

90. Ibid., n. 38.

91. SANTO AGOSTINHO. *A Trindade*. Livro XIV. São Paulo: Paulus, 1994, p. 439 [Trad. Frei Augustino Belmonte].

7
A insustentável leveza da mística

Um romance do tcheco Milan Kundera (1929-) contém uma bela reflexão sobre a vida e seus enigmas: "As perguntas realmente sérias são aquelas – e somente aquelas – que uma criança pode formular. Só as perguntas mais ingênuas são realmente perguntas sérias. São as interrogações para as quais não existe resposta"[92]. Os personagens da referida obra vivem o drama humano dos conflitos entre o amor ideal e o amor real. O autor descreve a tensão permanente entre a leveza da liberdade, cujo preço é a perda do sentido vital, e o comprometimento com alguém que é a âncora que finca e estabiliza o viver, mas parece aprisionar as existências concretas. Os cristãos pretendem apresentar a novidade entre o paradoxo da liberdade e do compromisso. Querem oferecer uma visão que conecte os dois amores tensionados, ao relacionar liberdade e sentido, naquilo que é a mística. Essa experiência da alma é algo tão misterioso que só mesmo as crianças compreendem ainda que com perguntas insolúveis: Por que é assim? Quem fez isso? Para que serve? Por que você está triste?

---

92. KUNDERA, M. *A insustentável leveza do ser*. São Paulo: Companhia das Letras, 2008, p. 129.

Esse é o caminho enigmático que a mística cristã pretende abrir como uma janela para viver a eternidade no agora, juntar o céu à terra e elevar a terra ao infinito. Parece loucura, mas é possível!

Falar de mística usando o vocabulário de Jesus é referir-se ao desejo fundamental de se unir a Deus. Entretanto, muitos creem que a mística é um tipo de conduta passional que não deve ser racionalizado. Algo que iluminados podem viver e só por pouco tempo. Haveria uma mística do esporte, das artes, do viver serenamente cantada na poesia e inexistente no real. Algo sublime e fugaz, que os anjos podem experimentar. Deve existir, mas ninguém experimentou de verdade.

Na origem, a palavra *mustikos*, em grego, quer significar 'aquilo que em uma religião, diz respeito aos ritos secretos reservados aos iniciados'. Esta concepção original foi cambiando na história até desaparecer em pleno século XIX, quando se dizia que a mística seria um tipo de loucura ou patologia religiosa, expressão da angústia profunda no viver das pessoas atormentadas.

A leveza dos místicos

A hierarquia católica sempre teve dificuldades de entender, apoiar e recomendar a santidade de muitos de seus integrantes que viveram experiências místicas pessoais. Os fenômenos místicos foram constantemente recusados nos processos de canonização e beatificação. A dificuldade nascia da própria incapacidade de definir: o que é a mística? O que experimentam os místicos? Pode-se dizer que mística é a expressão de uma experiência, instantânea ou não, da unidade-comunhão-presença com o desconhecido (sobrenatural, Deus, transcendente). Essa experiência vivida como interior e imediata só pode se exprimir pela linguagem narrativa marcada pela metáfora e por sinais que precisam ser interpretados. A experiência mística corresponde ao desejo profundo de união (fusão) com um Deus pessoal. Entre os cristãos, essa experiência se inscreve no Ocidente pela tomada de consciência da autonomia das pessoas como sujeitos.

Sabemos que Abraão, Moisés, Míriam, Oseias, Jeremias, Elias, Eliseu, Isaías, João Batista, Maria de Nazaré, Maria Madalena e tantos profetas e sábios do povo judeu viveram momentos místicos. Conhecemos também como o Evangelho mostra Jesus vivendo uma relação íntima com o seu Pai Eterno. O próprio Apóstolo Paulo narra em suas cartas alguns momentos discretos da comunhão pessoal com o Cristo Ressuscitado e as marcas disso em seu corpo. E conta como a experiência de Deus muda a vida de quem se torna amigo de Deus. Na caminhada bimilenar das comunidades cristãs, emergiram de muitas culturas pessoas místicas que nos ajudam a experimentar Deus. Místicos e místicas imprescindíveis, leves e humildes diante do Deus que amam apaixonadamente. Destaque especial para Domingos de Gusmão (1170-1221) e Teresa de Ávila (1515-1582). Muitos legaram o tesouro de seus mapas místicos tal qual o fez São João da Cruz (1542-1591), por meio da metáfora da "noite escura da alma". Ele fala de uma noite ativa e de uma noite passiva dos sentidos. Apresenta a síntese da noite-renascimento que destrói o egoísmo para fazer aparecer o ser transparente e livre, o humano leve e sereno, capaz de acolher a luz de Deus. Essa luz se manifesta inclusive nas trevas luminosas e nos momentos de êxtase vividos no amor e na dor humanas. Conhecemos a Deus pelo caminho do desconhecido. Assim que nos fazemos pequeninos ou crianças, fazemos as perguntas mais importantes e que decifram os enigmas mais secretos. Questionamentos que ficam sem respostas, mas que abrem janelas no céu. É preciso recordar alguns nomes marcantes: os poetas Ângelo Silésio (c. 1624-1677) e Friedrich Von Hardenberg Novalis (1772-1801); visionários tais quais Hildegarda de Bingen (1098-1179), Joaquim de Fiore (1135-1202), Mestre Eckhart (Eckhart von Hochheim, 1260-1327), Mestre Tauler (Johannes Tauler, 1300-1361), Jan van Ruysbroeck (c. 1293-1381), Hadewijch de Antuérpia (1200-1248), Beatriz de Nazaré (1200-1268); e santos mendicantes como Tomás de Aquino (1225-1274), Boaventura de Bagnoregio (1221-1274) e seu discípulo Raimundo Lúlio (1232-1316). O livro de Lúlio, joia primeira da língua catalã, conhecido como *Livro do amigo e do amado*[93], revela um caminho místico de forma organizada. Há uma progressão pedagógica que permite ao cristão contemplar as virtudes divinas para achegar-se à encarnação de Deus, centro da meditação espiritual.

O autor encontra o Amado na memória, na inteligência e no próprio amor. Assim retomando os segredos do místico Santo Agostinho de Hipona (354-430), o franciscano Raimundo apresenta o caminho alegre para viver e conhecer Deus. "A contemplação de Raimundo Lúlio é essencialmente prática. O que ele quer é abrasar de amor as almas e as conduzir ao sacrifício de suas vidas para propagar a fé no Amado. O místico para Lúlio está condenado a uma morte por amor"[94].

O primeiro grande teólogo antigo da Igreja a falar e refletir sobre a mística ficou conhecido como Pseudo-Denis, um filó-

---

93. LULIO, R. *Livro do amigo e do amado*. São Paulo: Loyola, 1989 [Trad. Esteve Jaulent].

94. DAVY, M.-M. *Encyclopédie des Mystiques*. Vol. II. Paris: Payot/Rivages, 1996, p. 184.

sofo grego que, por volta dos anos 500 da Era Cristã, ensaiava uma síntese entre o pensamento platônico e a fé cristã. Seu projeto era o de descrever o caminho espiritual que conduz a pessoa humana para a unidade em Deus. Para ele, é preciso percorrer três etapas nessa estrada mística. A primeira é a da purgação, na qual cada cristão se reconheça como um pecador chamado à conversão. A segunda é a iluminação, como abertura para a revelação e conhecimento de Deus na vida pessoal e comunitária, e, enfim, a terceira etapa, que é a união, como se fora as núpcias entre a alma pessoal e o próprio Deus. Essa maneira de conceber a mística cristã pode nos ajudar a compreender e decifrar a quase totalidade dos místicos e santos cristãos.

Há de se recordar os místicos do diálogo entre culturas. São verdadeiros pontífices do Evangelho que penetraram o coração de outros povos sem impor sua cultura e modo de vida. Vale destacar Roberto de Nobili (1577-1656), na Índia; Mateo Ricci (1552-1610), na China; Alessandro Valignano (1539-1606), no Japão; António de Montesinos (1475-1540) e Bartolomé de las Casas (1474-1566), entre os povos das Américas, e recentemente para os dois mártires do século XX, o beato Charles de Foucault (1858-1916), entre os tuaregues no deserto do Sahara, e o irmão jesuíta Vicente Cañas (1939-1987), entre os povos indígenas Enawenê-Nawê e Miki, no Mato Grosso.

Vale lembrar, entretanto, que há outra linhagem de místicos que busca outra forma radical de união com Deus. São aqueles conhecidos como estigmatas ou pessoas marcadas no corpo com os sinais da união ao sofrimento e às angústias de Cristo. Alguns com marcas visíveis e sangrentas e outros por doenças vividas como entrega completa de amor. Vivem a união-comunhão-presença do amor de Cristo buscando identificar-se à sua Paixão concreta em sua carne personalizada. Recordemos os santos como Francisco de Assis (1182-1226), Teresa de Lisieux (1873-1897), padre Pio de Pietrelcina (1887-1968), Rita de Cássia (1381-1457), Catarina de Sena (1347-1380), Maria de León Bello y Delgado (1643-1731), Verônica Giuliani (1660-1727), Anna Catarina Emmerich (1774-1824), Faustina Kowalska (1905-1938), Gema Galgani (1878-1903) e Elisabeth Catez Rolland (1880-1906), reconhecida pelo papa Francisco (1936-) como Santa Elisabete da Trindade. É dela a prece sublime à Trindade Santa, fonte e plenitude do mistério divino, composta em 1904. Diz, suavemente:

"Ó meu Deus, Trindade que adoro, ajudai-me a esquecer-me inteiramente para me estabelecer em Vós, imóvel e pacífica, como se minha alma já estivera na eternidade; que nada me possa perturbar a paz nem arrancar-me de Vós, ó meu Imutável, mas que cada minuto me transporte mais profundamente em Vosso Mistério! Pacificai minha alma; fazei dela o Vosso Céu, Vossa morada querida e o lugar de Vosso repouso; que eu não Vos deixe jamais só; mas fique toda inteira Convosco, toda atenta em minha fé, em atitude de adoração e entregue inteiramente a Vossa ação criadora. Ó meu Cristo amado, crucificado por amor, quanto desejaria ser uma esposa para Vosso coração; quanto desejaria cobrir-vos de glória, quanto desejaria amar-vos... Até morrer!... Mas sinto minha impotência e, por isso, peço-vos revesti-me de Vós mesmo, identificai minha alma com todos os movimentos da vossa. Submergi-me, penetrai-me, substitui-vos a mim, a fim de que minha vida não seja senão uma irradiação da Vossa. Vinde a mim como Adorador, como Reparador, como Salvador. Ó Verbo Eterno, Palavra de meu Deus, quero passar minha vida a escutar-vos, quero ser inteiramente dócil, para aprender tudo de Vós; e depois, através de todas as noites, de todos os vácuos, de todas as impotências, quero ter sempre os olhos fitos em Vós e ficar sob Vossa grande Luz. Ó meu Astro querido, fascinai-me a fim de que eu não possa mais sair dos Vossos raios. Ó fogo devorador, Espírito de Amor, vinde a mim para que em mim se opere uma como encarnação do Verbo; que eu seja para Ele uma humanidade de acréscimo na qual Ele renove o seu Mistério. E Vós, ó Pai, inclinai-vos sobre vossa pobre criatura, cobri-a com Vossa sombra, vede nela somente o Vosso Bem-Amado no qual pusesses todas as vossas complacências. Ó meus 'Três', meu Tudo, minha Beatitude, Solidão Infinita, Imensidade em que me perco, eu me entrego a Vós qual uma presa, sepultai-vos em mim, para que eu me sepulte em Vós, na esperança de ir contemplar em Vossa Luz o abismo de Vossa grandeza. Assim seja"[95].

Os critérios da leveza espiritual

A teologia sempre afirmou que o que salva é a graça de Deus operante na pessoa que crê. A fé salva. Certamente, ninguém dirá que pode ver plenamente a Deus, pois seria uma palavra tresloucada e arrogante. Tampouco que pode experimentar aqui no limite da vida frágil e mortal a união beatifica que só teremos na eternidade como ressuscitados. Entretanto, podemos degustar com os profetas e os amigos de Deus algo de um aperitivo celeste de seu amor e de sua presença em nossa vida, em nosso corpo e em nossas relações de amor. Tal qual nossa mãe prova da sopa retirando uma pequenina colher da panela para conferir se há sal suficiente, também Deus permite que as pessoas mergulhem sua colher em sua bondade e amor para degustar antecipadamente de algo de

---

95. Disponível em http://www.abbaye-saint-benoit.ch/Bibliotheque/divers/ trinite/mondieu/priere.html – Acesso em out./2016.

seu mistério inefável. Assim diz sabiamente a Igreja que a experiência mística é um portal da eternidade no limitado da vida, se respeitados cinco critérios de lucidez e inteligência da fé. São eles:

1) As experiências místicas não devem ser buscadas como produto de uma ascese rigorista e espiritualizada. Deus visita as pessoas inesperadamente. É preciso estar preparados. Ele vem muito mais do que nós pensamos que vamos a Ele.

2) As experiências de êxtase místico são vividas particularmente por pessoas que se reconhecem como pecadoras e que atendem ao apelo de conversão. Nenhum místico se afirma eleito de Deus, escolhido, separado, profeta do Altíssimo. Onde existem arrogância e narcisismo, não há verdadeira experiência mística.

3) As experiências e os momentos místicos sempre se coadunam e sintonizam com o Evangelho de Cristo e com a Tradição da Igreja. A união direta, completa e plena com Deus é sempre mediada e vivida por seu Filho Jesus, que é o Cristo. Sem Jesus, não há como a mística dizer-se ou apresentar-se como legítima. Visionários que apresentem outras versões, manifestações particulares, admoestações de temor e terror que domestiquem o Evangelho e distorçam a liberdade pessoal são patologias e doenças que necessitam de terapeutas e não seguidores. Jesus insiste em dizer que os seus apóstolos e discípulos não sigam os guias de cegos. Diz o evangelho de Mateus: "Jesus respondeu: 'Toda planta que meu Pai celestial não plantou será arrancada. Deixai-os! Eles são guias cegos guiando cegos. Se um cego conduzir outro cego, ambos cairão no buraco'" (Mt 15,13-14).

4) A experiência mística deve ser considerada pelo próprio místico, santo, visionário, profeta como menor que a via da caridade fraterna, tal qual ensina a Carta de Paulo aos Coríntios: "E agora, passo a vos mostrar um caminho ainda muito mais excelente. Ainda que eu fale as línguas dos seres humanos e dos anjos, se não tiver amor, serei como o sino que ressoa ou como o prato que retine. Mesmo que eu possua o dom de profecia e conheça todos os mistérios e toda a ciência, e ainda tenha uma fé capaz de mover montanhas, se não tiver amor, nada serei" (1Cor 13,1-2).

5) A experiência mística é um momento de proximidade com Deus e também de distância infinita perante o mistério insondável de sua Eternidade. Crer que estamos diante do infinitivo. Saber que não podemos controlar, domesticar, manipular Deus é a atitude fundamental da mística como leveza cristã. Cada encontro é uma nova busca, pois a sede humana permanece insaciável.

Assim reza São Francisco: "Tu és Santo, Senhor Deus único, o que fazes maravilhas. Tu és forte. Tu és grande. Tu és caridade, amor. Tu és paciência. Tu és beleza. Tu és calma. Tu és nossa esperança. Tu és nossa alegria. Tu és nossa grande doçura. Tu és nossa vida eterna"[96].

---

96. FRANCISCO DE ASSIS. *Fontes franciscanas*: escritos, biografias, documentos. Braga: Franciscana, 1982, p. 51-52.

8
A dimensão política e social do Evangelho de Cristo

O Brasil vive hoje tempos de crise contra os pobres e a esperança. Na verdade, são muitas as crises no tecido histórico, com mudanças nefastas na vida concreta do povo brasileiro. Há uma crise política das elites que governam sem respeitar valores e justiça. Há uma crise econômica que privilegia os bancos, os latifundiários, o império financeiro, arrasando os pequenos produtores e explorando as classes trabalhadoras. Há uma crise institucional de um Estado que se fez surdo à democracia e à participação. Há uma crise ética em que corruptos e corruptores parecem mancomunados contra a nação. Faz muito barulho, mas, ao final de tantos julgamentos, operações, comissões sindicantes tudo "acaba em *pizza*" e os roubos dos grandes permanecem impunes. Alguém poderia dizer o nome de um só rico que permanece preso além de semanas? As prisões estão abarrotadas de jovens pobres, enquanto os salafrários que lesam a pátria, seguem livres e soltos desde os tempos do Império Colonial (século XV). Vale lembrar que ninguém foi punido pelos atos grotescos praticados em 21 anos de ditadura civil-militar (1964-1985), que fizeram milhares de corpos torturados, dezenas de mortos entre indígenas e camponeses, quatro centenas de desaparecidos e foram manchados de sangue pela execução de obras faraônicas que sequestraram a riqueza nacional por oligopólios estrangeiros. Não houve nenhuma justiça de transição. Não houve julgamentos nem punições. Sem fazer a memória necessária, nosso Brasil está voltando, com uma amnésia inoculada tal qual doença, aos tempos da senzala e da casa-grande. Os interesses daninhos contra as maiorias demonstram diariamente que a justiça e a verdade não são as normas obedecidas por parlamentares, governos, ou até mesmo pelas empresas. É o vale-tudo do capitalismo que torna tudo mercadoria e no qual a vida humana é descartada como lixo. Assistimos à vitória das políticas excludentes e discursos imorais pelas redes de televisão contra camponeses, movimentos sociais e os protagonistas da cidadania. O povo vai sendo transformado em inimigo e, quando vai às ruas para protestar, é bombardeado pela polícia paga com seus impostos. Paradoxo total. Impunidade e cegueira moral. E muitas pessoas seguem caladas e cúmplices desse descalabro ético.

A força dos poderosos parece triunfante e esmagadora. Não há espaço para a verdade. Precisamos recuperar a força política e social da mensagem de Cristo. Assumir a dimensão estrutural do seguimento de Jesus ao lado dos empobrecidos. Será preciso recuar no tempo e buscar as luzes nos cinco primeiros séculos. Lá está a palavra que vale ouro e será valiosa em tempos de penumbras e mentiras das elites dominantes. É preciso voltar a ler as obras dos Padres da Igreja, particularmente de Santo Inácio de Antioquia (35-107), no século II, até São Leão Magno (400-461), no século V.

Esses doutores e teólogos acreditavam que as classes opulentas tinham como missão humana e cristã, guardar a vida dos pobres provendo as suas necessidades, pois todos somos filhos da única família de Deus. Quem possui mais do que o necessário prejudica e nega a vida aos pobres e ofende ao Criador. É sempre possível dizer que o avarento é um ladrão, pois toma dos fracos o que lhes pertence. Um antigo ditado latino já dizia: *"Radix Omnia Malorum Avaritia* (ROMA)". Ou seja, 'a raiz de todos os males é a avareza'. Enquanto não enfrentarmos essa maldade estrutural o povo seguirá o calvário da exploração.

Basílio, o "bispo pele e osso"

Entre esses gigantes da Patrologia antiga, apesar da fragilidade física, encontramos o maior defensor das causas sociais no Império Romano. Seu nome é Basílio de Cesareia (330-379), o bispo social, conhecido como Basílio Magno, das terras da Capadócia. Feito bispo com quarenta anos, era magro, enfraquecido por jejuns e vigílias e quase não tinha mais carne nem sangue. Era sábio, clarividente, firme, compassivo como se pede de um bispo. Ele seria o meio-termo entre a violência de Atanásio de Alexandria (295-373) e a astúcia de Cirilo (375-444). Ele sabia que os ricos são muitas vezes piedosos, mas raramente caridosos. Não só falava, mas agia. Transformou o bairro mais miserável da cidade em um lugar de ação caritativa. Lá fez construir um albergue, um abrigo para idosos, um hospital, com ala reservada para doenças contagiosas, alojamento para empregados e operários e uma igreja. Em suma, uma cidade operária, com sopa popular para as mais pobres. Sua fama o fez ganhar o apelido de "grande defensor dos pobres". Sugeriu aos outros bispos da região que fizessem o mesmo em suas cidades. Sua atividade não se limitou à cidade onde foi pastor. Visitava o povo nas montanhas, com tato e sem dureza. Acolheu os camponeses, os pobres, as viúvas; tomou partido a favor de um subordinado do prefeito, compareceu diante do tribunal civil para defender os fracos e foi salvo da morte pelos próprios pobres. Eis um excerto de sua "Homília contra a riqueza", que se nos apresenta atualíssimo: "A quem estou fazendo mal", pergunta o avarento, "guardando para mim o que me pertence? Mas quais são, dize-me, os bens que te pertencem? De onde os tiraste? Parece-te com um homem que, tomando o seu lugar no teatro, quisesse impedir os outros de entrar e achasse que podia apreciar sozinho o espetáculo a que todos tinham direito de assistir. Os ricos são assim: decretam-se senhores dos bens comuns que açambarcaram, alegando terem sido os primeiros ocupantes. Se cada um conservasse apenas o que se requer para suas necessidades correntes e deixasse o supérfluo para os indigentes, a riqueza e a pobreza seriam abolidas. Quem é o avarento? Uma pessoa que não se contenta com o necessário. Quem é o ladrão? Uma pessoa que tira de alguém aquilo que lhe pertence. Ao faminto pertence o pão que guardas. Ao homem nu, o manto que guardas até nos teus cofres. Ao que anda descalço, o calçado que apodrece em tua casa. Ao miserável, o dinheiro que guardas escondido. É assim que vives oprimindo tanta gente que poderias ajudar"[97].

Gregório, "o bispo tímido"
Outro padre foi São Gregório de Nissa (335-395). Homem lacônico, introvertido, e com grande senso de observação, tinha horror à hipocrisia religiosa que afetava a tantos

---

97. HAMMAN, A. *Os Padres da Igreja*. São Paulo: Paulinas, 1980, p. 140-141.

clérigos contemporâneos. Sendo uma pessoa reservada, foi um dos espíritos mais vigorosos de seu tempo. Foi uma personalidade de ação e de governo, mas simultaneamente um místico e homem da retórica. Era irmão de Basílio. Autodidata, possuía um estilo duro e desprovido de cor. Uniu textos de Fílon de Alexandria (20-50) e Plotino (205-270). Costurou o pensamento inédito de Dionísio Areopagita (± 50 E.C.) e de Máximo, o Confessor (580-662). Foi um pilar do monarquismo oriental. Consagrado bispo em 372, foi acusado e deposto pelo imperador Valente (328-378), mas depois chamado pelo povo para sua sede episcopal. Tomou parte do Segundo Concílio Ecumênico de Constantinopla (553). Foi o grande defensor da comunhão das igrejas enfrentando o cisma ariano. Sua preocupação prática e compassiva revela-se em um pequeno texto que coloca os pobres como amigos prediletos de Deus: "Os pobres são os ecônomos de nossa esperança, os guardiões do Reino celeste, que abrem as portas aos justos e as fecham diante dos egoístas e maus. Acusadores terríveis, advogados poderosos, embora seu testemunho seja silencioso. Mas o Juiz os contempla. E o devotamento que lhes prodigalizamos clama junto de Deus. A prosperidade de uma só casa na cidade poderia salvar uma multidão de pobres, contanto que não se interpusesse o obstáculo da avareza e do egoísmo do patrão"[98].

Crisóstomo, "a boca de ouro"

Um terceiro exemplo de cuidado com os pobres e denúncia das estruturas de exploração de seu tempo é São João Crisóstomo (347-407), o chamado 'boca de ouro'. Nascido

---

98. MIGNE, J.P. São Gregório de Nissa. In *Patrologiae Cursus Completus.* [s.n.] [s.d.], vol. 46 [Grega].

em Antioquia, terceira maior cidade do império, faleceu em Comana, na fronteira com a Armênia, às margens do Mar Negro, durante o terceiro desterro punitivo e cruel. Era homem de baixa estatura, rosto magro, testa enrugada, cabeça calva, voz fraca. Pai e Doutor da Igreja, arcebispo de Constantinopla, não tinha senso político. Era intransigente e nunca se dava bem com o poder e os poderosos. Foi um bispo distante dos palácios e das elites e orador nato de uma pureza única, com estilo vivo e imagens abundantes. Alguns de seus sermões duravam duas horas! Como bispo, só repreendia para corrigir e converter. Amava o povo simples que sabia que por ele era amado. Nunca pactuou com os ricos nem com o luxo. Também como bispo, começou a reforma por si mesmo: saiu da casa episcopal de luxo acumulado pelo predecessor. Instituiu hospitais e asilos. Empreendeu evangelização entre os camponeses. Um de seus gravíssimos pecados foi ser antissemita. Duramente perseguido pela imperatriz Eudóxia (?-404), mãe do imperador Teodósio e de Teófilo, patriarca de Alexandria. Foi um grande reformador da Igreja e passou a ser perseguido pelas damas da corte. Em 398, nomearam-no bispo da sede de Constantinopla, contra sua vontade por querer continuar como monge. Sofreu três exílios humilhantes durante os nove anos de seu patriarcado. Não usava de alegorias, mas falava de forma clara e aplicação prática e ética. Todos os seus sermões trazem consequências e lições de caráter social. Ele difere do lirismo de Gregório de Nazianzo, e da organização impecável de Basílio Magno, mas supera a todos em perspicácia de sua psicologia e na emoção de sua palavra. Sua pregação jamais envelheceu. É um exemplo de bispo que não pactuou nem se vendeu ao poder, ao dinheiro e ao palácio. Soube e quis tomar o partido dos pobres. Escutemo-lo pregando: "Tornemos útil o que é supérfluo. Deus vos deu um teto para vos abrigardes da chuva, não para forrá-lo de ouro, enquanto o pobre morre de fome. Deus vos deu vestimentas para vos cobrirdes com elas, não para bordá-las luxuosamente, enquanto Cristo morre de frio. Deus vos deu uma casa, não para morardes nela sozinhos, mas para receberdes o próximo. Deus vos deu a terra, não para esbanjardes a maior parte do seu lucro, com os cortesãos e dançarinas, com comediantes e tocadores de flauta e cítara, mas para poderdes consolar aos que tem fome e sede. Não existe nenhum pobre que por necessidade cometa tantos crimes como os ricos. Qual o rico que não cobiça cada dia os bens dos outros? Qual o potentado que não pretende expulsar o infeliz de seu pequeno terreno? Não nasceu senão um Acab. Mas, o que é pior, Acab nasce todos os dias e jamais desaparece deste mundo"[99].

Ambrósio, "o pai dos pobres"
Os nomes até agora citados são originários do mundo grego. Devemos agora citar alguém do mundo latino. É essencial recordar Ambrósio de Milão (339-397). Sucessor de um bispo herético ariano, Ambrósio nasceu em Tréveris, quando o pai dirigia a prefeitura pretoriana para as Gálias. A mãe era uma cristã exemplar, tal qual a mãe de Crisóstomo ou a de Basílio. Feito governador civil de Milão, cuidou da sucessão que corria risco de luta corporal entre arianos e ortodoxos. Do meio da multidão, ouviu-se a voz de uma criança que gritava: "Ambrósio bispo!" E o povo aclamou, unânime, e aquele que nem batizado era foi feito bispo da cidade. *Vox Populi, Vox*

---

99. MIGNE, J.P. São João Crisóstomo, vol. 48.

Dei. 'A voz do povo é a voz de Deus'. Excelente exemplo para que hoje também o povo participasse da escolha de seus bispos nas dioceses. Ambrósio transformou-se de bom governador civil em excelente pastor e pai de seu povo amado. Santo Agostinho de Hipona (354-430), seu discípulo no futuro, dizia que o mestre vivia assediado pela multidão de pobres, a ponto de se ter grande dificuldade para chegar até ele. Bispo lúcido consagrado ao ministério da Palavra, foi também o bispo da Escritura Sagrada. Foi também um apóstolo das causas sociais, com rigor de jurista e severidade de um moralista. Acusava o mal do dinheiro e os excessos da propriedade que não deve possuir a primazia em uma sociedade justa e humana. Era mais audaz que o próprio Basílio Magno. Sabia distinguir a ação da Igreja daquele do Estado. Ambrósio transformou-se de aristocrata romano em pai dos pobres no decadente século IV. A fé cristã humanizou-o. Os pobres converteram-no em verdadeiro seguidor da mensagem de Jesus. A graça de Deus fez dele um pastor à disposição total dos pequenos, dos pobres e dos refugiados. Fez-se bispo completo: doutor, pastor, médico, diretor de consciências, defensor da justiça, advogados dos pobres, missionário, unindo o ser e a ação. É de sua autoria este comentário: "Os pássaros se associam aos pássaros; o gado se reúne ao gado; os peixes aos peixes. Ó Homem, somente tu expulsas a teus semelhantes, enquanto recolhes e cuidas de animais selvagens. Constróis habitáculos para feras e destróis os frágeis barracos dos homens pobres. Levas água até o meio das tuas propriedades, para que não faltem ali para a sede dos animais, mas estendeis as fronteiras da terra para repelir teu vizinho"[100].

---

100. MIGNE, J.P. Santo Ambrósio, vol. 14 [Latina].

Retornar aos padres da Antiguidade é como beber das águas cristalinas da Palavra de Jesus. Não há melhores guias para o futuro do que escutar vozes lúcidas do passado. As épocas de cada um desses Santos Padres não são idênticas, sem mesmo as suas personalidades. Entretanto, algo os unifica: o imenso amor aos pobres e o fiel seguimento do Evangelho. Ao enxugar as lágrimas dos pobres, descobrem o rosto de Deus. Em todo parto, há dor e sangue. Só haverá conversão política e uma vida nova no Brasil se escutarmos as vozes dos crucificados de hoje e proclamarmos uma mensagem de paz e justiça social. Devemos alimentar-nos dos textos dos padres de ontem. Unir os verbos esperar e apressar. Encarnar a justiça e o amor evangélicos para superar a cumplicidade e a inércia de tantos cristãos presos em sacristias e discursos ideológicos. Diante do enfraquecimento do pensamento e do crescimento de religiosos que reforçam o esquecimento dos insignificantes na economia neoliberal triunfante, é necessário recolocar a "pergunta que nos serve de fio condutor nestas páginas: onde vão dormir os pobres no mundo pós-moderno?"[101]

Um novo Brasil poderá vir à luz se cada cidadão e cada cristão realizassem uma tríplice conversão prática:

1) agir e transformar sua vida pelas mãos, na dimensão econômica do amor;

2) agir e transformar sua vida pelos pés, na dimensão política da esperança;

3) agir e transformar sua vida pelos olhos, na dimensão ideológica da fé.

"Em lugar de sofrer e fazer sofrer, começar a criar juntos, a manejar e a compartilhar, tornando presente o homem

---

101. GUTIERREZ, G. *Onde dormirão os pobres?* São Paulo: Paulus, 1998, p. 34.

novo. Se a fé consiste em reconhecer o homem novo em Jesus, consiste também em decifrar sua ação na história"[102]. Tornemo-nos esses novos humanos de que o Brasil tanto precisa. Ouçamos os padres. Sejamos a mudança que queremos ver no mundo.

---

102. CASALIS, G. *Las buenas ideas no caen del cielo* – Elementos de teología inductiva. Salamanca: Sigueme, 1983, p. 199.

9
Fé inteligente

Perguntas exigem respostas. As perguntas feitas a uma pessoa ou para a comunidade dos crentes exigem ao menos que esta se ponha reflexiva e que dê as razões de sua esperança. Por coerência e ainda mais por delicadeza ao interlocutor. É evidente que a resposta deve ser inteligente. Infelizmente, as questões incômodas feitas aos cristãos têm recebido, muitas vezes, respostas inadequadas. Parece que alguns grupos católicos respondem a perguntas certas com respostas erradas ou insuficientes.

Como cultivar uma fé inteligente e lúcida? Eis a questão. Ainda que pareça algo estranho para muitos batizados que se creem possuidores da verdade ou partícipes felizes de um reino encantado em que a dúvida jamais penetra. Entretanto, para milhões de jovens, para novas gerações de intelectuais e mesmo para pessoas de boa vontade e agnósticas, a pergunta faz sentido. Afinal, ter ou não fé é algo razoável? Estou perdendo algo por não ter? Ganho algo tendo fé? E esse lucro da fé pode me ajudar a viver e a responder às perguntas que tenho em meu coração e em minha mente? E ajudar a responder às perguntas sobre o mal, a morte, a falta de sentido? A inteligência pode conversar com a fé? Quando e como?

Podemos pensar que a formação de valores se faz na família. A formação pedagógica e profissional constrói-se na escola e na vida. A formação do amor estabelece-se nas relações entre pessoas abertas e generosas. Será que a fé também exige uma formação inteligente de seus conteúdos e suas perguntas? Como dizer a palavra certa se vivo perplexo e sem palavras de sabedoria e luz?

A fé é uma relação direta com Deus, e uma relação desinteressada e verdadeira. É uma graça e um presente de Deus vivendo em nosso coração que manifesta a beleza da vida e irrompe em nosso corpo e alma de forma efetiva e irrefutável. A fé mais profunda é sempre a maior inteligência de Deus. Não é posse acadêmica, clerical ou construção lógica. É amor vivido e ofertado pelas mais simples das criaturas. A fé é um estar em Deus e crer n'Ele. Cremos porque somos e passamos a ser aquilo que cremos nessa mescla simbiótica entre a existência e a essência de nosso ser vital. Assim, pode-se dizer que a fé não se cultiva, mas ela se dá e se oferece a nós. Deus oferece-se em seu ato primeiro de nos criar e pede uma resposta de nosso coração, de nossa inteligência e de nosso corpo. Ao responder, confirmamos o caminho e a fidelidade junto de Deus e por graça d'Ele. Esse caminho precisa ser por nós trilhado e pede nossa inteligência. Se a semente da fé é graça do Cristo, podemos afirmar que o cultivo da terra, o cuidado da planta são tarefas nossas como seguidores de Jesus vivendo em Igreja. Esse caminho da fé permite que possamos ser felizes e que busquemos sempre de novo a fonte que é Deus. Caminhamos com nossos pés, mas sabemos que a água da vida é de Deus. Para isso, precisamos cavar poços ou buscar lençóis freáticos e minas de água que brotam de seu coração. O apóstolo Paulo insistirá em que um cristão deve sempre viver da alegria que brota do Evangelho (cf. 1Ts 5,16). Cristãos não são nem melhores nem piores que os demais seres humanos. Querem apenas crescer felizes n'Aquele que os sacia da sede de Eternidade. Cristãos mostram Deus em suas vidas pelo cuidado, pela generosidade e pela efetiva filantropia (amor ao humano) que recebem de Deus e de seu Cristo. Pode-se então dizer que uma fé inteligente é cultivada pela busca das fontes, as Sagradas Escrituras e a Eucaristia, pela oração frequente e, sobretudo, pelo uso da inteligência que quer compreender o que crê. A fé busca/quer/almeja/deseja a inteligência. Assim afirma o Catecismo da Igreja Católica (CIC)[103] em seu parágrafo 158: "A fé 'procura compreender'[104]: é inerente à fé o desejo do crente de conhecer melhor Aquele em quem acreditou, e de compreender melhor o que Ele revelou; um conhecimento mais profundo exigirá, por sua vez, uma fé maior e cada vez mais abrasada em amor. A graça da fé abre 'os olhos do coração' (Ef 1,18) para uma inteligência viva dos conteúdos da Revelação, isto é, do conjunto do desígnio de Deus e dos mistérios da fé, da íntima conexão que os liga entre si e com Cristo, centro do mistério revelado. Ora, para 'que a compreensão da Revelação seja cada vez mais profunda, o mesmo Espírito Santo aperfeiçoa sem cessar a fé, mediante os seus dons'[105]. Assim, conforme o dito de Santo

---

103. Disponível em http://www.vatican.va/archive/cathechism_po/index_new/p1s1c3_142-184_po.html – Acesso em abr./2016.

104. SANTO ANSELMO DE CANTUÁRIA. *Proslogion*: *Prooemium* – *Opera omnia*. Vol. 1. Edimburgo: F.S. Schmitt, 1946, p. 94.

105. CONCÍLIO VATICANO II. *Constituição Dogmática Dei Verbum* – Sobre a revelação divina. Roma, 1965, n. 5 [disponível em http://www.vatican.va/archive/hist_councils/ii_vatican_council/documents/vat-ii_const_19651118_dei-verbum_po.html – Acesso em abr./2016].

Agostinho: 'eu creio para compreender e compreendo para crer melhor'"[106].

A certeza da fé não é uma convicção que nasce de evidências, particularmente as científicas. Ela é primordialmente uma adesão a uma Palavra. E essa Palavra é uma pessoa, Jesus Cristo. Mas não se pode dizer que tal adesão seja ilógica ou irracional. A inteligência da fé é a recepção alegre e convicta de uma revelação feita por Deus. E a autenticidade dessa inteligência é outra que aquela das provas laboratoriais ou dos paradigmas da ciência experimental, mas é prova de outra ordem de conhecimento sem deixar de ser humana e racional. As provas da fé exigem a inteligência embora nasçam do encontro com o divino na contemplação do amor. Sabemos por que cremos e cremos por que sabemos. Sem incompatibilidade e sem obscurantismos. A inteligência da fé não é, entretanto, de ordem puramente emocional ou subjetivista, mas uma inteligência pessoal que se confirma na comunidade e que ultrapassa as emoções em um movimento mais profundo que o dos sentidos e da pele. A Igreja teme profundamente grupos de cristãos que são fideístas ou demasiadamente marcados por experiências catárticas de emoção com destaque para choros, aplausos, glossolalia (suposta capacidade de falar línguas desconhecidas quando em transe religioso) e surtos psicóticos de massas. O fideísmo é sempre um mau companheiro da inteligência da fé. Se é verdade que a razão absoluta se torna idolátrica, pois leva ao relativismo, também é verdade que muitos grupos católicos e evangélicos têm desconectado a fé da razão, propondo intolerância e um cristianismo anacrônico e moralista.

---

106. SANTO AGOSTINHO. *Sermão* 43, 7, 9: CCL 41. 512 (PL 38. 258).

Negar o limite provisório da razão fazendo-a ou assumindo-a como absoluta faz que percamos a essência histórica e contextual de toda ciência que é sempre filha do tempo e sempre construção e reconstrução de saberes. A razão arrogante leva à morte e à tirania de uns sobre outros, negando a transcendência humana. A fé sem razão leva ao mesmo obscurantismo pelo caminho inverso. Dirá o padre João Batista Libanio (1932-2014) que a fé que não seja racional: "caminha sem eira nem beira pelos campos do emocional, do fanatismo, do fundamentalismo. Atribui à sua experiência o valor absoluto de Deus, ao seu texto a imutabilidade do ditado divino"[107]. Esse perigo não ajuda a fé a ser inteligente, mas possui um efeito inverso. Torna a fé submissa ao obscurantismo e à manipulação ideológica. Diz o santo papa João Paulo II (1920-2005) na *Encíclica Fides et Ratio*: "[...] É ilusório pensar que, tendo pela frente uma razão débil, a fé goze de maior incidência; pelo contrário, cai no grave perigo de ser reduzida a um mito ou superstição [...]"[108] (FR 48). Sem uma fé inteligente ou lúcida, corremos o risco de não ter credibilidade em nossa prática religiosa, ou de perder a razoabilidade em nossos discursos evangélicos, pois iremos propor fanatismos tresloucados ou nos perderemos em guetos cegos para a riqueza de sinais humanos produzidos pela criatura humana que, mesmo sem crer, ainda assim é filha amada de Deus e revela sua glória e seu mistério.

---

107. LIBANIO, J.B. *Em busca de lucidez* – O fiel da balança. São Paulo: Loyola, 2008, p. 90.

108. JOÃO PAULO II. *Fides et Ratio* – Sobre as relações entre a fé e a razão. Roma, 1998 [Disponível em http://w2.vatican.va/content/john-paul-ii/pt/encyclicals/documents/hf_jp-ii_enc_14091998_fides-et-ratio.html – Acesso em abr./2016].

Diante dos extremos: razão sem fé e fé sem razão, devemos afirmar uma fé inteligente. Esta não pode ser fanática nem doente. A fé inteligente nunca se impõe, mas se propõe alegre e lúcida. Fé inteligente precisa ser livre e pessoal. Precisa ser autêntica e criticável, portanto, aberta ao que dizem os outros. A fé inteligente sente-se estimulada pelos críticos da filosofia e da ciência. Isso a purifica e faz adulta. Diz o padre Antonin-Gilbert Sertillanges (1863-1948): "A fonte do saber não está nos livros, ela está na realidade e no pensamento. Os livros são placas de sinalização; o caminho é mais antigo, e ninguém pode fazer por nós a viagem da verdade. O que diz um escritor não é o que nos importa prioritariamente; trata-se daquilo que é, e o nosso espírito tem o propósito não de repetir, mas de compreender, isto é, de pegar consigo, isto é, de absorver vitalmente, e finalmente de pensar por si mesmo. É preciso reinventar para nosso próprio uso toda a ciência"[109]. A fé inteligente, por exemplo, dialoga com Sigmund Freud (1856-1939) mesmo que ele afirme que a religião cristã é uma neurose coletiva. Ainda que todos os seus pressupostos freudianos possam conduzir a um determinado ateísmo, a psicanálise assumida como questão pode purificar a fé de uma tendência idolátrica e edipiana. Ao mostrar a caricatura de muitos religiosos e as formas culturais de exprimir patologicamente a fé, Freud indica a neurose presente em muitas vidas e em diversos sistemas. A fé inteligente pode revelar a verdadeira face de Deus que supera esse narcisismo regressivo e pode descortinar horizontes que enfrentem os desejos doentios e façam a pessoa abrir o próprio caminho para uma vivência plena de amor erótico ao outro. A fé inteligente não

---

109. SERTILLANGES, A.-G. *A vida intelectual*: seu espírito, suas condições, seus métodos. São Paulo: É, 2010, p. 136.

oculta, portanto, o problema, mas o assume e vê nele uma possibilidade de libertar o humano concreto da falsa imagem que criou de Deus e de si mesmo. A fé inteligente é parceira da terapia e ela também plenamente terapêutica. A fé pode fazer e manter pessoas doentes, mas uma fé inteligente pode ser salutar e emancipadora de traumas e de medos interiores.

A fé inteligente vai purificando, dia a dia, o caminho pessoal dos cristãos para que se tornem sábios na arte de viver. A inteligência da fé busca ir além do funcionamento e de como as coisas são para chegar às razões e ao sentido da vida. Inteligente é alguém capaz de fazer conexões. Inteligência da fé é a arte de fazer conexões com os outros, com a Palavra Sagrada e com o mistério de Deus. Dizia padre Sertillanges: "O que importa num pensamento não é sua proveniência, são suas dimensões, o que é interessante no próprio gênio não é nem Aristóteles, nem Leibniz, nem Bossuet, nem Pascal, é a verdade. Quanto mais preciosa for uma ideia, menos importância tem saber de onde ela provém. Elevem-se à indiferença para com as fontes. A verdade, e só ela, tem direito, e ela tem direito onde quer que ela apareça. Da mesma forma que não se deve tornar-se vassalo de ninguém, deve-se ainda menos desprezar quem quer que seja, e se não é cabível crer em todos, não se deve tampouco recuar-se a acreditar em quem for, contanto que apresente suas credenciais"[110].

O mestre dominicano de Teologia Santo Tomás de Aquino (1225-1274), conhecido como Doutor Angélico, antes de enfrentar alguma questão, rezava esta prece que também nós podemos assumir como aprendizes do Evangelho: "Criador inefável, vós que sois a verdadeira fonte da luz e da sabedoria e o princípio supremo de todas as coisas, dignai-vos

---

110. Ibid., p. 113.

infundir sobre as trevas da minha inteligência o esplendor da vossa claridade, afastando de mim a dupla obscuridade em que nasci: o pecado e a ignorância. Dai-me perspicácia para entender, capacidade para assimilar, método e facilidade para aprender, talento para interpretar e graça abundante para falar. Dai-me habilidade para começar, segurança para prosseguir e perfeição para concluir. Vós que sois verdadeiro Deus e homem, que viveis e reinais pelos séculos dos séculos. Amém"[111].

---

111. Disponível em www.dominicanos.org.br – Acesso em abr./2016.

10
Uma Igreja comprometida com o Evangelho de Cristo

Os cristãos estão cada vez mais comprometidos com uma Igreja pobre e livre. Querem construir e viver a radicalidade do Evangelho de Nosso Senhor Jesus Cristo em diálogo com o mundo, com as pessoas e inseridos na transformação da sociedade. Desejam propor e experimentar uma Igreja engajada na libertação e que diga palavras grávidas de liberdade e amor. Propor e atuar como uma Igreja inserida no mundo (*pro vita mundi*) a serviço da humanidade (considerada como sua grande família) faz de nossa ação cristã um serviço direto ecoando a mensagem de Jesus no serviço direto e profético aos pobres, assumindo as dores e as angústias, as alegrias e as esperanças de cada ser humano como as próprias experiências de fé de cada fiel. Assim um cristão vive reverberando no próprio coração o que toca e mexe com o coração de cada ser humano. Não há nada de verdadeiramente humano que não ecoe e aqueça o coração de um discípulo de Jesus de Nazaré, o Filho de Deus. Esta foi a bela constatação da Constituição Pastoral *Gaudium et Spes: sobre a Igreja no mundo actual*, promulgada em 7 de dezembro de 1965 pelo Paulo VI (1897-1978), unido aos padres conciliares no Vaticano II (1962-1965).

Uma Igreja sensível aos novos problemas do mundo, e suas mutações, buscará com todos os seres humanos (de todas as confissões e culturas, pensamentos e ideologias) as soluções que correspondam às aspirações mais profundas, nesta sede de infinito que está em cada coração na sua busca por felicidade para que a Igreja, sem fronteiras, seja fiel ao Espírito de Deus. Cada ação eclesial está sempre voltada para produzir, gestar e organizar ações que humanizem o humano e plenifiquem a vida social.

Fiéis cristãos devem, portanto, respeitar o homem e a mulher concretos, pois, silhuetas de Deus, particularmente respeitando a consciência e liberdade de cada pessoa e de cada cultura. Cada pessoa possui uma vocação de liberdade inscrita por Deus em seu coração. A Igreja precisa decifrar esse mistério pessoal em cada ser e orquestrar e unir as vocações na sinfonia da humanidade. Ser cristão é assumir-se como pessoa alegre, que dialoga com todos os humanos, incluindo agnósticos e ateus, pois estes participam, mesmo sem saber, do mistério de Jesus Cristo e pela inteligência e pela verdade podem chegar a Deus. Comunidades e grupos evangelizadores vão sempre valorizar a comunidade humana e o cultivo da pessoa e de sua dignidade intrínseca, participando da responsabilidade e dos benefícios sociais e políticos, agindo como cidadãos convictos e honestos participantes da vida pública de seu país. O único lugar interditado a um cristão é aquele que nega a dignidade da pessoa humana, que nega a Deus e que impede a cada pessoa pensar com a própria cabeça e defender seus valores e seus sonhos.

Cristão não pode ser corrupto nem corruptor. Desonestidade e cristianismo não se coadunam jamais. Cristãos participam da atividade e do progresso humanos, em vista da realização do desígnio de Deus sobre o mundo, e estão sempre empenhados na promoção humana e na construção e na transformação do mundo, agindo em sintonia e em tensão criativa com as forças políticas e sociais de seu povo e de sua nação. A Igreja não quer ser um gueto, nem um poder acima do povo. Quer viver mergulhada na vida comum de seu povo, propondo sua mensagem evangélica com serenidade e vigor. Os cristãos são pessoas que assumem uma nova concepção antropológica de cada ser humano, rejeitando sempre a escravidão, o utilitarismo e os reducionismos do Estado opressor, afirmando o caráter divino da pessoa, do matrimônio e da sexualidade como dons da personalidade e do amor. Inspirados na comunidade conjugal de vida e de amor, os cristãos assumem a sexualidade como revelação do amor de Deus. A família é sempre uma imagem e um exemplo da Igreja doméstica. É um sacramento.

Uma Igreja aberta ao pluralismo cultural do mundo moderno participa de pesquisas científicas e artísticas colaborando com o mosaico cultural e a reflexão das questões-chave sobre vida, morte e sofrimento. Uma Igreja empenhada seriamente no processo do desenvolvimento econômico equitativo de todos os povos respeita e valoriza cada trabalhador e trabalhadora, reconhecendo no trabalho um valor inestimável para sustentar e fazer valer a dignidade e a identidade de cada ser humano. A economia deve ser pautada pela ética, não pelo lucro nem pela supremacia da mercadoria sobre o ser humano. Uma Igreja empenhada na promoção humana e na construção do mundo, com o qual cresce em sintonia e em tensão criativa, promovendo a paz e atuando em instituições de caridade e movimentos sociais e libertários. A Igreja é um ator político e quer sê-lo, sem vincular-se a partidos ou grupos ideológicos sectários, mas valorizando a sociedade civil e a honesta comunidade política. A política é a melhor forma de amar e a Igreja crê nisso, apesar de tantos contraexemplos que todos conhecemos. As pessoas que assumem uma concepção antropológica e integradora do cristianismo apoiarão as lutas das classes populares e o processo de sua emancipação e de sua conscientização sem preconceitos nem falácias. Com ação e empenho pessoal. Com mangas arregaçadas.

Uma Igreja aberta ao pluralismo cultural do mundo moderno faz-se crítica do capital e da exploração do mercado totalitário valorizando o trabalho, preconizando a reforma de empresas, pregando o direito de todos à propriedade, defendendo a reforma agrária e ficando ao lado dos empobrecidos como advogada dos pobres, que são seu tesouro mais precioso. Uma Igreja que prega a participação de todos na vida pública em regime pluralista, a partir dos pobres e caminhando com eles, em uma vida frugal e franciscana, faz-se sinal do caráter transcendente do humano. Atua no mundo, ainda que seus valores sejam os de Deus e da eternidade. Estamos no tempo vivendo na eternidade. Afinal, como diz o apóstolo João: "Deus ama tanto o mundo que envia seu Filho para salvar o mundo" (cf. Jo 3,16). Essa Igreja defende o direito internacional contrário ao conflito armado entre as nações e quer ser profetisa de paz e justiça social. Vive sua dimensão ecumênica de forma convicta na cooperação internacional entre as igrejas-irmãs e aos crentes em outros credos por meio do diálogo inter-religioso. Também encontra a força dessa tarefa enraizada na verdade e na paz ofertadas pelo Divino Espírito Santo de Deus. Tudo é graça divina, muito mais que trabalho humano. É Deus quem nos une e nos fortalece. Basta de "cristãos moles", como nos dizia Santo Antônio de Pádua

(1195-1231), no "Sermão do 7º Domingo depois de Pentecostes". Precisamos de homens virtuosos, apóstolos a quem o Senhor confie a sua Igreja.

Flores brotam na Igreja fiel ao Cristo

Campanhas da Fraternidade, desde 1964, como sinal de compromisso e de conversão de todos os brasileiros. Os temas polêmicos e atuais são sinais claros da mensagem da libertação. Questionam e exigem mudanças pessoais e estruturais.

Os Planos de Pastoral de Conjunto (PPC), gestados pela Conferência Nacional dos Bispos do Brasil (CNBB) logo no pós-concílio e que ensinaram padres e bispos a trabalhar em comunhão e de forma planejada e orgânica.

O método "ver, julgar e agir", recebido da ação católica belga e difundido no Brasil pela Juventude Operária Católica (JOC) e pela Juventude Universitária Católica (JUC), fundamentalmente. Precioso estilo de ação e meditação do Evangelho na vida de cada dia.

Colegialidade e participação ativa de todos nas comunidades, sem chefes nem autoritarismo. Uma Igreja sinodal e plenamente ministerial.

As diversas pastorais, em particular as de fronteira ou que atingem as periferias geográficas e humanas (presos, camponeses, indígenas, dependentes químicos etc.). São verdadeira dádiva do Espírito Santo.

Laicato adulto e competente em seus serviços profissionais e familiares.

As mais de cinquenta mil Comunidades Eclesiais de Base (CEBs), espalhadas pelo Brasil como verdadeiras raízes subterrâneas sustentando toda a árvore eclesial.

Missionários religiosos, sacerdotais e leigos que se espalharam pelo Brasil inteiro e alguns até pelo mundo. De um país que só recebia, passamos a ser um país que envia seus filhos em missão universal, como sinal da vitalidade de nossa Igreja.

Bispos pastores e amigos dos pobres e da liberdade, como: Aloisio Lorscheider (1924-2007), Antonio Batista Fragoso (1920-2006), Enrique Angel Angelelli (1923-1976), Helder Pessoa Câmara (1909-1999), Ivo Lorscheiter (1927-2007), Luciano Mendes de Almeida (1930-2006) e Oscar Romero (1917-1980), entre tantos profetas e santos de nossas igrejas particulares.

Patriarcas ainda vivos e defensores dos direitos humanos: Angélico Sândalo Bernardino (1933-), Celso de Queiroz (1933-), Erwin Kräutler (1939-), José Maria Pires (1919-2017), Paulo Evaristo Arns (1921-2016), Pedro Casaldáliga (1928-) e Tomás Balduíno (1922-).

Padres e diáconos permanentes, que se tornaram amigos do povo com cheiro de periferia, mostrando em sua prática ministerial o rosto de Cristo Ressuscitado.

Mártires de nossas Igrejas: Dorothy Stang (1931-2005), Josimo Moraes Tavares (1953-1986) e Santo Dias (1942-1979), entre centenas de testemunhas assassinadas pela Igreja e pelo Cristo.

Liturgias vivas e contemplativas.

As corajosas e imprescindíveis Comissões de Justiça e Paz (CJP).

Centro Santo Dias de Direitos Humanos e tantos centros de ação popular em nosso país.

O Projeto Igrejas-Irmãs.

O Ecumenismo e as Comissões de Diálogo Inter-Religioso, na ação de grandes atores como o padre Elias Wolff, o reverendo Jaime Wright (1927-1999) e o padre José Bizon, entre tantos pastores e pastoras que amam o ecumenismo e vivem por ele.

As religiosas engajadas e inseridas nos meios populares.

A presença ativa e alegre do povo negro em nossas comunidades.

A leitura bíblica e a *lectio divina*, como escolas de escuta e contemplação da Palavra de Deus.

Intelectuais e professores universitários comprometidos com as causas sociais.

A ação litúrgica participativa e a mística contemplativa dos mosteiros e grupos pentecostais. Verdadeiro Pentecostes no mundo.

Poderíamos ainda elencar uma lista imensa de ações e grupos pastorais para exemplificar como vai se fazendo essa Igreja inserida no mundo e vivendo o Evangelho de Cristo.

Desafios para viver o Evangelho hoje nas cidades:

É preciso assumir alguns desafios na inserção pastoral para que brotem muitos frutos promissores, entre os quais podem ser:

Trabalhar para que nossa Igreja seja uma comunidade aberta e fraterna, em comunhão afetiva e efetiva na fé pascal, assumindo uma palavra pública e comunicativa na pregação e vivência do Evangelho de Jesus Cristo.

Estimular e cultivar o protagonismo de um laicato consciente e adulto, nas grandes causas de negação da dignidade humana, sem infantilismos nem clericalismos.

Assumir a evangelização personalizada de cada habitante das cidades a partir de uma rede de missionários e de serviços no mundo.

Visitar os pobres, os doentes, os excluídos, os marginalizados, os perseguidos, os sem-teto, os dependentes químicos, os jovens solitários e depressivos, os idosos para ouvi-los, para celebrar com eles e elas, aprendendo e ensinando, comungando na luta, ao celebrar e rezar com cada uma dessas pessoas, amando-as como ao próprio Cristo Jesus. Cada um desses desafios exigirá novos ministros e nova ação transformadora. Será preciso sair de capelas, de sacristias e de muros para andar, visitar, mover-se. Será preciso usar os meios de comunicação e as redes sociais. Será preciso beber e viver da Palavra de Deus. Será preciso conversar pessoalmente com Jesus Cristo a cada manhã e celebrar a Eucaristia para abastecer nossos motores. Será preciso sair na inércia e do comodismo, que se tornam sinônimos de mediocridade, para enfrentar a tarefa missionária com ardor e audácia.

11
O coração de Jesus é o motor do Evangelho

O novo bispo de Roma, nosso amado papa Francisco (1936-), professa e vive um modo de ser Igreja, alimentado pela misericórdia de Jesus, revelada pelo Espírito do *Abbá*[112.] Jesus vive no amor de seu Paizinho amado. O papa crê que esse músculo cardíaco que é Jesus pode bombear sangue rico em amor nesta hora dolorida da humanidade em crise. Francisco oxigena as artérias de nossas Igrejas burocráticas para viver o diálogo e a missão que levam o oxigênio da vida plena. O bispo argentino desvelou seu programa evangélico pregando a evangelização que beba das fontes cristalinas do *"Poverello"* de Assis. O papa jesuíta pôs-se ao lado dos empobrecidos no seguimento de Jesus como alguém que conhece e ama o coração de Jesus. Proclama uma Igreja alegre e comprometida com as periferias e os imigrantes como tarefa primordial. O corpo dos pobres revela o Corpo de Cristo na história. Convoca as Igrejas e mesmo as pessoas não religiosas para agir

---

112. LIGÓRIO SOARES, A.M. *No Espírito do Abbá* – Fé, revelação e vivências plurais. São Paulo: Paulinas, 2008.

em favor da paz e da justiça. Fala ao nosso coração e todos podem entendê-lo como um pai maternal.

Passados mais de cinquenta anos do início do Concílio Vaticano II (1962-1965), esse sopro soa como nova primavera eclesial e suave toque do Espírito Santo no rosto da humanidade peregrina. É como se a humanidade em coro cantasse a melodia de padre José Fernandes de Oliveira (1941-), o padre Zezinho: "Um coração para amar, pra perdoar e sentir/ Para chorar e sorrir, ao me criar Tu me destes/ Um coração pra sonhar, inquieto e sempre a bater/ Ansioso por entender as coisas que Tu disseste".

É claro que isso não é invenção ou novidade papal. O coração está presente em mais de 863 vezes no Antigo Testamento. Coração (*Leb*, em hebraico) simboliza a pessoa humana inteira em sua inteligência, vontade e memória. Hoje destacamos demais a sintonia entre coração e emoção. Esquecemos que, para o povo judeu, é no coração que se guarda o essencial do viver e não só os sentimentos e os medos. Assim diz o evangelista Lucas: "Maria conservava cuidadosamente todos estes acontecimentos e os meditava em seu coração" (Lc 2,19). Coração que cuida, conserva e medita. A Bíblia possui a convicção de que o coração é o lugar excelente da fé e de onde brotam as palavras que nos revelam ou escondem. Sabemos que pouco se falou ou se escreveu sobre o coração de Jesus antes do século XIII, excetuando-se São Boaventura (1218-1274). Serão as místicas da Renânia, Santa Mechtilde (1241-1298) e Santa Gertrude (1256-1301) quem descreverão o lado transpassado de Jesus e dão origem à devoção ao Sagrado Coração, depois amplificada por São João Eudes (1601-1680) e, sobretudo, pela religiosa visitandina Santa Margarida Maria Alacoque (1647-1690).

Entretanto, o coração de Jesus sempre esteve presente no subterrâneo das teologias e da ação misericordiosa da Igreja. Sem a moção cardíaca do Espírito do Ressuscitado, como entender a conversão de Paulo? Sem o batimento cardíaco do Deus na vida nas comunidades perseguidas, como compreender a entrega de milhares de mártires durante as perseguições do Império Romano as mãos de torturadores cruéis? Que é servido na mesa de Jesus senão o seu próprio amor? O perfume que unge os pés de Jesus pela mulher pecadora não é o mesmo amor perfumado de Jesus que celebra o banquete da vida entre lágrimas e beijos? Diz o teólogo oriental: "Esta é qualidade do amor de Deus que Jesus irradia. Qualidade que atrai os pecadores e repele os autorreferenciados. O coração de Deus é o coração do amor"[113]. A presença de sessenta citações da palavra coração nos Evangelhos demonstra que é uma categoria central na pregação e prática de Jesus. Ele fala de coração a coração, toca a alma dos ouvintes, converte, mexe, chacoalha preconceitos, desnuda mentes, cura dores. Jesus cita em Mateus uma alegria própria de quem tem coração puro, de tesouros do coração, de semeadura e colheita no coração, de coração duro, de plenitude de amor cordial. No Evangelho de Marcos, menciona corações próximos, corações distantes e coisas más provindas do coração humano. No Evangelho de Lucas, fala de coração convertido, de guardar coisas no coração, de retirar coisas boas do coração e da certeza de que Deus perscruta o íntimo dos corações e faz que os corações ardam como fogo. O evangelista João resume em um único versículo sua teologia do coração de Jesus: "Cesse de perturbar-se o vosso coração! Credes em Deus, crede também mim" (Jo 14,1).

---

113. SONG, C.-S. *The compassionate God*: an exercise in the Theology of Transposition. Londres: SCM, 1982, p. 125-126.

Coração de Jesus, manso e humilde

Conhecemos o coração de Jesus não só por suas palavras de amor, mas originariamente pela prática de sua compaixão ativa. Gestos uterinos de misericórdia diante do ser humano que diante d'Ele se desnuda ou grita por amor. Cegos, coxos, hansenianos, presos, mulheres, crianças, todos sem qualquer exceção eram amados e acolhidos. O coração de Jesus era movido pelo Amor infinito do Pai, que se revela no Filho Amado e Amante do humano e da criação. Jesus mesmo afirma diante dos empobrecidos e desprezados: "Tenho compaixão desta gente" (Mc 8,2a). Assim escreve Ole Martin Hoystad: "A qualidade essencial do coração no cristianismo é servir como uma morada para a alma (que assim adquire substância). A chave do mistério da vida (e da morte), o mais secreto e irredutível, fica ocultado no coração humano como uma morada da alma dada por Deus, que não segue o caminho da carne, mas que, em certas condições, pode ser salva (ou perdida para o bem), a reluzente pérola que, na porta da morte, pode ultrapassar o limiar para bem-aventurança eterna. É essa doutrina da alma que é desenvolvida no Novo Testamento, onde o coração de Deus (do Antigo Testamento) é completado e conectado com o igualmente importante amor ao próximo em ágape, que também tem o seu lugar no coração: Tu amarás o teu próximo como a ti mesmo (Mt 22,39). Todas as outras formas de amor estão subordinadas e sujeitas a estas duas formas"[114]. Mergulhando nas páginas sagradas, encontramos esse segredo do amor de Deus escondido e revelado em seu coração pulsante. Ele esconde e revela. Disse Blaise Pascal (1623-1662): "O coração tem as suas razões que

---

114. HOYSTAD, O.M. *Uma história do coração*. Petrópolis: Vozes, 2015, p. 80-81.

a própria razão desconhece". Por essa *des-razão* emocional, cantemos: "Eis o que eu venho te dar/ Eis o que eu ponho no altar/ Toma, Senhor, que ele é teu/ Meu coração não é meu". As palavras-chave do papa Francisco emergem do coração de Jesus. O pontífice fala de atualização, dos novos sinais dos tempos, de diálogo, comunhão, participação, liberdade religiosa, liturgia, ecumenismo, Igreja povo de Deus em marcha, missão, retorno às fontes patrísticas, Igreja local, colegialidade episcopal, laicato adulto e missionário e, sobretudo neste ano de 2016, conclama cada cristão a fazer-se missionário da Misericórdia em ação concreta e política: cuidar dos pobres, visitar doentes, cuidar dos moradores de rua e dos refugiados das guerras e da violência urbana, visitar presos, consolar aflitos e idosos, alimentar a esperança de jovens submetidos aos traficantes e às drogas, velar mortos e cuidar com esmero da Casa Comum que é nosso planeta.

Essa Igreja nascida no coração de Jesus passa a ser Igreja toda ela empenhada em difundir a Palavra de Deus. Cada cristão é, por direito e dever batismal, um missionário do Evangelho! Do conceito restrito de missão vista como algo jurídico, o papa Francisco pede uma compreensão bíblica de um Deus amoroso manifestando sinais de liberdade e perdão. Além das leis e dos muros congregacionais ou religiosos.

O coração de Jesus é sem fronteiras, pois ama cada pessoa e cada ser vivo infinitamente. Jesus sabe bem que "na revelação, a misericórdia é a reação correta ante o mundo sofredor, e que é reação necessária e última; que sem aceitar isto não pode haver nem compreensão de Deus nem de Jesus Cristo nem da verdade do ser humano, nem pode haver realização da vontade de Deus nem da essência humana. Embora a misericórdia não seja o único, é absolutamente necessária na revelação, e em último termo, cf. Mateus 25, absolutamente suficiente"[115].

O tempo novo inaugurado pelo papa Francisco exige novos missionários que proponham de forma livre e direta o Evangelho de Jesus como mensagem de esperança e alegria. Como um cântico novo das criaturas, louvando ao Criador e afirmando a fraternidade. De maneira colegial e em mutirão, juntos na companhia de Jesus. Essa Igreja mergulhada no mundo não irá mais propor verdades abstratas ou idealizadas, mas a adesão pessoal ao Deus de Jesus Cristo, que age como fermento interior na transformação progressiva de cada ser humano. Essa é a aposta efetiva do papa Francisco.

Um mundo sem coração e o coração nas mãos
A beata Madre Teresa de Calcutá (1910-1997) incomodava: "As mãos que ajudam são mais sagradas do que os lábios que rezam". Uma sintonia fina entre o falar e o fazer deve expressar um dos tesouros da prática de Jesus que é a coerência. Essa é a primeira tarefa da fé. Pouco espetáculo e muita fidelidade aos irmãos. Ir ao encontro, tocar, amar, deixar-se amar, confiar, abraçar, chorar as dores dos empobrecidos e estar com eles na luta pela vida. O papa Francisco sempre se fez amigo e companheiro das pessoas, ontem em Buenos Aires e hoje em Roma, na Faixa de Gaza, na Síria, em Paris, em Moscou, em Pequim ou em Lampedusa. Dizia o papa Francisco em 26 de março de 2013: "Viver a Semana Santa seguindo a Jesus quer dizer aprender a sair de nós mesmos, ir ao encontro dos outros, ir à periferia, sermos os primeiros a nos movermos até nossos irmãos, principalmente àqueles

---

115. SOBRINO, J. *O princípio misericórdia*: descer da cruz os povos crucificados. Petrópolis: Vozes, 1994, p. 67.

que estão mais longe, que estão esquecidos, que necessitam de compreensão, consolo e ajuda".

Os jornais revelam um mundo em conflito dos que pretendem o controle dos mercados, a prioridade das mercadorias destruindo nações inteiras na voracidade capitalista. A presença norte-americana movida pelo petróleo e pela venda de armas massacra o planeta. O crescimento da China fez-se à custa da expropriação de matérias-primas da África e do trabalho escravo de milhões de asiáticos. O governo fantoche da Síria usado pela Rússia mostra como povos são manipulados. Três grandes impérios sem coração mantêm o planeta doente produzindo um bilhão de refugiados que buscam terra, comida e liberdade. A rica Europa, separada por novos muros e governos de ultradireita, não quer ouvir o Evangelho de Cristo, fechada na xenofobia e na discriminação.

A falta de misericórdia expressa-se na situação de fome que dizima milhares no Haiti, em Uganda, na Síria, no Congo e no Sudão. Há países ricos em bancarrota fiscal como a Grécia, Chipre, a Espanha, Portugal e a Irlanda. Muitos creem que o papa Francisco é o único estadista de paz que pode nos salvar desta catástrofe humanitária. Sabemos que Francisco não se pretende messiânico nem é afeito ao poder, pois conhecemos seu amor em gestos pelos últimos e desprezados. Esse amor preferencial do coração de Jesus mostra que "assim como o comunismo caiu por suas contradições internas, este liberalismo também vai cair por suas contradições internas", disse o então arcebispo de Buenos Aires, Jorge Mario Bergoglio. Ele adverte que "não devemos nos resignar a aceitar passivamente a tirania do econômico. A tarefa não deve reduzir-se a que as contas fechem para tranquilizar os mercados".

Criar outras palavras para tempos novos, anunciando o eterno amor de Deus pela humanidade, é o desafio catequético mais exigente do papa Francisco. Propor eternidade em tempo de fugacidades. Propor fidelidade e amor em tempos de liquefação das pessoas e das sociedades, como mostra a obra de Zigmunt Baumann (1925-). Parafraseando o apóstolo Paulo, o bispo de Roma precisa ser grego com os gregos, romano com os romanos, pobre com os pobres, cuidador entre ecologistas, jovem entre jovens e migrante entre refugiados. A fé cristã exercita-se na prática da sabedoria e do discernimento. Isso faz do cristão alguém atento às novas conquistas da ciência e do pensamento literário, mesmo daqueles que não tem fé ou que a negam. O verdadeiro cristão luta com todas suas forças contra o sofrimento e tenta aliviá-lo com os recursos da ciência e da tecnologia disponíveis sem ferir os preceitos éticos fundamentais. Quer ser humano plenamente e defender a vida e toda vida da concepção até a morte natural. Assim evita caminhos vazios e nocivos. Assume a missão inédita da fé que é falar de ressurreição repensando os conceitos e experimentando o milagre. Assumo a expressão do padre Adolphé Gesché (1928-2003): "A fé hoje não é uma ilusão, como dizia Sigmund Freud, e sim uma alusão". Alusão a algo discreto que revelará o âmago de nós mesmos e, no íntimo de cada um de nós, essa fé desvelará o Deus vivo e verdadeiro.

Esta é a grande tarefa missionária para nosso tempo: viver a fé que desperte esse eco adormecido dentro de cada pessoa. Ouvir nosso ser profundo que fala de amor e quer ser amado. E dizer isso aos que sofrem e que tem negada a sua humanidade. Quem tem fé enxerga em cada pessoa uma revelação única do rosto de Cristo. Cada pessoa possui inscrito em seu coração o plano de Deus para ela e para os que a conhecem. Abrir esses livros pessoais e decifrá-los é hoje a imensa tarefa da Igreja, do papa Francisco e de cada cristão católico ou evangélico, para que possamos celebrar as alegrias e as tristezas, os sofrimentos e as esperanças na mesa da Eucaristia. Como bem quis o inesquecível beato papa Paulo VI (1897-1978) ao proclamar que a Igreja deve ser perita em humanidade! Assim podemos ainda cantar mais forte a canção de padre Zezinho: "Quero que o meu coração seja tão cheio de paz/ Que não se sinta capaz de sentir ódio ou rancor/ Quero que a minha oração possa me amadurecer/ Leve-me a compreender as consequências do amor".

O segredo de Deus está no coração de Jesus
Todos esperam que este novo modo de viver a Igreja conforte os povos crucificados do mundo. Que seja um papa que atue em favor da justiça social e que a proclama com vigor. Um papa do jeito de Jesus de Nazaré, corajoso e peregrino. Uma Igreja evangélica, que valorize a pregação e relance a missão entre os povos novos e entre os países de antiga tradição cristã, como testemunho de vida em Cristo; que favoreça o diálogo para tocar o coração e a mente das pessoas, com delicadeza e profundidade espiritual. Há necessidade de cambiar modos obsoletos de organizar a instituição eclesial, abrindo espaço para que os jovens participem plenamente; que os pobres digam palavras de utopia e sonho e saibam que a Igreja os ama com amor preferencial; que as mulheres possam agir em novos ministérios; que as nossas Igrejas e paróquias se tornem igrejas vivas e participativas, valorizando as pequenas comunidades eclesiais de base.

A hora de assumir o coração de Jesus chegou. Que as veias cava superior e cava inferior de nossas pastorais estejam livres de colesterol. Que a válvula aórtica da Igreja não seja enfraquecida por qualquer aneurisma. Que os sinais elétricos do nodo sinoatrial façam as conexões essenciais para que o sangue flua e leve a vida ao Planeta Terra. O coração de Jesus é um mapa para viver em Deus.

Diante da interpelação tripla de Jesus ao ser humano, na pessoa de Simão, filho de João: "Tu me amas?" (Jo 21,15a.16a.17a). Não sejamos fracos, respondendo três vezes tal qual Simão: "Sim, Senhor, tu sabes que eu te quero bem" (Jo 21,15b.16b.17b). Digamos convictos: "Sim, eu Te amo com toda a força de meu coração, de meu entendimento, de meu corpo pleno". Em lugar de gostar optemos por amar com todo o coração, proclamando pela boca, pela mente e pelas mãos nossa adesão livre ao Pai de Jesus. Assim dirá o teólogo da Ordem dos Servos de Maria: "Para o evangelista João, Jesus não é igual a Deus, mas Deus é igual a Jesus"[116]. Pratiquemos a loucura do coração de Jesus: amados para amar.

---

116. MAGGI, A. *A loucura de Deus*: o Cristo de João. São Paulo: Paulus, 2013, p. 11.

12
Entre a cruz e o espelho

Era uma vez um rei surdo. Porém, sua surdez era mental. Não era genética nem senil. Era uma surdez adquirida por vontade própria. O monarca era alguém que não queria mais ouvir seu povo e sua família. Muitos sábios e otorrinolaringologistas foram chamados para curá-lo, mas ninguém conseguiu chegar ao diagnóstico ou revelar a causa profunda daquela moléstia. Muitos propuseram diagnósticos e terapias, todas inúteis. O conselheiro real acreditava que o soberano havia nascido com um "rei na barriga" e que a surdez era resultado de um longo processo educativo ao qual fora submetido desde a juventude. Fizeram-no crer que um ser humano podia ser o dono da verdade. O bobo da corte acreditava que eram as bobagens ditas pelos súditos que o teriam aborrecido a tal ponto que "se fez de surdo". A rainha sugeriu que o marido fosse bipolar; assim, nos dias que estava de bom humor, até ouvia algo. Nos demais dias, ficava "surdo como uma porta". Os príncipes reais assumiram a defesa do pai e, mesmo sendo ouvintes, começaram por mimetismo a vivenciar a surdez paterna, pois pensavam que só assim poderiam sucedê-lo e tornarem-se bons reis. O povo desconfiava de tudo isso e foi pesquisar em livros antigos para descobrir se, no passado, havia relatos semelhantes de outros reis ou de outros povos. Nessa pesquisa, encontraram a causa da doença: era a síndrome de Narciso. Descoberta pelos gregos, a moléstia afetava reis e pessoas do poder. No conteúdo da pesquisa, estava a lenda de Narciso, homem belo e formoso, que morreu enfeitiçado com a própria beleza e formosura. Desse modo, a narrativa, contada e assumida, poderia salvar o rei:

"Narciso era herói de Téspias, na Beócia. Possuía grande beleza e um orgulho desmedido. Era filho do deus-rio Céfiso e da ninfa Liríope. Quando nasceu, o oráculo Tirésias profetizou que Narciso teria vida longa se jamais contemplasse o próprio rosto. Quando chegou à idade adulta, muitas jovens e ninfas apaixonaram-se por ele; porém, o rapaz nunca se interessou por nenhuma delas. Tempos depois, Eco, uma ninfa tão bela quanto Narciso, passou a amá-lo muito, mas esse amor nunca foi correspondido. A beleza dele era tão incomparável que se julgava semelhante ao deus Apolo. Por essa razão, ele rejeitou o amor de Eco. Desesperada, a jovem definhou, restando-lhe apenas um sussurro débil e melancólico daquele amor e o desejo de ser ouvida. Então as moças desprezadas pediram que os deuses as vingassem. Para dar uma lição ao rapaz frívolo, a deusa Némesis condenou Narciso a apaixonar-se pelo próprio reflexo. Certo dia, depois de uma caçada, ele se debruçou em uma fonte para beber água. Ao ver-se refletido no espelho das águas, encantou-se pela própria beleza. Deitando-se perto da fonte para contemplar-se, definhou e morreu mirando-se a si mesmo. No local onde ficara seu corpo, restou apenas uma flor: o narciso."

Assim, a parábola carrega esta lição: a raiz de muitas de nossas doenças modernas está dentro de nós mesmos, quando nos fechamos em nosso orgulho e adquirimos a síndrome narcísica que coloca tudo girando em torno de nobres umbigos; com isso, permanecemos doentes contemplando-nos sem querer ouvir as vozes que sussurram ao nosso lado clamando por amor, justiça, partilha e comunhão.

Esse mito pode ser aplicado a qualquer pessoa de nossa sociedade do século XXI e se dirige àqueles que exercem cargos de liderança na vida social, política ou eclesial. Todos precisam conhecer e superar a síndrome de Narciso buscando remédios e antídotos para não morrerem nem definharem em sua missão.

A Exortação Apostólica do papa Francisco

O papa Francisco (1936-) acaba de nos ofertar a longa e bela Exortação Apostólica *Evangelii Gaudium* (A Alegria do Evangelho). No referido texto, ele apresenta o caminho cristão que leva à superação da doença que afeta muitas pessoas em nossa Igreja. A exortação papal apresenta o ato de evangelizar como "[...] uma suave e reconfortante alegria [...]" (EG 10) e diz que "[...] um evangelizador não deveria ter constantemente uma cara de funeral [...]" (EG 10), pois cada um que vive "[...] o mundo do nosso tempo, procura ora na angústia ora com esperança, receber a Boa-Nova dos lábios não de evangelizadores tristes e descorçoados, impacientes ou ansiosos, mas, sim, de ministros do Evangelho cuja vida irradie fervor, pois foram quem recebeu primeiro em si a alegria de Cristo" (EG 10).

Há uma reforma profunda necessária para todos os seguidores de Cristo e membros da Igreja. Cada evangelizador precisa assumir e realizar tal reforma. Essa é uma tarefa global e local, não só daqueles que estão nos postos de comando, como bispos e coordenadores de pastoral. Tal conversão deve tocar a vida cotidiana da Igreja, em pastorais, liturgias, reuniões, catequese, paróquias, seminários, dioceses, cúrias, faculdades de teologia e até mesmo mexer nas universidades católicas. Até agora, muito da vida cristã havia se tornado mera transmissão de saberes filosóficos, dogmáticos e teológicos. Os agentes de pastoral foram se assumindo de forma autorreferencial ou até institucional. A burocracia acabava se impondo e, em lugar do outro e da ação evangélica, acabam tornando-se funcionários de si mesmos em nome do poder sagrado. Diz o papa: "Somente graças a este encontro – ou reencontro – com o amor de Deus, que se converte em amizade feliz, é que somos resgatados da nossa consciência isolada e da autorreferencialidade [...]" (EG 8).

Muitos teólogos começaram a pensar e a agir como os únicos donos dos saberes religiosos e, como tais, automática e formalmente designados para o exercício de um poder que não precisa ouvir o povo, esquecendo-se da pregação vital da misericórdia, a compaixão e a proximidade. Eles não se lembram de que é preciso viver aquilo que se prega. Até mesmo o amor ao próximo é metamorfoseado em um saber ideal a ser transmitido; então, a prática real, concreta e vital, matriz da fé e da verdade, vai se tornando um saber teórico e elitista a ser dito de forma imponente e asséptica, com requintes de pompa, mas sem carinho, sem cruz e pouco respeito às culturas e aos dramas humanos. Em nome do saber, esvaziam o Evangelho. Sobre isso, diz o papa: "[...] Desenvolve-se a psicologia do túmulo, que pouco a pouco transforma os cristãos e múmias de museu [...]" (EG 83). Nada do que é verdadeiramente cristão pode subsistir sem a cruz redentora, sem discernimento espiritual e sem um diálogo com outros saberes e a realidade. "[...] Chamados para iluminar e comunicar vida, acabam por se deixar cativar por coisas que só geram escuridão e cansaço interior e corroem o dinamismo apostólico. Por tudo isto, permiti que insista: não deixemos que nos roubem a alegria da evangelização!" (EG 83). É impossível uma pastoral mais humana se ela se transformar em algo estático, triste, autoritário, promovido por "donos de saberes".

Sob o aspecto psicanalítico, o saber está associado, como saber humano, ao narcisismo. Isso significa que quem detém algum saber possui em si sempre uma tendência interna de fazer girar tudo em torno de si mesmo. Isso ocorre com professores, intelectuais, sacerdotes, comunicadores e quem vive em hierarquias organizadas pelo saber e pelo poder. Faz parte da realidade narcísica o medo e, muitas vezes, a ausência de práticas comunitárias e críticas, pois no narcisismo se nega o outro por temor e se perde o foco da comunhão. Diversos saberes ditos e acumulados impedem que se dialogue com o outro. Assim, muitas pessoas na Igreja são presas pela armadilha e só querem ouvir o outro quando este confirma as próprias palavras. Narcisistas jamais admitem erros e não escutam críticas que vão à raiz das questões. Para que um cristão evite isso, é preciso alterar sua prática e ouvir mais e muito. Tal mudança do agir governado pelo amor mais que o saber acontece originariamente no movimento libertador do Êxodo, faz-se concreta na prática dos profetas bíblicos e atinge seu auge na prática libertadora de Jesus Cristo. Ele ultrapassa a Lei pela prática do perdão, da alegria e da misericórdia; aproxima-se dos pequenos, das mulheres e dos pobres; encarna-se na vida e na esperança do povo empobrecido. O Templo tornara-se o lugar do poder e não mais lugar da vida dos pobres. O Sinédrio mantinha unicamente seus privilégios, e seus membros não suportaram ouvir a ação do profeta Jesus ao mostrar e proclamar o Evangelho do Deus da vida e do perdão.

Chamados para viver a alegria do Evangelho

Muitas vezes, a vocação cristã desvia-se da verdade do Evangelho e afasta-se da cruz redentora. Defende a afirmação narcisista de que há eleições especiais envoltas em uma redoma de cargos, poderes e ritos. Convém insistir que a vocação do discípulo não ocorre em virtude de uma suposta superioridade, mas do amor abundante de Deus. Cada ministro é chamado por Ele porque é pecador, mais do que por exclusividades ou privilégios. A Salvação acontece por dentro de cada pessoa trabalhada pelo Espírito Santo. É sempre a partir do amor divino que o mundo se transforma e onde há pecado a graça superabunda (cf. Rm 5,20).

Uma Igreja alegre possui como eixo uma pastoral humana e uma fé comunitária. Transcender é superar a si mesmo para chegar ao irmão e a Deus. O critério decisivo para ser batizado, ser admitido ao sacerdócio presbiteral ou episcopal, aos votos religiosos ou para exercer quaisquer cargos em paróquias ou comunidades não é o acúmulo do saber ou poder, mas uma enorme capacidade de conviver com os outros e de conhecer a si mesmo sem ficar preso ao espelho. Certamente não é ausência de problemas psíquicos, mas a capacidade de conviver com esses dilemas e limites, realizando a conquista da confiança na força vital que vem de Deus e na capacidade de amar que nos faz melhores e mais felizes. A felicidade não é algo para um cristão, mas é sempre alguém fora de mim e que me convida e convoca. Diz o papa Francisco: "Sonho com uma opção missionária capaz de transformar tudo, para que os costumes, os estilos, os horários, a linguagem e toda a estrutura eclesial se tornem um canal proporcionado mais à evangelização do mundo atual que à autopreservação [...]" (EG 27).

Hoje, alguns querem projetar uma imagem idealizada de bispos, padres, religiosos ou missionários. Apresentam-se belos e perfeitos, e não homens ou mulheres normais que necessitam uns aos outros no amor, na simplicidade. Ao assumir o ideal perfeccionista, ficam prisioneiros do próprio espelho, semelhantes ao protagonista de *O retrato de Dorian Gray*, do escritor irlandês Oscar Wilde (1854-1900). Tornam-se presas da própria imagem e adoecem. Imagens idealizadas negam a realidade da pessoa e de sua fragilidade existencial, gerando vários tipos de problemas patológicos, entre os quais o autoritarismo, o ativismo pastoral e a surdez carreirista. Muitos cristãos, sacerdotes e religiosos sofrem de alcoolismo, de gastrite, de doenças hormonais e psíquicas por conta dessa educação idealizadora e narcisista. Querem aparentar aquilo que não são. Falam muito, pois têm medo de aquietar e ouvir. Estão à beira da lagoa, dia e noite, contemplando o próprio rosto e ouvindo o eco de seu coração. E aqueles que clamam por mudanças são incompreendidos, rejeitados e, muitas, vezes punidos.

O "novo" do papa Francisco é a vontade uterina de propor uma urgente humanização de toda a Igreja que passe pelo cultivo das pessoas, em que o encontro se torna meio e fim da evangelização, assumindo os que vivem nas periferias humanas e geográficas. A ordem do pontífice é esta: a saída missionária! Diz o papa: "A Igreja 'em saída' é a comunidade de discípulos missionários que *primeireiam* [*tomam a iniciativa*], que se envolvem, que acompanham, que frutificam e festejam [...]. Ousemos um pouco mais no tomar a iniciativa!

[...] Como obras e gestos, a comunidade missionária entra na vida diária dos outros, encurta as distâncias, abaixa-se – se for necessário – até a humilhação e assume a vida humana, tocando a carne sofredora de Cristo no povo. Os evangelizadores contraem assim o 'cheiro de ovelha', e estas escutam a sua voz. [...] No meio dessa exigência diária de fazer avançar o bem, a evangelização jubilosa torna-se beleza na liturgia. A Igreja evangeliza e se evangeliza com a beleza da liturgia, que é também celebração da atividade evangelizadora e fonte de um renovado impulso para se dar" (EG 24).

Fazer escolhas alegres

Esta proposta alegre do papa Francisco enfrenta muitas forças contrárias por conta das imagens idealizadas do saber e do poder construídos durante muitos séculos no regime da cristandade. Sem enfrentar tais resistências, a novidade da missão poderia fracassar. Francisco é o papa da esperança que acredita na cruz e na alegria do Deus vivo e libertador. Ele propõe que cada batizado viva esse momento histórico como uma oportunidade divina para fazer escolhas. O pontífice propõe a cruz para deixar de lado o narcisismo. Pede que os sacerdotes superem a preocupação obsessiva com seu tempo pessoal e que os leigos abandonem o comodismo e a fuga dos compromissos eclesiais (cf. EG 81).

Para isso, será preciso dar alguns passos e opções: dizer não a uma economia da exclusão (cf. EG 53); dizer não ao pessimismo estéril (cf. EG 84); dizer sim às novas relações geradas por Jesus Cristo (EG 87); dizer não ao mundanismo estéril (cf. EG 93); dizer sim aos leigos como importante desafio pastoral (cf. EG 102); assumir a dimensão social do Evangelho (EG 110 a 144). Vale citar que, para efetivamente ser evangelizador com Espírito, é preciso assumir-se como alguém entusiasmado, seguro e enamorado por Jesus (cf. EG 266).

Unidos ao papa Francisco, pedimos a Maria, Mãe da Evangelização: "Alcançai-nos agora um novo ardor de ressuscitados para levar a todos o Evangelho da vida que vence a morte. Dai-nos a santa ousadia de buscar novos caminhos para que chegue a todos o dom da beleza que não se apaga. Para que a alegria do Evangelho chegue até os confins da terra e nenhuma periferia fique privada de sua luz" (EG 288).

É preciso superar o espelho de Narciso para viver a cruz de Cristo. Diz o papa Francisco: "O Evangelho, onde resplandece gloriosa a cruz de Cristo, convida insistentemente à alegria [...]" (EG 5). É chegada a hora de fazer esta opção: entre a cruz e o espelho, escolher a cruz, com a alegria que brota da cruz de Cristo!

13

O sacramento da toalha

A aula sobre Jesus e sua missão pastoral transcorria serena e tranquila, até que a aluna de Bauru, religiosa comprometida com rosto de mulher feliz e madura, soltou, espontânea, duas perguntas explosivas: "*Profe*, qual é o segredo de Jesus? Qual é seu sacramento mais evidente?" E, quase levitando, continuou: "Eu sempre quis saber o segredo mais profundo de Jesus. Que queria revelar? Que buscava para si e para os seus? Qual seu sinal? Qual seu sonho? Quais seriam as suas exigências éticas?" A resposta do professor saiu espontânea e inspirada, quase automática: "Caríssima irmã, o segredo de Jesus é Ele mesmo! Jesus é o segredo revelado em sua vida, seu corpo e sua misericórdia". A irmã não se fez de rogada e perguntou outra vez, buscando as razões profundas e brincando com o paradoxo: "Como podemos saber do segredo de alguém se nem sabemos nosso segredo pessoal? Será que, sabendo o que Ele fazia, poderemos mesmo saber quem Ele era? Se penetrarmos seu mistério pessoal, por algum sacramento revelador, pode-se vislumbrar a beleza de Seu coração?"

O professor, com calma e pedagogia, respondeu: "Sim, caríssima aluna, Jesus só pode ser compreendido por sua ação pessoal. Sabemos quem Ele é ouvindo o que diz e seguindo seus passos e ações terapêuticas e inovadoras. Jesus é Ele mesmo uma boa-notícia expressa em carne e osso. Se conhecermos o que Jesus fazia, saberemos dizer com certeza quem era Jesus como pessoa. Conhecendo o ser de Jesus, poderemos então conhecer o ser do Filho de Deus, que é a porta para adentrar no próprio ser de Deus. Não de um deus qualquer ou sem rosto, mas conhecer o ser de Deus que é Pai e que nos ama. 'Quem me viu, viu o Pai', dirá o próprio Jesus, de forma direta e transparente". Ao retomar a prática de Jesus, iremos compreender e reconhecer que estamos diante de um ser humano singular, único e fortemente coerente, em seu mistério único e unitário de seu agir e de seu falar. O mistério da pessoa que é Jesus nos conduz ao centro de toda a vida e de toda a razão e sentido da existência, que é estar e viver em Deus. O modo como Ele se relaciona, os gestos que realiza, as pessoas com quem convive, a prática libertadora que exprime em ações e projetos, em oração, fidelidade e caminho exteriorizam o que lhe vai por dentro do coração e da mente.

Sobre isso, disse o teólogo Hugo Echegaray (1940-1979): "A prática de Jesus nos leva assim diretamente, e em primeiro lugar, ao mistério da pessoa de Cristo e, de nosso lado, à admiração, à atitude contemplativa que se deixa encantar pela humanidade interpeladora do Senhor. Penetra-se assim na verdade mais profunda desta prática por meio de uma relação pessoal que a história só pode preparar, proporcionado critérios de realidade que lhe impeçam dissolver-se em uma efusão puramente subjetiva, e em última instância, ilusória"[117]. A prática de Jesus reenvia-nos ao próprio Jesus.

---

117. ECHEGARAY, H. *A prática de Jesus*. Petrópolis: Vozes, 1984, p. 134.

Estamos diante de um homem livre que nos torna livres. Não um Evangelho de receitas e normas rígidas a serem aplicadas mecanicamente. De um homem que parece enigmático, mas que revela o segredo do grande amor de seu Pai, dando-nos de presente o próprio Filho Amado. O coração quase pula pela boca e exclamamos jubilosos: "Tu és o Cristo, o Filho do Deus vivo!" (Mt 16,16b).

A aluna não resistiu e cutucou outra vez: "Isto está muito teórico. E onde está o sinal? O sacramento principal deste Jesus livre, qual é? Como ver isto hoje e seguir a mensagem com liberdade e amor?" O professor concordou que o que ela dissera parecia um devaneio filosófico, e respondeu-lhe que Jesus é a plenitude dos Evangelhos. Ele é mais que um conjunto de livros ou frases. É mais que um rabino, um professor, um revolucionário ou um profeta; é o próprio sacramento do Pai. Em sua prática, veremos como o lava-pés da Ceia será, naquela "hora de Jesus", um sinal revelador. Sua personalidade expressa com a toalha de banho, o sacramento da comunidade. O sacramento de Jesus será o sacramento da toalha. Assim lemos neste evangelho que, durante a Ceia, sabendo da traição de Judas, e confiante no Pai, de quem viera e a quem voltava, Ele fez algo de inusitado: "Jesus levanta-se da mesa, depõe o manto e, tomando uma toalha, cinge-se com ela. Depois coloca água numa bacia e começa a lavar os pés dos discípulos e a enxugá-los com a toalha com que estava cingido" (Jo 13,4-5). E pergunta aos discípulos, ao final do sacramento por Ele realizado: "Compreendeis o que vos fiz?" (Jo 13,12b). E deixa a ordem categórica como uma guia de conduta de todos os que o seguem e amam: "Dei-vos o exemplo para que, como eu vos fiz, também vós o façais" (Jo 13,15). A felicidade completa com Deus depende do sacramento da toalha.

Santo Antônio e o sacramento da toalha

Astutamente, a aluna tornou a perguntar: "Algum teólogo terá falado sobre isso? Eu nunca tinha ouvido falar em sacramento da toalha. Haveria um oitavo sacramento?" Nosso amado Santo Antônio de Lisboa e Pádua (1195-1231) refletiu esse momento sacramental em seu sermão chamado *In Cena Domini* [A Ceia do Senhor], em que dirá: "Cristo inclinou-se diante dos pés deles, como se fora um servo, e, inclinado, lavou-lhes os pés. Ó incompreensível humildade! Ó inefável benignidade! Aquele que é adorado pelos Anjos no céu inclina-se diante dos pés de pescadores. Aquela cabeça, que faz tremer aos Anjos, submete-se aos pés dos pobres". Santo Antônio explicou detalhadamente o significado desse sacramento da toalha em seus elementos alegóricos. Disse: "A ceia é a glória paterna; a deposição dos vestidos, a aniquilação da majestade; a toalha, a carne pura; a água, o derramamento do sangue ou a infusão da graça; a bacia, o coração dos discípulos; os pés, os seus afetos". Ele nos lembrou de que, por quatro vezes, Jesus teve as vestes depostas em sua vida terrestre: na Ceia Pascal; na coluna a que foi atado durante a tortura; entre os soldados e, enfim, ao ser crucificado, e, nessa última vez, não voltou a vestir-se com as vestes que trajava. E o que significaria a toalha? Ouçamos: "E tendo tomado a toalha, cingiu-se. Da carne puríssima da Virgem recebeu a toalha de nossa humanidade. O varão vestido de linho é Jesus Cristo, que da Virgem Santíssima recebeu um vestido de linho. Cristo entrou no meio da nossa peregrinação, como pobre, degredado e peregrino, porque dificilmente encontrou lugar em todo o mundo. E limpou com a toalha com que estava cingido, porque toda a mortificação e o sofrimento do corpo do Senhor é purificação nossa. Com esta toalha devemos limpar o suor de nosso trabalho e o sangue de nosso sofrimento, tomando o exemplo da sua paciência em todas as nossas tribulações, a fim de com Ele gozarmos na sua glória. Auxilie-nos Ele mesmo, que é bendito pelos séculos. Amém"[118].

Com essa leitura iluminada de Santo Antônio, concordou o grande filósofo alemão Theodor Adorno (1903-1969) com uma frase lapidar: "Deixar falar o sofrimento é condição de toda a verdade". É esse o sacramento da toalha, o linho da encarnação, a encarnação de Deus em nossa peregrinação como pobres e sofredores. Conhecendo o drama humano, Jesus dispôs-se por misericórdia a acompanhar, a sanar e a ungir nossas feridas e dores profundas. Em palestra pronunciada há poucos anos no Instituto de Pesquisas do Rio de Janeiro (Iuperj), o servo de Deus dom Luciano Mendes de Almeida (1930-2006) disse que as três coisas que compõem a essência do cristianismo são: o sofrimento do inocente, a vida eterna e o amor ao outro. O sacramento da toalha exprime-os de forma completa e complexa. Ele revela o segredo mais íntimo de Jesus: servir e amar. Só aqueles que assumem aos crucificados da história, aos desprezados das sociedades atuais, aos que vivem nas periferias do poder e do dinheiro serão capazes de decifrar os enigmas da história e da vida e apresentar coerentemente ao Evangelho de Cristo. E esse Evangelho é, ele mesmo, a própria pessoa que o proclama por seus gestos e palavras. Nisto reside o mínimo do mínimo. Aqui está a essência mais íntima de Cristo e de sua missão: apresentar-se como servidor e pregador misericordioso. Em uma recente catequese, o papa Francisco (1936-) disse: "O essencial, se-

---

118. REMA, H.P. (org.). *Obras completas de Santo Antônio* – Sermões dominicais e festivos. Vol. II. Porto: Lello e Irmão, 1987, p. 835-841 [Trad. Henrique Pinto Rema].

gundo o Evangelho, é a misericórdia. O essencial do Evangelho é a misericórdia. Deus enviou o seu Filho, Deus se fez homem para nos salvar, isso é, para nos dar a sua misericórdia. Jesus diz isso claramente, resumindo o seu ensinamento para os discípulos: 'Sede misericordiosos, como o vosso Pai é misericordioso' (Lc 6,36). Pode existir um cristão que não seja misericordioso? Não. O cristão necessariamente deve ser misericordioso, porque isto é o centro do Evangelho. A Igreja se comporta como Jesus. Não faz lições teóricas sobre amor, sobre misericórdia. Não difunde no mundo uma filosofia, uma via de sabedoria... Certo, o cristianismo é também tudo isso, mas por consequência, reflexo. A Mãe Igreja, como Jesus, ensina com o exemplo, e as palavras servem para iluminar o significado dos seus gestos"[119]. Finalizando essa aula dialógica e promissora, a aluna disse: "Jesus é o sacramento do encontro do humano com Deus". A toalha é a nossa pequenez humana presa a tantos limites, medos e dores, mas, ao ser molhada na bacia da comunidade eclesial, com a água do Espírito, nos torna novas criaturas.

Sorrindo por dentro, o professor disse: "Só pode ser salvo o que foi assumido. Só pode pregar aquele que serve. Só pode ter autoridade aquele que escuta os outros". Lembrando-se de Santo Agostinho de Hipona (354-430), um minuto antes de tocar o sinal, encerrou a aula com uma frase de Santa Mônica (331-387): "Ninguém pode chegar a Deus, sem o ter procurado antes. Será feliz quem possuir a Deus como amigo"[120]. Para ser um bom amigo, basta cingir-se de uma toalha e lavar os

---

119. PAPA FRANCISCO. Catequese com o papa Francisco sobre misericórdia. In: *Boletim da Santa Sé*, 10/08/2014.

120. SANTO AGOSTINHO. *Solilóquios e a vida feliz*. São Paulo: Paulus, 1998, p. 140 [Patrística].

pés dos que carregam feridas no corpo e na alma. É preciso assumir o sacramento da toalha. Jesus está mais perto do que podemos imaginar. "Até a próxima aula", Ele dirá à irmã que, agora, tem um brilho no olhar. Sabia o segredo e onde estava a toalha. Parece que a aluna foi cingir-se! "Boa lição de casa, caríssima aluna!"

14
O cristianismo do futuro

O cristianismo do futuro precisa estar conduzido pela compaixão, que começa como um sentimento de simpatia para com a tragédia alheia, acompanhado do desejo de minorá-la, mas que ultrapassa esse primeiro momento sentimental. Um cristianismo missionário de futuro precisa expressar sua participação espiritual na infelicidade da humanidade e gerar um impulso altruísta de ternura neste imenso mundo de Deus.

Compaixão é entendida como algo que nos liga à dor e ao sofrer. Compassivo é alguém paciente. Na civilização ocidental, marcada pela atividade e pela construção propositiva, tal conceito foi sempre interpretado de forma negativa e acabava caindo na passividade e no pessimismo paralisantes. É normal atribuir ao sofrimento um caráter psíquico e à dor um componente físico, ambos sempre doentios. Assim diziam que o cristianismo jamais poderia ser positivo e otimista, pois se distanciava dos que sofriam e buscavam alegrias imaginárias e alienadas. Stefan Zweig, famoso autor alemão, chegou a afirmar que a piedade assim considerada é perigosa. A passividade e um cristianismo paciente, entretanto, não serão sempre estáticos, inertes ou danosos. Poderão ser transformadores e livres.

Hoje é preciso resgatar o caráter ativo da compaixão, compreendida como a visita da outra pessoa em nossa vida e comunidade, para que possamos considerar essa qualidade como um aceitar da revelação que "comove nossos pensamentos e sentimentos". Compaixão como algo que muda e comove. Uma capacidade pessoal de "ser afetado" ou "ser fecundado" pelo que acontece aos outros, distantes e diferentes de nós. Compaixão como algo essencial para um cristianismo fiel ao Evangelho vivo de Jesus. Sofrer com os outros poderia, então, ser compreendido como uma chave essencial de transformação interior, que é sempre a mais difícil das transformações. Seria como uma abertura imprescindível ao outro, sem o que não há vida humana verdadeira e fraterna. Poderíamos compreender a compaixão como uma *passividade simpática*, ou seja, como um sentir com os outros. Experimentar e partilhar o que os demais sentem e vivem. Essa ligação fundamental seria a base de um cristianismo sadio e fecundo.

Poderíamos então afirmar que a compaixão vincula o sujeito ao exercício ativo da própria afirmação, ao não se corromper ou se desnaturar de sua comunhão com os demais. Só seremos de fato humanos e cristãos quando guardarmos a identidade humana na história no engajamento de amor em favor dos irmãos. O cristianismo do futuro deve conjugar o eu e o nós.

Nesse sentido, vale citar a obra *Heauton Timoroumenos*, do poeta latino Publius Terentius Afer, em cujo verso 77 se pode ler: *"Homo sum: nihil humani a me alienam puto"* (sou humano, nada do que é humano considero alheio a mim). Essa foi a resposta dada por Cremes quando Menedemo lhe perguntou por que se interessava por coisas que não lhe diziam respeito a outros seres humanos. A mesma concepção humanista e solidária é retomada no poema de John Donne, citado no prefácio da obra *Por quem os sinos dobram*, de Ernest Hemingway; aqui o poeta ressalta o fato de que qualquer morte humana o diminuía, porque ele fazia parte da humanidade, e era inútil perguntar-se por quem o sino estava dobrando: estaria sempre dobrando por qualquer pessoa humana (e ele estaria sofrendo por isso). Vejamos este belíssimo fragmento, tão atual hoje em dia com tantos irmãos padecentes, na terrível enchente que assola o Paquistão, nos mineiros presos sob a terra no Chile e nos imigrantes assassinados na fronteira entre o México e os Estados Unidos: *"Nenhum homem é uma ilha isolada; cada homem é uma partícula do continente, uma parte da terra; se um torrão é arrastado para o mar, a Europa fica diminuída, como se fosse um promontório, como se fosse a casa dos teus amigos ou a tua própria; a morte de qualquer homem diminui-me, porque sou parte do gênero humano. E por isso não perguntes por quem os sinos dobram; eles dobram por ti".*

A Igreja e um urgente cristianismo do futuro devem estar ligados a esse "doer comum" (se dói em você, quem quer que seja, dói também em mim) e aos atos de participar dessa dor vivida pelas pessoas (crentes ou não) ou expressar sua participação exclusivamente por amor a Deus, que nos faz irmãos e seus filhos e, portanto, herdeiros da Salvação.

A capacidade de sentir-se próximo e participante de outras dores nos traz à lembrança um verso do poema "Andria", de Terêncio: *"Tu si hic sis, aliter sentias"* ('Se estivésseis no lugar dele, sentiríeis de modo diferente'). De certa forma, isso quer dizer que a compaixão realiza uma mudança de lugar e de pensamento: pôr-se no lugar do outro altera o ponto de vista e a maneira de pensar e de agir. Também modifica os critérios de julgar e de transformar a vida. Tal alteração de estado vital foi aquilo que Deus realizou por meio de seu Filho Jesus: sendo Deus, Ele se fez homem e desceu em nossa carne tornando-se um de nós, exceto no pecado. Tal participação ativa e decisiva nas experiências dolorosas de outras pessoas é a alma e o coração do cristianismo e de toda a teologia. Ao participar das experiências e dos sofrimentos dos demais seres humanos, o sentimento, o olhar e até o pensamento se transformam por conta da mudança de lugar e de posição. Se cada pessoa (ou mesmo cada cristão) for capaz de silenciar-se e acolher passivamente a outra dor em seu interior, esta fecundará um modo de ver a vida que assume o jeito de Deus. O caminho d'Ele passa pelo coração humano, por seu corpo, sua dor e sua carne.

Na obra *Mapas para a festa*, Otto Maduro, pensador venezuelano, fala dessa experiência como uma afetuosa aceitação: *"A maneira como nós, pessoas e comunidades humanas, sentimos e definimos o que é central para nossas vidas, o que é aquilo que mais ameaça nossa sobrevivência e nossa segurança, o que é que mais nos atrai e satisfaz etc., é algo afetivamente condicionado, emocionalmente marcado, sofrendo a profunda influência de nossas relações com os outros seres humanos desde a mais tenra infância. As experiências mais decisivas de felicidade ou de sofrimento são experiências em relação a outras pessoas e a uma profunda dimensão emocional e afetiva".*

Já o filósofo argentino Enrique Dussel, em seu livro *Ética da libertação na idade da globalização e da exclusão*, afirma: *O fato de que o rosto do miserável possa "interpelar-me" é possível porque sou "sensibilidade", corporalidade vulnerável a priori. Sua aparição não é uma mera manifestação, mas uma revelação; sua captação não é compreensão, mas hospitalidade; diante do outro a razão não é representativa, mas presta ouvido sincero à sua palavra".*

Alguns autores da sociologia e da teologia veem a compaixão como a única instância contra a perversão e o mal extremo que se reproduz e atinge as cidades atuais, gerando tantos conflitos étnicos e religiosos no planeta. Na história colonial brasileira, o pregador jesuíta padre Antônio Vieira, em seus *Sermões*, disse que o que pode nos ajudar a compreender a ação de uma Igreja aberta ao futuro é o fato de esta poder chorar pela boca, como Demócrito, e não só pelos olhos, como Heráclito: *"A dor moderada solta as lágrimas, a grande as enxuga, as congela e as seca. Dor que pode sair pelos olhos, não é grande dor [...]. Heráclito chorava com os olhos; Demócrito chorava com a boca. O pranto dos olhos é mais fino; o da boca, mais mordaz"*.

Por último, vale citar que os padres conciliares reunidos no Concílio Vaticano Segundo (1962-1965), sonhando com o cristianismo vivido na Igreja do futuro, marcada pela compaixão como um selo de autenticidade de Deus no meio da humanidade, proclamaram no documento *Gaudium et Spes*, n. 39: *"Ignoramos o tempo em que a terra e a humanidade atingirão a sua plenitude, e também não sabemos que transformação sofrerá o universo. Porque a figura deste mundo, deformada pelo pecado, passa certamente, mas Deus ensina-nos que se prepara uma nova habitação e uma nova terra, na qual reina a justiça e cuja felicidade satisfará e superará todos os desejos de paz que se levantam no coração dos homens"*.

15
Paixão de Cristo, paixão do mundo

Na Sexta-feira Santa, ou Sexta-feira Maior, não se celebra missa ou qualquer outro sacramento. É dia de silêncio, de recolhimento, e momento propício para a comunhão das hóstias consagradas na noite anterior, memória e celebração da Ceia do Senhor e do rito do lava-pés. Na sexta-feira, em todas as comunidades cristãs, lê-se o relato da Paixão de Jesus, fazendo-se solene procissão conhecida como via-sacra, via-crúcis, ou seja, o caminho da cruz, atualizado nos dias de hoje em suas 15 estações. Faz-se também as preces da Igreja pelo mundo, a pungente adoração da cruz, uma antiga cerimônia nascida em Jerusalém e absorvida em Roma só no século VII, para finalizar com a salutar comunhão eucarística. Ao fazer a memória da crucifixão em tantas cerimônias litúrgicas em nossos dias, os fiéis atualizam os acontecimentos ocorridos no dia 7 de abril do ano 30 da Era Cristã. Foi nesse dia que Jesus de Nazaré, profeta das terras galilaicas, foi assassinado em um complô entre Pilatos (em nome do ocupante romano) e Caifás (sumo sacerdote e líder do Sinédrio), depois que Judas traiu o próprio mestre.

Toda a tradição cristã se exprime de forma privilegiada nas narrativas evangélicas que revelam as razões desse crime contra Jesus. O itinerário d'Ele durante sua Paixão pode ser reconstituído em cinco etapas centrais.

A primeira etapa articula-se entre os fatos e as tensões dos últimos dois anos de sua vida pessoal. Desde o momento em que Jesus assumiu a tarefa de pregador ambulante quando da prisão de João Batista, temos a certeza de que seu caminho seria difícil e espinhoso. Ao proclamar a Boa-nova; ao viver ao lado dos pobres; ao proclamar a primazia da pessoa diante do sábado; ao partilhar a comida com os excluídos e rejeitados; ao curar doentes e tocá-los, Ele se tornará um homem marcado para morrer. Sua autoridade e sua prática coerente o levarão ao conflito em Jerusalém. Sua morte será a consequência de sua vida, pois morreu por seus valores e por uma infinita fé permanente no Pai Eterno. Esta é a primeira etapa, que começa quando Jesus prosseguiu aquilo que os antigos profetas haviam iniciado: anunciar o ano da graça da parte de Deus. O anúncio do Reino de Deus que se aproximava era difícil de engolir. Essa etapa propedêutica se localiza nas fronteiras da Galileia e nas margens do Jordão.

A segunda etapa, segundo os Evangelhos Sinópticos, se localiza na sala de jantar preparada pelos discípulos na noite anterior de sua prisão, no lugar chamado Cenáculo. É o local do jantar de despedida de seus companheiros, onde Jesus anuncia sua morte, ressignificando a Páscoa judaica. De certa forma podemos dizer que a Igreja nasce na mesa eucarística e nesse pequeno memorial de Jesus e dos doze. Aqui se lavam os pés, aqui se propõe o modelo de serviço, aqui se projeta o futuro dos seguidores de Jesus. A Paixão de Jesus penetra Jerusalém e o jovem camponês/carpinteiro do interior sentirá os preconceitos e a violência infligida aos pobres. Jesus sai da periferia, e o centro político e religioso não o compreendem. A terceira etapa acontece em um jardim situado aos pés do monte das Oliveiras, chamado Getsêmani (lugar de prensar e esmagar o azeite), onde certamente Jesus se encontra com os discípulos das peregrinações à cidade Santa. Passando a corrente de Cedrom, os apóstolos encontram Judas acompanhado de soldados herodianos, para prender Jesus e levá-lo ao sumo sacerdote Caifás, que o conduzirá para quem proferirá a sentença capital, o procurador romano Pôncio Pilatos, que vivia na Fortaleza Antônia. É nesse lugar que encontraremos Pedro negando seu mestre. Como diz poeticamente o padre Antônio Vieira: "Cantou o galo, olhou Cristo, chorou Pedro". É por essa razão que o grande pregador jesuíta diz que: "Se pecastes como Pedro, e não chorais como Pedro, como fazeis conta de vos salvar como Pedro? Cristo perdoou a Pedro porque chorou, e, se Pedro não chorasse, não lhe havia de perdoar, como não perdoou a Judas" (*Sermão das lágrimas de Pedro* proferido em Lisboa, em 1669).

Nesse lugar imperial, a Paixão transforma-se em parábola e o nome de Jesus ganhará seu título mais conhecido que é Cristo (o ungido e marcado pelo óleo). Nesse local em que as azeitonas eram esmagadas para oferecer seu azeite, Jesus faz-se grão de trigo a ser moído e transformado em pão de vida.

A quarta etapa desse caminho da Paixão se localiza na Fortaleza Antônia, obra construída por Herodes, o Grande, em 37 a.C. Lá, Pilatos vai sentenciar Jesus. Ele será condenado à morte no Lithostrotos (o montículo de pedras), e vai-se tornar a pedra angular de uma Igreja que nasce pela força do Espírito. Lá, o poder romano com o coração endurecido vai matar aquele que propunha paz, amor e verdade. Pilatos pergunta sobre algo que não conhece, pois está cego de ódio. Jesus nada responde, pois sua vida e sua morte já são a resposta. É nessa fortaleza que veremos irromper a força histórica dos pobres e testemunhamos a sabedoria de Deus que confunde os fortes. A verdadeira fortaleza não é fabricada por mãos humanas, mas é aquela que se faz quando irmão ajuda outro irmão (cf. Pv 18,19).

Jesus é torturado e punido como Servo ou Justo Sofredor que carrega as dores do mundo e dos sofredores de todas as épocas. Sua Paixão será a paixão do mundo. Sua dor catalisa a dor dos pobres. Começa com Pilatos a sua lenta agonia. Começa a sua eterna entrega de amor. Começa a prova de amor do cordeiro imolado que tira o pecado do mundo. Como diz Santo Antônio de Pádua: "O peixe é Cristo, queimado por nós na grelha da cruz; o fel é a amargura da Paixão. Se ungires com ele os olhos da alma, recuperarás a vista. A amargura da Paixão do Senhor cura a cegueira da luxúria e elimina toda e qualquer porcaria da concupiscência carnal. Como disse o sábio Guerric d'Igny: 'A lembrança do crucifixo crucifica os nossos vícios'" (*Sermão do Domingo da Quinquagésima*). Posteriormente, ele completa: "Grelhado na Paixão, tornou-se para nós um favo de mel na ressurreição que hoje celebramos!" (*Sermão na Festa da Ressurreição*).

Enfim, contemplamos a quinta etapa, a derradeira: Jesus, o Filho de Deus é crucificado no Gólgota, lugar do crânio ou pedra da caveira, fora dos muros de Jerusalém. Este lugar é a hora em que é efetuada a execução capital. É a hora do vinagre, da placa com a inscrição do crime, INRI (Jesus de Nazaré, Rei dos Judeus) e, sobretudo, a hora da cruz. Esse instrumento degradante era aplicado aos escravos e aos rebeldes. Matava lentamente e servia de exemplo para que ninguém seguisse o exemplo do condenado. Mas é nessa hora que os sinais se multiplicam: mulheres permanecem com ele apesar da perseguição; Simão de Cirene ajuda-o no transporte da cruz; dois subversivos estão com ele em cruzes laterais. Jesus morre em solidariedade, para salvar a todos.

Como diz o hino cristão rezado na Sexta-feira Santa: "Cravam-lhe os cravos tão fundo, seu lado vão traspassar; já corre o sangue fecundo, a água põe-se a brotar: estrelas, mar, terra e mundo a tudo podem lavar!" (Missal Dominical, hino durante a adoração da cruz). Esse sacrifício voluntário e livre é passagem pascal para uma vida nova. Por essa santa morte, desce copiosa sobre o povo a bênção infinita do Pai que não abandona seu Filho. Diante do paradoxo da cruz, proclama-se a vitória do amor. A cruz é real e o amor de Jesus também o é. Se a última palavra não pertence à morte e, se a morte não tem mais poder, é porque Cristo passou pela prova deste amor.

A cruz, como nos ensina o teólogo espanhol Jon Sobrino (1938-), "é tudo, menos uma metáfora. Significa morte e crueldade, ao que a cruz de Jesus acrescenta inocência e indefensibilidade. Para os teólogos cristãos, a cruz remete-nos a Jesus de Nazaré. Ele é o crucificado. Por isso, ao chamar os pobres deste mundo de povos crucificados, nós os tiramos do anonimato e conferimo-lhes a máxima dignidade. O povo crucificado é sempre o sinal dos tempos" (*Descer da cruz os pobres: cristologia da libertação*. São Paulo: Paulinas, 2007).

É preciso descobrir Deus na cruz, sem esvaziá-la. Se a cruz é pesada, o caminho de Jesus é leve. Se as etapas da salvação nos ensinam algo é o fato de revivê-las como boa pedagogia para compreender a presença terapêutica de Deus nos momentos em que a cruz machuca e parece um fatalismo celeste.

No século XVII, o físico, matemático, filósofo e teólogo francês Blaise Pascal (1623-1662) havia dito que Jesus entrou em agonia desde o ano 30 até o fim dos séculos. A Paixão de Jesus indica-nos que, para ser discípulo, há sempre um preço a ser pago, mas este será sempre acrescido da graça redentora. Para finalizar, vale recordar estas palavras de dom Óscar Romero (1917-1980), dias antes de ser assassinado: "Sou ameaçado frequentemente de morte. Se chegarem a matar-me, perdoo e bendigo quem o fizer. Oxalá se convençam que perderão seu tempo. Um bispo morrerá, mas a Igreja de Deus, que é o povo, não perecerá jamais" (*La palabra queda. Vida de Mons. Oscar A. Romero*. San Salvador/Lima: UCA Editores, 1985).

Parte 3

Acariciados pelo
Espírito de Amor

1
Em nome do Espírito Santo

Em nome da Trindade finalizamos cada oração, mencionando o Espírito Santo, a Terceira Pessoa, que é Dom e Amor. Esses são os nomes próprios da Terceira Pessoa da Santíssima Trindade. Não há como separar o Pai, o Filho e o Espírito. A espiritualidade só é plenamente cristã se for trinitária. Aprendemos de Jesus, que em sua vida mais íntima Deus é amor essencial. O Pai ama. O Filho é por Ele amado e a relação entre o Pai e o Filho é o Amor. Pai, Filho e Espírito Santo são nomes de relação.

A fé no Espírito Santo emergiu vigorosa na prática cristã dos primórdios da Igreja Apostólica e se faz até hoje presença viva. Sem o Espírito toda a ação humana perde sentido. Ele está em nós, para que possamos ser o que somos chamados a ser (cf. Jo 14,17).

O Credo Niceno-Constantinopolitano proclama no ano 381 esta bela confissão batismal, símbolo da fé, originário provavelmente da Igreja-Mãe de Jerusalém: "Cremos no Espírito Santo, Senhor e Vivificador, que procede do Pai, e que com o Pai o Filho é adorado e glorificado e que falou pelos profetas (...)" (DH 150). É pelo Espírito Santo que nós cremos em Deus-Pai e em Deus-Filho. É o Espírito que nos permite conhecer o Filho como a imagem visível do Deus invisível. Para estar em contato com Cristo, é preciso primeiro ter sido tocado pelo Espírito Santo (CIC 683). E nos abrir ao infinito de Deus. Como diz Santa Teresa de Lisieux: "O amor lhes dará as asas" (MA 38v).

O Espírito é o Amor do Pai pelo Filho eternamente. Ao Pai atribuímos a memória, ao Filho é atribuída a inteligência e ao Espírito Santo a vontade (Santo Agostinho). As três pessoas vivem a plena comunhão da memória, da razão e da vontade. Ao Espírito Santo são atribuídas as obras nas quais predomina a bondade divina. É Ele que torna fecunda a Virgem Mãe de Deus. Maria Santíssima é a mulher especialíssima, filha predileta do Pai, Mãe do Filho e esposa do Espírito.

O Espírito Santo é Aquele em quem e por quem tudo existe. Ele renova a face da terra. O dom da existência procede do Espírito. Ele dirige o curso do tempo e dá sentido ao mundo. No Espírito, o ser humano transforma-se em uma nova criatura, pois Ele é o remédio de todo o mal, pois não há n'Ele morte, mentira, inveja, rancor, orgulho ou defeito. N'Ele só há amor, e amor abundante e dadivoso. "Ama e faze o que quiseres: se calas, calarás por amor; se clamas, clamarás por amor; se corriges, corrigirás por amor; se perdoas, perdoarás por amor" (SANTO AGOSTINHO. *Epístola Ioannis 7,8*).

Símbolos

Jamais se permitiu qualquer ícone do Espírito Santo nas Igrejas do Oriente ou do Ocidente. Só existem maneiras indiretas de apresentar esta Pessoa divina. Usam-se símbolos que remetem às experiências pessoais mais profundas da pessoa humana, normalmente em vivências discretas e inefáveis. Eis uma pequena lista de alguns símbolos e metáforas: água, unção, fogo, línguas, sopro, vento, brisa, vida, nuvem, luz, selo, imposição das mãos, dedo da mão direita paterna, uma das mãos do Pai, pomba (*Columbarium*), coração, alma, dinamismo, graça, vivificador, dom perfeito, calor, paráclito, advogado e pai dos pobres, defensor dos fracos, beijo de Deus, carisma, presente do céu e perfume do Altíssimo.

É preciso que digamos o que não é o Espírito e quem Ele é. O Espírito Santo não é engendrado. Não é espiritualismo oculto nem algo secreto ou gnóstico. Não é magia nem energia cósmica. Não é impessoal. Não é hipocrisia. Não é o relógio do Universo nem um espírito qualquer que subsista como motor interno ao cosmo. Não é um fantasma ou ectoplasma. Não é uma parte de Deus.

O Espírito Santo é uma pessoa, mas não possui um rosto humano. É o amor pessoal entre o Pai e o Filho. Ele procede do Pai pelo Filho. É da mesma substância e essência divina. É o amor pessoal de Deus. É o sopro de vida de Deus que alimenta e fortalece a Igreja. Ele perscruta as profundezas de Deus. Ele é a expressão pessoal da comunhão de amor entre as pessoas divinas. É o doador da vida. É o amor-pessoa paciente e prestativo. É o Dom absoluto. É dinamismo vivo de Deus entre nós. É quem fala pelos profetas e nos faz apreciar retamente todas as coisas. É Senhor da criação e da história. É o núcleo da liberdade dos filhos de Deus. É Deus. "É mais profundo do que em mim existe de mais íntimo" (*Deus intimior intimo meo*, Santo Agostinho, *Confissões III, 6, 11*).

A dicção do Amor

O agir do Espírito Santo na criação e na história da salvação se realiza na inspiração e na formação da Palavra divina expressa por meio da Lei, dos profetas e dos apóstolos, e na plenitude dos tempos, na Pessoa de Jesus, a própria Palavra feita carne. Ele ensina os apóstolos e confirma a fé da Igreja, Povo de Deus, Corpo de Cristo e Templo do Espírito. O agir do Espírito Santo na vida da Igreja é como a alma para o corpo humano. É a alma da Igreja e seu princípio vital. Ele une os membros pela comunhão e pelo serviço. "O amor de Deus foi derramado em nossos corações pelo Espírito Santo que nos foi dado" (Rm 5,5). O Espírito é fonte da unidade, da santidade, da tradição apostólica e de nossa catolicidade. Ele ajuda a decifrar os muitos e enigmáticos sinais dos tempos. As missões do Filho e do Espírito são inseparáveis. A Igreja é o lugar privilegiado onde floresce o Espírito. "Onde está a Igreja, está o Espírito. Onde está o Espírito aí está a Igreja" (SANTO IRINEU, *Adv. Haer. III, 24,1*). É graças ao Espírito que a liturgia da Igreja desemboca na oração contemplativa, sem dicotomias.

O agir do Espírito Santo é experimentado na vida dos fiéis. Ele é fonte de toda a graça. Seus sete dons: sabedoria, inteligência, conselho, força, ciência, verdade e temor fermentam a vida fecunda da comunidade dos crentes.

O Espírito aquece, consola, cuida, cura, defende, ensina, encoraja, exorta, fortalece, habita, ilumina, impele, liberta, profetiza, purifica, renova, transforma, vincula, unge, queima os corações, abre os olhos, age na liturgia, abre as portas para a plena verdade, cultiva virtudes, fala em línguas, faz milagres, nos faz viver como filhos e proclama a centralidade de Cristo como Nosso Senhor. "Ninguém pode dizer: 'Jesus é o Senhor!' A não ser no Espírito Santo" (1Cor 12,3). "O Espírito Santo transforma o pão e o vinho no Corpo e Sangue de Cristo; também transforma todos os que o recebem com fé em membros do Corpo de Cristo, para que a Igreja seja verdadeiramente um sacramento de unidade dos homens com Deus e entre eles" (papa Bento XVI, na reza do *Angelus*, em 26 de junho de 2011).

Orar no Espírito

Quem se deixa tocar pelo Espírito vive a intimidade da comunhão com o próprio Deus, sustentado no amor e abraçado pelo amor. Se feitos de água, não somos a mera molécula de H_2O. Se feitos de carbono, não somos a materialidade cósmica. Se feitos de um complexo código cromossômico, somos mais que letras genômicas. Se feitos da memória, somos mais que arquétipo ancestral. A verdade plena de cada ser humano é que cada um de nós é plasmado de amor ou de histórias de amor. Somos criados pelo amor do Pai Eterno, recriados pelo amor redentor do Filho Unigênito e animados pelo amor íntimo do Espírito. O centro da vida é falar das coisas do amor, do Amado e do amar. O mais é supérfluo.

Os orientais proclamam a presença constante do Espírito na vida eclesial. Ouçam: "Sem o Espírito Santo, Deus é distante, o Cristo fica no passado, o Evangelho é letra morta, a Igreja uma simples organização, a autoridade uma dominação, a missão uma propaganda, o culto uma evocação, e o agir cristão uma moral de escravos. Mas, no Espírito: o cosmos é redimido e geme dores de parto do Reino, o Cristo ressuscitado está presente, o Evangelho é força de vida, a Igreja é sinal da comunhão trinitária, a autoridade é um serviço libertador, a missão é um Pentecostes, a liturgia é memorial e antecipação e o agir humano é divinizado" (prece do Metropolita Ignatios IV, patriarca da Igreja Ortodoxa na Síria, no Líbano, no Iraque e no Kuwait).

Para experimentar o Espírito de Deus, é preciso abandonar-se e viver um "silente deserto de Deus" (Mestre Eckhart) ou "a noite escura d'alma" (São João da Cruz) para que se esvazie a mente e Deus resplandeça, como dizia o apóstolo Paulo: *"Nihil habentes et omnia possidentes* – nada tendo, embora tudo possuamos!" (2Cor 6,10). E o místico espanhol São João da Cruz: "No entardecer da vida seremos julgados no amor". O povo dos pobres, no silêncio e na simplicidade de suas vidas, conhece e ama o Espírito de Deus e crê na promessa da felicidade completa. Eles vivem de Deus e em Deus, pois só Deus lhes basta. Como indigentes e, não obstante, enriquecendo a muitos! "O Espírito do Senhor está sobre mim, para evangelizar os pobres, proclamar a remissão, a recuperação, a restituição e o ano de graça". Assim Jesus manifesta seu júbilo ao Pai na presença amorosa de seu Espírito. E nós, cristãos, murmuramos uma prece no Espírito de Jesus: "Vinde, Espírito Santo, enchei os corações dos vossos fiéis e acendei neles o fogo do vosso Amor (...)".

2
Criaturas viventes pelo sopro de Deus

Em 2011, a Igreja Católica no Brasil convida-nos a viver uma nova Campanha da Fraternidade. No próximo ano, o tema escolhido é nevrálgico: "Fraternidade e a vida no planeta", tendo como lema: "A criação geme em dores de parto" (Rm 8,22).

Na fé cristã, é essencial perceber Deus como Criador e o ser humano como criatura. No entanto, muitos cristãos e não cristãos têm dificuldade de compreender-se como 'criaturas de Deus', ainda que muitos mineiros e nordestinos tratem seus filhos, seus animais e até a natureza como 'criaturas'. As razões para a falta de sintonia devem-se a dois fatores: a primeira delas é que, para muitos, a criação remete a uma ideia do que teria ocorrido na gestação do mundo, no momento zero do Universo, no cadinho das estrelas, na explosão do *Big Bang* original, quando do caos surge o cosmos. Muitos pensam que a criação é um evento dos tempos primordiais (como no livro do Gênesis), não dizendo nada a respeito da vida de cada ser humano ou mesmo do momento concreto de cada nascimento e do tornar-se criatura no mundo (horóscopo, em grego *horus* = hora e *skopos* = observação).

Outra razão de nosso distanciamento da criação divina é que todos pensam que, quando falamos em criação, estamos nos referindo a coisas exteriores àquele que cria e, portanto, abordamos questões abstratas como das obras de arte, de produtos manufaturados, das crias de animais sempre como algo passivo e nunca como alguém ativo. Todos sabem que o Universo criado é o nosso, onde estamos metidos do nascimento à morte, mas há uma cisão cultural e moderna que muitas vezes fez pensar que seríamos exteriores ou estranhos ao ato criador e que não fazemos parte de uma relação direta com o Criador. Em tempos pós-modernos, é difícil rezar o versículo 6 do Salmo 8, quando diz que o ser humano foi feito por Deus "só um pouco menor que um deus". Mais difícil é rezar o versículo 29 do Salmo 104[103], que diz que, se perdermos o sopro de Deus, voltaríamos ao nada. Nossa vida está n'Ele e se nutre d'Ele como da seiva que irriga todas as folhas, ramas e frutas. Ser criatura não é um defeito, nem sequer minoridade, mas é a participação na vida divina pelos dons do Espírito que produzem felicidade e salvação. Somos mais em Deus e sem Ele perecemos.

A cultura ocidental concebeu o mundo como uma imensa máquina de complexidade extraordinária que obedece às leis lógicas imanentes ao cosmos. Como um relógio infalível e em serviço contínuo e indestrutível. A criação sempre negada será vista talvez como um "algo" que se fez do nada a partir de algum momento inexplicável, fruto de algum azar. Tudo e todos seríamos como marionetes de mecanismos matemáticos regentes do Universo, sem saber por quê nem para quê. Quando muito saberíamos os comos. É isso o que nos ensinam. A noção que comandaria tudo é a necessidade ligada à inércia dos movimentos. Tudo existe porque existe e seguirá assim até o fim(!).

Para os cristãos, a criação é mais que o começo e um mecanismo. É uma relação contínua entre o Criador e as criaturas. A criação não acabou, pois ainda geme em dores de parto. Ela aconteceu no início, acontece no hoje e continua a manifestar-se. Se pudéssemos dizer de outro modo, em termos cristãos, a criação é como uma procriação. Quem procria suscita diante de si mesmo alguém com personalidade própria. Não produz algo, mas sobretudo gera alguém tirado do barro para ser pessoa. Alguém capaz de criar e ser cocriador com o Criador. Um parceiro amado e querido na grande obra sinfônica de uma linda música universal. Alguém que, como criatura, toca seu instrumento musical peculiar, seguindo a partitura de Deus e realizando alguns movimentos, tons ou bemóis que alteram e confirmam a obra magna. O ser humano não é uma marionete de seres celestes, como pensavam os gregos, nem um robô rebelde, como defendiam Jacques Monod, Diderot ou Voltaire. No princípio de tudo e de todos, está Deus. "O Espírito pairava sobre as águas" e cria pelo amor e na ternura da Trindade Santa, que se manifesta e gera vida e sentido.

Somos livres e também determinados. Livres em consciência e nas decisões, mas também determinados pelos genes e por contextos em que somos mergulhados ao nascer:

"O ser humano foi criado de modo especialíssimo no reino da criação porque, mesmo sendo um ser integrante da natureza, a transcende, e essa transcendência, embora não tire do ser humano sua condição natural, traz outras implicações que dão sentido à natureza e gera responsabilidades em relação a ela (texto-base da CF 2011, CNBB, p. 60)".

A criação fez-nos semelhantes a atletas ou a bailarinas que, mesmo presos à lei da gravidade, a desafiam com a leveza de seus saltos e a beleza de seu desempenho.

O homem e a mulher são feitos "à imagem e semelhança de Deus, capazes de conhecer e amar seu Criador, e por este constituído senhor de todas as criaturas terrenas, para as dominar e delas se servir, dando glória a Deus" (GS 12). Mas, para o povo da Bíblia, submeter e dominar não são palavras de poder e de opressão como as pensamos hoje. Para os semitas, as palavras criadoras de Deus e a tarefa dos humanos indicam "precisamente atitudes de cultivo, zelo e cuidado, próprias de um pastor que conduz suas ovelhas, protegendo-as dos iminentes perigos" (padre Ludovico Garmus). A tarefa humana é aquela especial de ser o cuidador ou guardador do imenso jardim de Deus (cf. Gn 2,15).

Na Exortação Apostólica pós-sinodal *Verbum Domini*, o papa Bento XVI escreveu:

"A criação nasce do Logos (Palavra) e traz indelével o sinal da Razão criadora que regula e guia. A tradição do pensamento cristão soube aprofundar este elemento-chave da sinfonia da Palavra, quando por exemplo São Boaventura – que, juntamente com a grande tradição dos padres gregos, vê todas as possibilidades da criação no logos (Palavra) – afirma que "cada criatura é palavra de Deus, porque proclama Deus". A criação é o lugar onde se desenvolve toda a história do amor entre Deus e a sua criatura; por conseguinte, o movente de tudo é a salvação do homem (VD 8-9)".

Uma última metáfora retirada do mundo da fotografia, para revelar algo do imenso mundo criado de Deus. Quando queremos revelar uma foto depois que esta foi impregnada na película, precisamos passar o papel-filme por dentro de um líquido, que permitirá revelar o que fora impregnado pela luz passada fugaz pelo orifício da máquina fotográfica. A criação é a película que já possui os traços de Deus, os vestígios da Trindade (como disse Santo Agostinho), mas ainda não revelados plenamente. Jesus Cristo, que é o homem perfeito, é um modelo de nossa melhor foto, do nosso melhor ângulo. Se o seguirmos, se vivermos n'Ele, viveremos do sopro de Deus.

3
A graça é o perfume de Deus no mundo

O noticiário não cessa de anunciar desgraças. Até na Semana Santa, não houve tréguas: o imperialismo americano lançou no Afeganistão a Mãe de Todas as Bombas (Moab) com dez mil quilos de peso e cerca de oito mil quilos de explosivos, o que equivaleria a onze toneladas de TNT com raio de destruição e morte de um quilômetro. As indústrias bélicas norte-americanas estão desenvolvendo uma versão ainda maior da Moab, com trinta toneladas de explosivos. Ainda não sabem que avião poderia realizar o lançamento por conta do peso. O terrorismo do Estado imperialista, portanto, tem a arma diabólica, antes de possuir o cargueiro da morte. Em lugar da paz, estamos vivendo em um mundo repleto de senhores necrófilos da guerra. E, dirão alguns, que a desgraça prevaleceu sobre a graça. O aguilhão da morte parece ter vencido e esmagado os semeadores da justiça e da paz! O presidente norte-americano Donald Trump (1946-) e o presidente russo Vladimir Putin (1952-) tornaram-se os novos exterminadores do futuro e senhores idolátricos da Terceira Guerra

Mundial. Será assim mesmo? Viveremos mergulhados em um mundo fétido e moribundo?

A graça de Deus é um presente cotidiano e suave. É sempre um favor, uma mercê que vem do Altíssimo. Esse amor é sinônimo de sua presença viva evocando a beleza do amor. Afirmamos que a graça nos salva, mas nem sempre sabemos por quais caminhos isso acontece. Nesses momentos de desgraça, sentimo-nos órfãos e abandonados. Deus não mais nos ouve? É possível crer diante da ausência dos sinais d'Ele?

A graça como intimidade com o Deus de Jesus Cristo nos foi ofertada pelo Batismo e precede a própria fé, afirma o *Credo cristão*. Ela é tal como o oceano ou a placenta em que fomos gestados pelo Criador. É a precondição de nossa existência e essência. Vivemos pela graça nascidos dela. Assim poetiza Jacques Leclerc: "A caridade é Deus. É preciso se aventurar com audácia neste Oceano. É preciso mergulhar nesta plenitude. É preciso perder-se nessa imensidão: Deus é Amor. Se Deus não é Amor, não há Deus. Deus é n'Ele mesmo a tríplice semente de todo amor: dom, acolhimento e intercâmbio. Como três teclas de um piano ressoando a única melodia do amor"[121].

A graça é uma experiência vital e alimento essencial da fé cristã. A graça divina é indispensável para a própria vida, particularmente da vida humana. Sem ela, não existimos, somos ou vivemos e nos perdemos eternamente. Essa dádiva é a fonte original e o horizonte de futuro de cada pessoa humana. Os gregos diziam que eram três as graças filhas de Zeus: Tália, que faz as flores brotarem; Eufrosina, que traz a alegria, e Aglaia, que apresenta a claridade e a transparência. Onde

---

121. DUBOST, M. (ed.). *Theo*: L'Enciclopédie catholique pour tous. Paris: Fayard, 1993, p. 800.

estão as graças, para os gregos, aí estariam sorte, luminosidade e banquete fraterno.

Para o povo brasileiro, dizer "graças a Deus" não é só uma interjeição em resposta à pergunta: "Você está bem?" É a afirmação substantiva de que estamos vivos graças a Alguém. Vivemos graças a Deus e somos devedores desse presente maravilhoso. Sem mérito de nossa parte pelo amor ablativo desse Deus que nos quer bem. Até Jesus deu graças a seu Pai por tudo o que d'Ele recebia gratuitamente. Agradece os sinais de Deus revelado aos pobres. Agradecer é sempre reconhecer as dádivas dadas e imerecidas. Um mal-agradecido é alguém desprezível que não enxerga o óbvio. A graça é sinônimo de benquerença, de misericórdia, de charme e de beleza. Se da língua latina recebemos o vocábulo *gratia* como 'aquilo que expressa algo ou alguém agradável', dos gregos temos a palavra *charis*, que traduzimos por 'carisma ou dom do Espírito Santo'. Dizer que algo é pleno de graça ou carismático é enxergar em algo ou alguém a centelha divina, o fogo de Deus, aquele traço maravilhoso e divino que se desvela nas criaturas. Abertos à graça, podemos nos tornar graciosos e benditos aos outros. Se nos fechamos à graça de Deus, nós nos tornamos opacos, feios e doentes. Murchamos e esvaziamos nosso corpo e nossa alma. Ao contrário, se vivemos em estado de graça, mantemos a porta aberta para que Ele se revele em nossas palavras e ações. Agradecer a Deus pelas graças abundantes é reconhecer suas maravilhas em nosso existir. Mesmo que cercados de tragédias e notícias más, podemos detectar o dedo de Deus pelos vestígios da graça, que verte mal em bem, desnuda a mentira e revela a verdade. Nada permanece nas trevas se a graça estiver em nosso coração. Ela é antídoto para toda desgraça. Assim professava o profeta e bispo dom Helder Câmara (1909-1999): "É graça divina começar bem. Graça maior persistir no caminho certo. Mas, graça das graças, é não desistir nunca".

A graça é o favor de Deus

A graça de Deus é um desejo natural de amor. Diz o teólogo Leonardo Boff (1938-): "O desejo natural do amor de Deus não é uma exigência meramente humana; é o chamamento que Deus colocou dentro do homem e o homem o ouve e grita por Deus. O grito do homem é apenas o eco da voz de Deus que o chama. Tudo isso é gratuito e não poderia senão ser gratuito porque a gratuidade é um atributo indissociável da divindade. E esta gratuidade se faz presente na própria criação do homem chamado à gratuidade. Assim como no mérito Deus premia as próprias obras, assim é também com o sobrenatural: ao plenificar a exigência que se faz ouvir em nossa natureza, Deus responde ao seu próprio apelo e retruca à voz que Ele fez gritar dentro do homem"[122]. Assim Deus torna o ser humano justo pela graça e por um amor permanente e buscador até mesmo quando naufragamos ou fugimos d'Ele. Até quando o renegamos e brigamos com o Criador. Deus jamais nos abandona. Ele se comove e se aproxima mais daqueles que o rejeitam ou sofrem por perderem-se em seus egos, medos e pecados. É o Pai pródigo. É o favor dos sem-fé, dos sem-esperança e dos sem-amor. Também ama mais aqueles que a maioria das pessoas ama menos. Deus recria os laços rompidos. Aperfeiçoa o que está quebrado e imperfeito. Recria o que foi destroçado e rasgado. Costura, articula, fortalece pela graça divinizando as criaturas para que sejam capazes da eternidade. Como diziam os antigos: *"Deus capax homo"*

---

122. BOFF, L. *A graça libertadora no mundo*. Petrópolis: Vozes, 1977, p. 61.

('Deus é capaz de tornar-se humano'). O perfeito pode habitar na carne mortal e limitada pelo tempo e pelo espaço. Pela graça abundante e fecunda, podemos dizer também: "*Homo capax Dei*" ('O homem é capaz de Deus, pela graça do Cristo e de seu amor redentor'). Ela sempre ressurge nos momentos de crise ou quando cremos que vamos desfalecer diante da sequência de desgraças intermináveis. Buscamos esperança e lemos morte. Queremos paz e tropeçamos em violências diariamente. Procuramos cultura e as redes de televisão nos oferecem lixo, mentira e alienação. Temos vontade de chorar e de nos calar de tamanha dor. E novamente clamamos para que a graça nos salve da depressão. Como diz o Apocalipse: "E o Espírito e a esposa dizem: 'Vem'. E quem ouve diga: 'Vem'. E quem tem sede, venha; e quem quiser, tome de graça da água da vida" (Ap 22,17).

Doutrinas teológicas sobre a graça

Desde a antiguidade cristã, há um enorme debate sobre a graça e a justificação, que centralizam a reflexão sobre os caminhos da salvação do humano e da criação. Por um lado, há os que polarizam em favor da graça exterior ao humano. Deus justifica e salva a humanidade tão só pela fé. Assim, essa dádiva pende para uma compreensão de que somos divinizados pelo Criador sem a que mereçamos. Paulo Apóstolo (5-67), Santo Agostinho de Hipona (354-430) e Martinho Lutero (1483-1546) enfatizam fortemente a fragilidade humana e desconsideram as obras por conta dos vícios humanos e do pecado. A graça é preferentemente pensada como modificação da humanidade operada pela presença de Deus, de nada servindo nossas obras e nossos méritos. De não humanos, pela graça, voltamos a ser humanos de verdade. "*Sola gratia*", disse Lutero.

Por outro lado, há os que potencializam o humano na busca autônoma de Deus por suas forças, seus méritos, suas práticas, suas obras e sua elevação interior. O exagero arrogante do monge Pelágio (350-423) chegou a dizer que podemos viver e cumprir todos os preceitos divinos sem a graça, que viria somente como auxílio suplementar. Mais nuançada foi a posição do jesuíta Luís de Molina (1535-1600), que falou da graça suficiente para todos ao tornar-se graça eficaz com a colaboração dos seres humanos. Bastaria para esses que houvesse a força e a liberdade humana como preâmbulo de salvação.

Na busca do caminho do meio, temos a escola franciscana, particularmente no pensamento de São Boaventura (1221-1274), dando ênfase à experiência progressiva na vida de Deus, reconhecendo o pecado e trilhando o caminho de mergulhar no amor e na pobreza para progressivamente participar da vida divina. Vale aqui destacar o pensamento articular e dialógico pensando a graça como encontro e relação e não como oposição irreconciliável e intransponível. Nesse modo novo de pensar adequadamente esse tema, está o jesuíta Henri Sonier de Lubac (1896-1991), que exaltava o desejo nativo de Deus e o encontro gratuito que se realiza no sobrenatural presente na vida natural e, sobretudo, presença histórica na vida dos povos. Também há o audacioso e brilhante teólogo Karl Rahner (1904-1984), ao apresentar a categoria do existencial sobrenatural, articulando missão e graça, propondo uma nova forma de articular a teologia e a ação pastoral de forma plural, aberta e lúcida. Enfim, em terras latino-americanas, vale citar a produção teológica do padre Juan Luís Segundo (1925-1996), que via a graça como força de libertação pessoal e social na história concreta dos povos que se organizam e creem na liberdade. Se o pecado é estrutural e organizado, disseram os bispos na Assembleia de Medellín (1968), o amor e a graça também precisam ser organizados. A salvação também deve incluir a dimensão política estrutural. Se é um vínculo de amor entre Deus e a humanidade, a graça sempre reverbera entre os seres humanos para criar conexões e pontes de amor. Assim cantamos a bela canção da comunidade de Taizé: "Onde reina amor/fraterno amor/ Deus aí está". Metaforicamente, podemos dizer que há fogo e ferro. Distante do fogo, nada pode ser moldado. Mas, se o ferro for posto dentro do fogo como em um braseiro divino, podemos sentir as marteladas da vida e seremos plasmados para o serviço e o trabalho da vida. A graça molda-nos para deixarmos de ser ferro bruto e informe. Aquecidos por Deus na bigorna da existência, podemos revelar a beleza daquilo que somos. O fruto desse embate não mais nos separa, mas une indelevelmente. Na fornalha do amor, nascem os santos. Vivemos em estado de graça cada vez que deixamos Deus moldar nosso ferro pelo calor de sua compaixão. E quem nos encontrar marcados por essa dádiva ainda poderá ser aquecido pelo fogo de nosso embate com Deus. Nosso rosto resplandece de uma beleza inaudita e suave. Os padres conciliares proclamaram no Concílio Vaticano II (1962-1965): "[...] as vitórias do gênero humano manifestam a grandeza de Deus e são fruto de seu desígnio inefável. Mas, quanto mais aumenta o poder dos homens, tanto mais cresce a sua responsabilidade pessoal e comunitária [...]" (GS 34)[123].

---

123. PAULO VI. *Constituição Pastoral Gaudium et spes* – Sobre a Igreja no mundo atual. Roma, 1965 [Disponível em http://www.vatican.va/archive/ hist_councils/ii_vatican_council/documents/vat-ii_const_19651207_ gaudium-et-spes_po.html – Acesso em mai./2017].

Um momento especial em que a graça se manifesta é a oração litúrgica do povo que crê e louva a Deus. "A oração litúrgica não é oração pessoal de uma alma humana purificada, por mais que seja esta elevada – ela é a oração da Igreja. Se queremos verdadeiramente compreender o caráter e o sentido do ofício divino, devemos respeitar a todo custo que a oração litúrgica é verdadeiramente a oração da Igreja, e da Igreja unida a Cristo, como esposa ao esposo, como o corpo à cabeça. A Igreja ora, mas é o *Pneuma* que ora nela com gemidos inefáveis (cf. Rm 8,26). A Igreja ora, suplica, pensa e medita bebendo do Espírito de Cristo, seus sentimentos e seus pensamentos não são puramente humanos, mas são purificados pelo sangue de Cristo, transfigurados por sua luz. À oração da Igreja podem-se aplicar as palavras de São Paulo: 'Eu vivo, mas já não sou eu que vivo, é Cristo que vive em mim' (Gl 2,20). Todas as suas palavras carregam o selo do Redentor, são configuradas em Cristo; todas são perfumadas pelo bom odor do Espírito e espargem um perfume divino. Seu significado e seu alcance atingem por isso uma elevação que ultrapassa de longe toda compreensão e todo sentimento humanos"[124].

Ao assumir a celebração dos quinhentos anos da Reforma, as Igrejas cristãs pretendem superar os mal-entendidos e as divisões em busca da comunhão querida e almejada por Cristo e seus seguidores fiéis. Assim, "no centro encontra-se a confissão do Deus triuno que, em livre amor, volta-se a todos para a sua salvação, justificando-os e levantando-os e, em seu

---

124. CASEL, O. *O mistério do culto no cristianismo*. 2. ed. São Paulo: Loyola, 2009, p. 98-99.

santo e santificador Espírito, quer capacitar a uma vida verdadeiramente humana"[125].

A graça é teimosa, alegre e inusitada

Teimosamente a graça é Deus, que se faz presente no mundo e na vida. Ressurge aqui e ali como erupção vulcânica inesperada. A graça invisível como Deus se faz visível quando estamos diante da beleza, da retidão, do amor que se oferece. Essa dádiva manifesta-se em seus sacramentos e nos sinais históricos na natureza e nas pessoas. Ela pode ser detectada e até saboreada. A graça divina sempre supõe o ser humano e sua história. Não se vinga nem esmaga as realidades concretas. Deus não quer escravos nem súditos. Precisa de nós para manifestar-se. Objetiva um amor corresponsável. Deseja que o ser humano demonstre seu melhor e sua beleza. A graça supõe a natureza e nunca a despreza. Disse frei Carlos Josaphat em bela síntese: "A graça acontece no encontro salvador e unificador de livres amores mutuamente comprometidos"[126].

A graça não é algo, coisa, produto, energia ou força magnética. É um modo de ser das criaturas quando manifestam o que é o melhor de si mesmas. O que somos é expresso pelos componentes de nosso existir, nosso código genético, nossos valores e nossa maneira de viver a natureza pessoal e mortal. A graça oculta em nossa natureza só poderá ser vista com o olhar de fé. A graça manifesta de quem viemos, qual é o útero de onde nascemos e de que espécie de amor somos feitos! Ela

---

125. HILBERATH, B.J. Doutrina da graça. In: SCHNEIDER, T. (org.). *Manual de Dogmática*. Vol. II. 2. ed. Petrópolis: Vozes, 2002, p. 45.

126. JOSAPHAT, C. Graça. In: PASSOS, J.D. & SANCHEZ, W.L. (coords.). *Dicionário do Concílio Vaticano II*. São Paulo: Paulus/Paulinas, 2015, p. 413.

revela de onde viemos e de quem somos. Não mais o que somos em nossos limites e nossas mesquinharias, mas por quem somos feitos e para que existimos. A graça liga-nos ao sentido e aos porquês de nossas vidas e de nossos amores. Também revela o invisível de nossa mente e de nosso coração. Ainda diz o teólogo Boff: "Só quem vive e opera a partir desta atitude fundamental da fé e da graça pode ver graça no mundo, e também sua ausência na forma de des-graça. Vivendo na graça e da graça, o homem eleva e santifica a própria atividade científica e técnica e faz com que elas encontrem e se mantenham em sua destinação autêntica como contribuições para preparar o mundo à sua transfiguração no Reino"[127]. Quando alguém é marcado pela graça sabe reconhecer outro filho ou filha da graça. Os amantes reconhecem-se no Amado.

Recentemente vivi a experiência da graça divina na garagem da Pontifícia Universidade de São Paulo (PUC-SP). Estava saindo com o carro depois de uma aula extenuante e eis que vejo à porta da instituição uma funcionária da limpeza (haitiana simpática com quem sempre converso em francês) chamada Marjorie. Parei para saudá-la e eis que surgiram duas senhoras brasileiras, amigas dela. Cumprimentei-as e perguntei àquela que não conhecia (que tinha jeito de mãe) se a moça era sua filha. Ela disse: "É, sim". Perguntei à filha: "Você está grávida?" (o que era evidente, pela pequena barriga saliente!) Ela respondeu: "Sim! E estou muito feliz com a filha que estou gestando". Perguntei, curioso: "Ah! É menina? Qual será o nome dela?" A moça, ainda mais feliz e orgulhosa, disse: "Sim, é menina! Vai se chamar Laila". Eu, todo entendido, complementei: "Ah! Que nome lindo e maravilhoso!" A moça treplicou: "Sim", e, apontando para a mãe ao lado,

---

127. BOFF, L. *A graça libertadora no mundo*. Op. cit., p. 85.

respondeu: "foi minha mãe que escolheu". E completou, em voz sussurrante: "Eu sei não o que significa! Soa bonito". Eu então lhe disse, solene: "Claro que é lindo. Esse nome está na Bíblia e no Corão Sagrado. Quer dizer 'noite', ou, ainda melhor, 'aquela que vem com a beleza que se esconde na noite'. Essa menina traz a esperança do novo dia que vai alvorecer". A moça, quase dando à luz em nossa frente, bateu firme no ombro da mãe e, toda feliz, proclamou, solene: "Agora sim! Vai ser Laila mesmo! É muita beleza para minha filha e sua neta, né, mãe?" A mãe, quase explodindo de tão orgulhosa, disse: "Eu não lhe disse que era um nome divino?!" Eu, com uma baita fila de carros atrás de mim ali parada observando aquela conversa toda, completei para terminar nosso colóquio: "Ah! Que beleza vocês curtirem sua futura filha e neta que vem vindo com as bênçãos divinas. Majorie, nossa amiga haitiana, cada vez que me vê nos corredores da PUC, me detém para mostrar na tela de seu celular a foto de sua filha que ficou lá no Haiti. Ela é uma pessoa muito ligada à família! Os haitianos gostam muito de cultivar esses laços e o amor de mãe, irmãos, tios, família. Não é bonito isso?", perguntei, retórico. A avó da Laila ainda uterina olha no fundo de meus olhos e respondeu: "Marjorie é de um povo muito especial e diferente. O senhor sabia, professor (acho que ela já havia percebido que eu era docente da PUC por meu jeito e pelos livros no banco do carro), que os haitianos são diferentes?" Eu disse: "Não sei, não! Em quê?" Continuou ela: "Professor, Marjorie cumprimenta até os moradores de rua e gente pobre que ela vê pelas ruas e calçadas com o maior respeito e carinho. O senhor não acha que esse povo é muito educado?" Eu só pude responder: "Sim, senhora. Quem cumprimenta e reconhece naqueles mais pobres um ser humano é um povo educado, rico e pleno de graças. Rico de Deus, de valores, de alegrias e de felicidades".

Saí daquela garagem pensando: "Nossa! Que lição eu recebi de quatro mulheres negras fora das aulas! Fui eu quem virou aprendiz! Marjorie fez-me pensar nos valores e na educação do povo haitiano, a avó fez-me ver sob o olhar de quem reconhece os verdadeiros valores de um povo, a mãe grávida fez-me refletir na alegria de gestar uma criança com saúde e amor. A uterina Laila fez-me matutar nas crianças que serão as luzes gratuitas de Deus neste mundo marcado por névoas e escuridões. Bendita aula gratuita. A graça abunda onde o pecado fenece. Feliz graça de um encontro entre Deus e humanidade. Quando menos esperamos, Ele toca nossa pele, mexe em nossas entranhas e explode nosso coração. Quem tem olhos para ver que os abra!" Como diria o dramaturgo Calderón de la Barca (1600-1681): "A vida é sonho". Certamente um sonho gratuito, inesperado e perfumado.

4
O grande silêncio e a paz interior

O grande silêncio é o título de um documentário de 160 minutos, lançado em 2005. Produzido por Phillipe Gröning, a obra retrata a vida da comunidade dos monges cartuxos em Isère, na França. É uma meditação silenciosa sobre a vida monástica. Sem música, à exceção dos cânticos do mosteiro, sem entrevistas ou quaisquer comentários, evoca a passagem do tempo, das estações, a rotina dos monges e as orações. É um filme sobre a presença do absoluto na vida de homens que dedicam a sua existência a Deus, no grande silêncio. O próprio cineasta diz que saiu modificado depois dos seis meses vividos no mosteiro.

Sobre esse aspecto, vale questionar: o que acontece quando mergulhamos no silêncio? O que muda em nós? O silêncio como experiência e lugar de encontro é algo de revolucionário, e nunca reacionário. É necessário silenciar para ouvir. É preciso silenciar para recuperar a saúde física e mental. O mundo anda doente, pois vive um exagero de decibéis que ensurdecem e atordoam. Apatia ou resignação são os sinais da alienação de onde estamos e de quem somos. Isso tudo é fruto do barulho e da dispersão. A pessoa silenciosa ou taciturna é alguém que está além ou aquém das palavras. Possui um fio de prumo sobre sua cabeça. É alguém que vive em paz e transmite paz em palavras e atitudes. De acordo com um famoso ditado árabe: "Não abra a boca se o que tens a dizer não for mais belo que o silêncio". Essa é a mesma percepção de São Bento, ao afirmar aos monges em sua Regra que: "... raras vezes se deve conceder, até aos discípulos mais perfeitos, licença para entreterem conversações, embora sobre assuntos bons, santos e edificantes, tão importante é o silêncio; porquanto está escrito: 'Falando muito não evitarás o pecado' (Pr 10,19). E em outro lugar: 'A morte e a vida estão em poder da língua' (Pr 18,21)". (*Regra de São Bento*, capítulo VI, "O Espírito do Silêncio".)

Se lembrarmos das vidas de quatro personagens das religiões, vemos que se apresentaram como homens de Deus vivenciando intensos momentos de fecundo silêncio e se puseram a falar o que lhes fora revelado no silêncio. Do judaísmo, Moisés e profetas como Oseias ou Elias fizeram a experiência do silêncio. No mundo islâmico, o profeta Muhammad, nas grutas da Arábia Saudita, ouviu a fala do arcanjo Gabriel. No budismo, os mestres espirituais, das escolas da China e do zen-budismo japonês encontraram o caminho da sabedoria. O próprio Jesus Cristo, Filho de Deus Altíssimo, é um primoroso exemplo de quem soube viver o silêncio em frequentes, longas e profundas experiências de oração, como descritas pelos evangelistas (cf. Mt 14,23; Mc 1,35; Lc 6,12; Jo 17).

O silêncio está vinculado à proximidade do mistério e da intimidade com Deus. As coisas mais íntimas são sempre pronunciadas aos sussurros e murmúrios. Talvez seja por essa razão que o salmista diga na versão hebraica: "O louvor, para Vós, ó Deus, é silêncio" (Sl 65[64],2). A louvação mais alta e mais verdadeira acontece quando suprimimos ou esgotamos as palavras. Penetramos o vasto universo do recolhimento interior e da contemplação de tudo o que existe. É nesse lugar e nesse espaço de silêncio que o Espírito pode fazer ressoar a Palavra Eterna e nos despertar de um sono que nos dispersava ou ocultava nossa essência interior e a conexão com Deus.

Um caminho promissor que se abre, depois de grande silêncio, é o caminho da oração. O monge João Cassiano (360-435) afirmou, de maneira sucinta: "É perfeita oração aquela onde o que está orando não se lembra de que orando está" ou ainda que a boa oração seja breve e silenciosa e manifeste-se por uma tensão ardente da alma, por um transbordar inefável do coração e por um entusiasmo insaciável do espírito (*Da oração*. Petrópolis: Vozes, 2008. p. 97).

A prece cristã é um movimento interior que se realiza em etapas sucessivas e complementares: em um primeiro momento, é sempre uma inspiração advinda do coração e da vida. Depois se torna respiração e conexão com a transcendência feita em um exercício leve e ao mesmo tempo vigoroso. Posteriormente, vêm a transpiração e a expiração, em que nos apresentamos para Deus com nossos anseios, nossas dificuldades, nossas necessidades e nossas palavras para enfim atingirmos o ápice do caminho que é a surpresa que emudece e extasia. Nesse momento ouvimos as melodias celestes e os sons inefáveis que plenificam e reverberam em nosso coração e em nossa vida.

A oração cristã parte e nos leva ao silêncio. Santo Agostinho dizia que a oração é puro silêncio (*O Mestre XII*, 39). Não é posse de Deus, mas um estar em Jesus Cristo para viver no seu Espírito e segundo as suas palavras. A oração cristã é a fé que fala. Não é um estar em si somente, embora necessite de um momento introspectivo. Nem é um estilo meditativo, ainda que não se realize sem um caráter reflexivo e atento aos sinais que nos chegam pelos sentidos e pelo corpo. Não é só intelectual e cerebral, ainda que não possamos dizer que se reduza ao irracional ou inconsciente. Passa por momentos de dúvidas e de incertezas, vividos como aridez e ausência de iluminação. É necessário que aconteça a abertura para a fidelidade que confia na esperança. Esse portal pessoal poderá abrir-nos ao Outro, aos outros e à natureza.

O silêncio é um estado de espírito, bem como uma profunda atividade de amor. Caminhar de forma progressiva na escola do silêncio pede que estejamos sintonizados com Deus e sua revelação. Esse percurso é difícil, mas realizável. Foi chamado pelos místicos como o ascetismo do silêncio. Existem obstáculos no caminho que devem ser identificados. Estão fora e dentro de cada um de nós. Os obstáculos externos são aqueles superficiais que nos desviam do reto caminho. São como ruídos que prejudicam o foco e a comunicação verdadeira. Distraem e enervam, levando-nos ao estresse ou à repressão de medos e fantasmas. Exigem um olhar arguto e persistência mesmo depois de quedas. Os internos são aqueles obscuros e muitas vezes desconhecidos. É preciso contar com a graça de Deus para enfrentá-los e resistir. Exigem conversão e misericórdia, pois o silêncio interior favorece a comunicação e sua identidade veraz. Vencidos os obstáculos, podemos penetrar em um estado agudo de felicidade, tal como o silêncio foi definido pela escritora Clarice Lispector (1920-1977). Ela dizia: "Há um silêncio dentro de mim. E esse silêncio tem sido a fonte de minhas palavras".

A Igreja cristã sempre cultivou o silêncio e faz recomendações constantes para que cuidemos dele em nossas celebrações e na vida cotidiana de nossos fiéis. Assim a introdução geral da *Liturgia das Horas*, proposta pelo papa Paulo VI, em 1º de novembro de 1970, orienta que: "Nas ações litúrgicas deve-se procurar em geral que se guarde também, a seu tempo, um silêncio sagrado (SC 30); por isso, haja ocasião de silêncio também na celebração da Liturgia das Horas. Por conseguinte, se parecer oportuno e prudente, para facilitar a plena ressonância da voz do Espírito Santo nos corações e unir mais estreitamente a oração pessoal com a Palavra de Deus e com a voz pública da Igreja, pode-se intercalar uma pausa de silêncio, após cada salmo, depois de repetida sua antífona, de acordo com antiga tradição, sobretudo se depois do silêncio se acrescentar a coleta do salmo; ou também após as leituras tanto breves como longas, antes ou depois do responsório" (CNBB. *Liturgia das Horas*, 1984, n. 201-202, p. 56).

O silêncio sempre foi muito apreciado pelos monges cenobitas ou pelos anacoretas (eremitas), não porque tivesse valor em si mesmo, mas porque permite uma abertura para a plenitude que se esconde por detrás das palavras. O silêncio amado e buscado pelos monges e pelos místicos, sendo constituído de preparação e de expectativa. É um reconhecimento explícito de que somos incapazes de falar sobre o que é fundamental ou dramático. Quando está diante de uma grande felicidade ou de uma grande perda ou fraqueza, o povo simples sempre fala: "Não tenho palavras para explicar ou dizer". Quando alguém menciona algo que mudou sua vida, fala das espumas, mas nunca das correntes submarinas. Expressa-se sobre o que sentiu, mas pouco pode dizer do que de fato viveu. O não dito é muito mais poderoso que a palavra. Assim, quando precisamos estar com alguém que tem uma grande dor, as palavras desvanecem e se atrofiam. O melhor é calar para compreender. O silêncio, nesses momentos, exprime melhor a adoração, o abandono e o fascinante que cada ser humano busca ardentemente.

Nessa "noite do Espírito", que é hora de amor, decisiva e irrevogável, perceberemos que não fomos nem seremos abandonados. Descobriremos que, "depois da hora do meu amor, envolta no Vosso silêncio, chegará o dia do Vosso amor, a visão beatífica. Por consequência, agora que não sei quando chegará a minha hora, nem sequer se ela já começou, preciso esperar no limiar do Vosso santuário e do meu; preciso libertar este lugar dos ruídos do mundo" (RAHNER, Karl. *Apelos ao Deus do silêncio*. Lisboa: Paulistas, 1968, p. 40).

Em todos os povos e culturas, o tema do silêncio como porta para Deus se fez presente. Rabindranath Tagore (1861-1941), poeta, músico e filósofo indiano, ganhador do Prêmio Nobel de Literatura em 1913, tornou-se mundialmente famoso por seu livro *Gitanjali* (*Oferenda lírica*). Nele temos um belo poema sobre o silêncio que preenche o coração: "Se não falas, como vou encher o meu coração com o teu silêncio, e aguentá-lo. Ficarei quieto, esperando, como a noite em sua vigília estrelada, com a cabeça pacientemente inclinada. A manhã certamente virá, a escuridão se dissipará, e a tua voz se derramará em torrentes douradas por todo o céu. Então as tuas palavras voarão em canções de cada ninho dos meus pássaros e as tuas melodias brotarão em flores por todos os recantos da minha floresta" (*Gitanjali*. São Paulo: Paulus, 1991, p. 19).

Os monges do Oriente propuseram um caminho de oração fascinante chamado de hesicasmo, que é um estado de silêncio orante. O hesicasta é alguém que vive um estado de silêncio interior acompanhado pela memória constante de Deus. Isso exigirá uma qualidade fundamental que é a pureza de coração (*Como água na fonte: monges beneditinos camaldolenses*. São Paulo: Loyola, 2009, p. 187).

São Simeão (949-1022), teólogo do Mosteiro de Mamas e um dos maiores místicos da Igreja grega, recomendava: "Sente-se sozinho e em silêncio. Incline a cabeça, feche os olhos, respire suavemente e imagine que está olhando para dentro do seu coração. Faça sua mente, ou seja, seus pensamentos, passar da sua cabeça ao seu coração. Respire e diga: 'Senhor Jesus Cristo, tende piedade de mim!' Pronuncie essas palavras em voz baixa, movendo suavemente os lábios, ou pronuncie-as, simplesmente, em espírito. Tente afastar todos os outros pensamentos. Esteja tranquilo, seja paciente e repita essa frase tanto quanto puder" (*Relatos de um peregrino russo*. Petrópolis: Vozes, 2008, p. 42).

Posteriormente, Irmã Maria Amada de Jesus (1839-1874), religiosa carmelita de Paris, compreendeu claramente o papel central que o silêncio interior deve exercer em nossas vidas para uma existência feliz e íntegra. Ela dizia que a vida interior pode ser resumida em uma só palavra: silêncio! E ainda falar pouco às criaturas e muito a Deus, pois o silêncio com Ele é um silêncio da eternidade, da plena união da alma com Deus. A monja dividiu os degraus dessa subida espiritual em doze etapas, que podem ser comparadas aos doze graus de humildade da regra de São Bento. A seguir estão os passos pedagógicos de uma vida silenciosa:

1) Silêncio das palavras.

2) Silêncio de movimentos ou ações.

3) Silêncio da imaginação.

4) Silêncio da memória.

5) Silêncio diante das criaturas.

6) Silêncio do coração e dos sentimentos.

7) Silêncio da humildade ou do amor-próprio.

8) Silêncio da inteligência.

9) Silêncio do julgamento.

10) Silêncio da vontade.

11) Silêncio consigo mesmo.

12) Silêncio com Deus.

Ao cultivarmos o grande silêncio, ouviremos o vento tocando rochedos, o mar atingindo a praia, pássaros cantando maviosas melodias, crianças balbuciando, amigos celebrando, pobres pedindo amor, doentes sofrendo, florestas crescendo e, sobretudo, seremos capazes de auscultar a voz interior proclamando que o amor de Deus existe em nós, suave e inefável. Na voz da monja Maria Amada de Jesus, poderemos então dizer: "Eu sou semelhante a um pequeno grão de areia, que espera na praia a onda que o fará mergulhar no oceano".

5
Do sopro do Ressuscitado: a Igreja que nasce

Vivemos os cinquenta dias pascais até a Festa de Pentecostes! É um momento único do Deus da vida e do amor, que se doa em seus dons para a Igreja. É tempo de proclamar, experimentar e viver a Ressurreição de Jesus, fato fundamental e a razão de ser de cada cristão. Como afirmou o apóstolo Paulo: "Se Cristo não ressuscitou, vã a pregação, vã nossa fé" (1Cor 15,14).

Sabemos, no entanto, que o momento da ressurreição não foi representado artisticamente por séculos na arte cristã, pois fora entendido metaforicamente pela cena das mulheres no sepulcro, como é descrita nos evangelhos de Mateus 28,1-8; Marcos 16,1-8; Lucas 24,1-11, e João 20,1-18.

A lição desse momento foi traduzida erroneamente pela tradição popular como: *noli me tangere* (traduzindo, não me toques! [cf. Jo 20,17]). Isso fortaleceu um distanciamento demasiadamente enérgico, esculpido séculos depois na Catedral Românica de Tudela e pintado nas telas de Giotto di Bondone (1266-1337), Julio Romano (1499-1546) e Correggio (c. 1489-1534), apresentando um Jesus Ressuscitado que busca se apartar, distanciar-se de quem tanto o amou. Será que essa maneira de perceber e viver a ressurreição perdia algo do acontecimento divino?

Foi o pintor Piero della Francesca (1416-1492) que fez surgir na arte o ícone da vitória sobre a morte em seu exato momento de graça e força: Jesus elevando-se com uma bandeira esvoaçante de dentro do sepulcro. El Greco (Domenico Theotocopoli, 1541-1614) enfatizou a verticalidade do Ressuscitado acompanhando-a dos braços e corpos tensos dos guardas apontando para o alto. A lição será esta: *noli me tenere* (traduzindo, pare de me segurar! [Cf. Jo 20,17]), assumindo o original sentido do evangelho joanino: não me entretenhas, não me segures, não me detenhas, frase dita a Maria Madalena (aquela bela mulher do perfume caríssimo) depois de um profundo encontro de amor e verdade, recordando que não podia ficar ali indefinidamente. Há aí a predileção de quem ama e é amado (amor horizontal) e também o adeus de quem parte e é bem compreendido de forma livre pelo outro. É esse amor generoso, amor vertical, amor gratuito que gasta tudo com perfumes para o amado, como vemos na escultura audaz de Auguste Rodin (1840-1917). Como disse o poeta Rilke em 1902, ao comentar sobre a obra: "Ela o envolve com um movimento desconsolado e suplicante e, com um gesto de desamparo, solta os cabelos para mergulhar neles o coração atormentado de Cristo."

O relato tocante de Tomé, depois conhecido como relato da dúvida, tem outro matiz de tangibilidade emocionante e atual. A prevenção desaparece e a proximidade se torna íntima e radical. Como que uma carícia pedida pelo Ressuscitado. Um toque de amor, uma verdadeira unção como aquela de Betânia. Vemos o forte quadro *Incredulidade de São Tomé*, pintado por Mathias Stormer (1600-1650), que apresenta o discípulo com dois dedos enfiados na chaga lateral do Ressuscitado. Ficamos incomodados com a tamanha crueza desse gesto. A lição é esta: "*Infer digitum tuum huc et vide manus meas et affer manum tuam et mitte in latus meum, et noli fieri incredulus sed fidelis*" (cf. Jo 20,27). Eis a bela tradução das palavras do Ressuscitado a Tomé: "Coloque o seu dedo aqui; veja as minhas mãos. Estenda a sua mão e coloque-a no meu lado. Não tenha pouca confiança, confie!". Aqui estamos próximos d'Ele. Depois desse gesto, pedido e insistente, veio a fé do incrédulo, e depois a ceia compartida e ainda o desafio da missão evangelizadora. De Tomé foi solicitada a fidelidade dos que não viram, mas creem em mulheres e apóstolos que viram Jesus. Crer em Madalena, Pedro, Tomé e João.

É preciso tocar com fé; é preciso amar Jesus ao vê-lo e ser amado por Ele sem vê-lo; é preciso vencer o ateu que vive dentro de nós, escondido dentro de nossa casa. Não haverá lugar para o cético se tiver esperança na vida. Afinal, somos todos semelhantes a Tomé. Queremos dizer que Jesus é o Senhor, mas temos medo e falta-nos confiança. A prova da Ressurreição é o ato de fé na vida nova recebida gratuitamente em Cristo, por Cristo e com Cristo. A força do Cristo Jesus nos tira da morte, tal como vemos no afresco do Mosteiro Santo Salvador, em Chora, Istambul, arrancando pelos pulsos, do vale da morte a Adão e Eva. O afresco da *anastásis* (ressurreição) do século XIII sugere que o ícone não seja sobre a salvação, mas sobre a divinização. Adão e Eva estão sendo puxados para a vida divina da Santíssima Trindade, divinizados pela ação de Cristo. O amor de Cristo nos arranca dos abismos. De seu lado, jorram vida e amor. Ele é o Ungido e nós somos seus amigos. Nós, que havíamos plantado Jesus na terra como trigo moído e esmagado, vemos o Pai ressuscitá-lo e, dessa nova vida, fazer brotar centenas de espigas, frutos do amor, da ternura e da misericórdia. Somos mais que chamados, mas puxados e arrancados! Somos levados para Deus por Jesus Cristo, na força do Espírito.

Assim recitei ainda criança esta sequência pascal ensinada por minha avó materna: "A morte e a vida lutaram admiravelmente: o Senhor da vida reina vivo depois de morto. Diga-nos tu, Maria: que viste pelo caminho? Vi o sepulcro de Cristo vivo e a glória do Ressuscitado. Vi anjos que mo asseguraram; vi o sudário e os lençóis. Ressuscitou Cristo, minha esperança: e os precede na Galileia. Sabemos que Cristo, em verdade, ressuscitou de entre os mortos: tu, oh Rei triunfante, tem misericórdia de nós. Amém. Aleluia!"

Os bizantinos ainda cantam em sua liturgia milenar: "Dia da ressurreição! Povos, rejubilem-se de alegria, é a Páscoa do Senhor! Da morte à vida e da terra aos céus, o Cristo Deus nos conduz a todos nós que cantamos o hino da vitória. Que o céu se regozije, que a terra esteja na alegria, que o mundo faça festa, todo o mundo: o visível e o invisível. Pois Cristo ressuscitou, Ele, a alegria eterna. Da morte, celebremos a destruição e do inferno, a ruína. Da nova vida imortal cantemos com vigor o autor. Uma Páscoa sagrada nos apareceu hoje: Páscoa nova e santa, Páscoa mística, Páscoa puríssima, Páscoa do Cristo, nosso libertador, Páscoa imaculada, Páscoa grandiosa, Páscoa dos que creem, Páscoa que nos abre as portas do Paraíso, Páscoa que santifica todos os fiéis. É o dia da Ressurreição! Abracemo-nos uns aos outros. Digamos: 'Irmãos', mesmo para os que nos odeiam. E cantemos: 'Cristo ressuscitou dentre os mortos'".

Lembro-me de que em uma ocasião, na inesquecível comunidade de São Mateus, na periferia da zona Leste, nos anos 1980, ao prepararmos a Vigília Pascal, pensamos em fazer uma surpresa para o povo das comunidades naquela noite especial. Pedimos que um menino ficasse dentro de um imenso ovo feito de papelão, até a hora do canto do *Exultet*, e o rompesse com suas mãos rasgando o invólucro que o envolvia, gritando forte no meio de toda a Igreja: "Cristo ressuscitou, Aleluia!". Assim cantaríamos o hino depois do grito, na hora por nós marcada previamente. Mas eis que, passados alguns minutos, sem muitos furos para oxigenar aquele recipiente escuro e sem saber bem a que hora sairia, ele rasgou o papel, dizendo em alta voz: "Eu não aguento mais, é hora de ressuscitar. Cristo venceu, Aleluia! Ufa, que bom que minha mãe está aqui. Agora estou feliz! Acabou o sufoco, desculpem a pressa, mas lá dentro é muito ruim!".

Essa é a Páscoa que agora vivemos na expectativa do Espírito que vem. Páscoa apressada, alegre e vigorosa, cantada, rezada, tocada e celebrada. Saindo dos ovos, das tumbas, das dores e sentindo os perfumes, as cores e os sabores da Ressurreição. É um convite para que todos estendam suas mãos, toquem o lado do Cristo Vivo, sintam Deus e sintam a vida que jorra de seu coração e se faz Igreja.

É deste modo tocante que a poetisa espanhola Isabel Llorente Casado nos ensina a celebrar a Páscoa e esperar Pentecostes:

> Si tus manos están dispuestas a dar lo poco que pueden, ábrelas.
> Si tus labios sólo se abren para hablar con cariño, jamás los cierres.
> Si tu calor es lo único que puedes compartir, eso no es poco.
> Si tus valores los cuidas y los compartes, eres muy grande.
> Si tu meta es vivir junto a mi amigo, enséñame a vivir contigo.

6
Aprender das virtudes

Virtude é a força pessoal que temos e o valor que cultivamos durante nossa vida. No Antigo Testamento essa força e esse vigor (*vir*, homem em latim) aplicam-se ao poder de Deus (cf. Sl 65[64],7; Sl 111[110],6). Há em cada ser humano uma disposição para fazer o bem, inscrita por Deus em nosso DNA; apesar de nossos impulsos e inclinações para o mal, ela está presente e nos questiona quando vivemos o erro e tropeçamos em nossos defeitos e fragilidades. Essa batalha moral e íntima caracteriza nossa busca pela felicidade como bem-estar e bem-viver comunitários.

No Novo Testamento a virtude é apresentada como uma força eficaz que está conosco e que pode, se quisermos e se desejamos sair! A virtude pode emergir, eclodir, tornar-se visível. Assim irá narrar o evangelista Marcos, na perícope da mulher doente (hemorroísa), a cura efetuada por Jesus, quando uma mulher enferma há doze anos, toca a ponta do manto de Jesus: "No mesmo instante Jesus sentiu que dele havia saído uma virtude (poder)" (Mc 5,30). Essa mulher tinha tanta fé que "arrancou" uma virtude, um poder, vigor de Jesus, o Filho amado de Deus, e essa relação pessoal com Jesus, esse toque de amor, estancou um sangramento que a estava matando lentamente.

Muito cedo na fé de nossa Igreja, os cristãos pensaram as virtudes como caminho e processo educativo de nossos sentimentos, ações e pensamentos. As virtudes oferecidas por Deus são a fé, a esperança e a caridade. São chamadas de virtudes teologais, pois são comandadas pela graça divina. Como diz o belo hino ao amor professado e confessado pelo apóstolo Paulo: "Agora existem estas três coisas: a fé, a esperança e o amor. Porém a maior delas é o amor!" (1Cor 13,13).

Há um conjunto de virtudes intelectuais que habilitam nossa inteligência para buscar a verdade e dirigir a ação humana para a justiça e para metas propostas por todos os seres usando o discernimento e a escolha diante das alternativas que se apresentam ou que construímos diante das dificuldades. Ao assumir e viver as virtudes humanas, pela inteligência e pelo correto pensar, vivemos e tornamos realidade as virtudes morais que sustentam o bem fazer.

Assim existem aquelas virtudes que são adquiridas desde a infância pelo aprendizado, pela imitação, pela educação e, sobretudo, pela vida social e política, e que fazem o humano evoluir por dentro do próprio humano. São uma decisão ou aptidão humana para a evolução de cada pessoa e de todas as pessoas em sociedade. Humanismo integral, de cada pessoa humana e de toda a pessoa humana. Chamamos esse modo de educar nossa vontade de virtudes naturais ou *habitus*. Pelo exercício do dia a dia e pela perseverança, vamos ficando melhores e mais fecundos para nós mesmos e para os outros. Assim a humildade, a honestidade, a paciência, o carinho, a determinação são alguns bons exemplos. Pensemos na prática e no testemunho de homens e mulheres virtuosos: Mahatma Mohandas Gandhi, Martin Luther King Jr., Madre Teresa de Calcutá, dom Luciano Mendes de Almeida, doutora Zilda

Arns Neumann, monsenhor Oscar Romero, beato papa João XXIII, Irmã Dorothy Stang, Chico Mendes, e a imensa lista dos santos cristãos. Em pleno século XXI repleto de imperialismos, violências e terrorismos, é preciso cultivar e aprender a ser virtuosos.

Há aquelas virtudes chamadas de infusas, do agir de Deus em nosso coração e mente para que, abertos à infinita graça de Deus, sejamos dóceis aos chamados do amor pessoal e da vida plena que Deus convida a que vivamos e por nossa decisão podemos assumir ou não livremente. São as propostas divinas para a livre decisão do arbítrio humano. Acolhimento ou não de um presente e uma dádiva celeste. As virtudes que vêm de Deus iluminam nosso viver quando estamos desnorteados, surgindo a luz da quietude, da contemplação e da revelação do amor de Deus. São visitas divinas que surpreendem nossa mente e fogem a nossas expectativas. São pequenos milagres que a cada dia nos alegram e nos confortam diante de tantos medos, perdas, arrogâncias e incertezas. Milagres que acontecem na vida de todos, dos que creem e dos que não acreditam em nada. Chuva abundante em todos os terrenos. Alguns percebem que isso vem da fé que se desdobra sobre si mesma. De fé em fé, de esperança em esperança, de amor em amor. Crendo, podemos entender. E, ao compreendermos, crescem nossa fé e nossa adesão ao mistério de Deus. Outros percebem que são uma dádiva de Deus em sua infinita misericórdia até para os que negam sua presença e seu cuidado. Essas virtudes são chamadas por alguns como sobrenaturais, mas em verdade deveriam ser chamadas de virtudes gratuitas, ou virtudes amorosas de Deus ou proteção angelical de nosso Criador. Presentes graciosos para nossas vidas marcadas por desejos imensos de comunhão.

Desde a Antiguidade clássica, a Igreja apresentou, na reflexão de teólogos e teólogas, as virtudes cardeais como as quatro virtudes morais apresentadas como os gonzos ou as dobradiças que sustentam a nossa "porta" de uma boa vida. Em torno das quatro dobradiças (*cardines*, em latim), gira e se abre o organismo integral do conjunto integral de nossa vida ética e da nossa conduta moral boa, bela e verdadeira. São elas: a prudência, a justiça, a fortaleza e a temperança.

Prudência

A prudência é a virtude cardeal que coloca em ação e no viver a sabedoria. Ela necessita da coragem, da paciência e da rapidez para acontecer. No senso comum, o prudente assemelha-se a um covarde sempre com o pé atrás dos acontecimentos. Na linguagem da fé, a prudência é outra coisa. Uma pessoa prudente deve: saber e aprender a analisar a situação que está diante de si e prever as consequências de seus atos; saber e aprender a agir tendo em conta os parceiros possíveis diante de uma situação crítica e ser capaz de recusar ou mostrar que não concorda com outros sem humilhar; encorajar sem bajulação e ensinar sem vangloriar-se; saber se calar sem fugir de suas responsabilidades ou refugiar-se na covardia ou em uma posição confortável e ineficaz, e, apesar de deficiências pessoais, é leal ao grupo e companheiros que constroem algo novo; saber progredir sem presunção, passo a passo organizada e firmemente e, na hora certa e do jeito certo, fazer a intervenção decisiva e necessária.

A pessoa prudente nunca é neutra nem conivente com a injustiça. Não se cala diante da opressão e age em favor dos pequenos sem orgulho, nem exageros heroicos. Prudência é mais que diplomacia. Assim diz o bispo anglicano Desmond Tutu, ganhador do Prêmio Nobel da Paz de 1984: "Se você é neutro em situações de injustiça, você escolheu o lado do opressor". Também nos questiona Martin Luther King Jr., o pastor batista e mártir do povo negro dos Estados Unidos: "Ao final, não nos lembraremos das palavras de nossos inimigos, senão dos silêncios dos nossos amigos". Vale citar também a frase de Miguel de Cervantes, poeta e literato espanhol: "Três coisas em demasia e três coisas em falta são perniciosas aos homens: falar muito e saber pouco: gastar muito e possuir pouco; se estimar muito e valer pouco".

Justiça

Para os cristãos, de todas as confissões e igrejas, a justiça é uma exigência fundamental e insubstituível. Nossa fé reconhece que Deus é justo e fonte de toda justiça e fraternidade por ser nosso Pai comum. Não há como segregar os filhos do mesmo Pai. Deus faz justiça e ama a justiça. Por crermos em Deus, precisamos ser justos. Fé e injustiça não podem coexistir. Isso seria uma contradição absoluta. E nunca como nos últimos anos as Igrejas se engajaram tanto em favor da justiça e da liberdade, pois as causas e as estruturas de injustiça se multiplicaram e se especializaram.

Assim os bispos reunidos na cidade de Medellín (Colômbia), em julho de 1968, disseram que o amor e a justiça devem organizar-se, pois a injustiça hoje está organizada e estruturada em grupos e mecanismos sociais. Se a injustiça é planejada e arquitetada de forma iníqua e descarada, o amor e a justiça também precisam de articulação, de organização e de ações urgentes. Como dizia o papa Paulo VI, "a paz é fruto da justiça". Assim, de forma pessoal e comunitária, os cristãos devem defender esta virtude e torná-la operativa e eficaz. Estabelecer políticas públicas e leis em defesa da vida, dos pobres e dos grupos exclusos de direitos e espaços vitais em nossas cidades, em nossas igrejas e em nossas instituições. Começar a lição da justiça em casa. E, depois de feita essa tarefa interna, podemos defender a justiça e a paz publicamente.

A base ética hoje se fundamenta na Declaração Universal dos Direitos Humanos, proclamada pelas Organizações das Nações Unidas (ONU) em 10 de dezembro de 1948. Entre os cristãos, ela se alimenta da literatura profética presente na Bíblia Sagrada e se faz efetiva no seguimento de Jesus, como libertador das injustiças e misérias humanas. Confúcio, o grande mestre da China, sugeriu que exista coerência pessoal para uma pessoa ser justa: "Aja antes de falar e, portanto, fale de acordo com os seus atos". Por sua vez, Nelson Mandela, líder da África do Sul, revelou: "Sonho com o dia em que todos irão se levantar e compreender que foram feitos para viverem como irmãos". Para finalizar, vale citar o profeta bíblico Habacuque: "O justo viverá pela fé" (Hab 2,4).

Temperança

A temperança é a virtude daqueles que são capazes de guardar a justa medida e o equilíbrio. Quem a vive sabe moderar seus desejos e suas paixões. Ela é fruto da presença do Espírito Santo no coração humano (cf. Gl 5,23). Os que nãos sabem viver a virtude se afundam em inúmeros males e doenças modernas: alcoolismo, excesso de trabalho, gula, anorexia, bulimia e dezenas de outras compulsões criadas e introjetadas pela publicidade de forma patológica sobre as pessoas e contra sua capacidade de discernimento saudável. Sedentários, cansados, estressados e sempre querendo mais. Ter mais se tornou uma meta imposta a jovens, crianças e adultos. Perde-se o respeito por si mesmo, pela saúde mental e mesmo pelo próprio corpo. Há grupos terapêuticos para uma série de exageros ou vícios que nos machucam e diminuem em valor e alegria interior: álcool, tabagismo, drogas, jogos, sexo mórbida e mercantil, compras desregradas, televisão em excesso, facebook, investimentos, roupas etc.

Muitos sugerem a abstinência como um antídoto diante dessa voracidade que o capitalismo quer nos fazer crer ser um Evangelho de salvação. Se os homens cultuarem a mercadoria, dizem os arautos dessa divindade idolátrica, seremos eternamente felizes. Mas a verdade é bem outra. Sem o equilíbrio e a virtude do caminho do meio, seremos esmagados e transformados em objetos. O sujeito desaparece e o objeto vira ídolo. Precisamos resistir e mostrar outro caminho. Precisamos dizer para nós mesmos: "Não precisamos de tantas coisas para sermos felizes. Não será um modo de viver vazio que nos fará plenos. Não podemos preencher a alma com coisas, mas com sentimentos, pessoas e valores".

A virtude está no meio, no equilíbrio. Sem isso perdemos a liberdade. Sidarta Gautama, o Buda histórico, dizia que a virtude é a prática do caminho do meio: "Essa é a nobre verdade do caminho que conduz à cessação do sofrimento: é este Nobre Caminho Óctuplo: entendimento correto, pensamento correto, linguagem correta, ação correta, modo de vida correto, esforço correto, atenção plena correta, concentração correta". Jesus Cristo dirá que sempre haverá dois caminhos na vida e que seremos felizes se trilharmos aquele que se abre na porta estreita e que será preciso construir prudentemente sobre a rocha para não soçobrar ou perder-se (cf. Lc 7).

Fortaleza

A última das quatro virtudes cardeais é a fortaleza ou força. É ela que fornece a coragem e o ânimo para suportar e agir, quando somos submetidos à incompreensão e ao desprezo. E isso é mais comum do que pensamos. É hoje uma virtude urgente. A força produz na história mais males e opressões que o bem que deve realizar. Usa-se dela para esmagar, destruir, desprezar, não para emancipar, reconhecer e libertar. A fé cristã acredita que a fortaleza nasce de um ato livre e deve respeitar a liberdade do outro. Não pode haver imposição, nem mesmo da fé cristã, pois romperíamos o humano naquilo que é o seu maior tesouro e valor. A liberdade de consciência é essa preciosidade de cada pessoa humana, e ninguém pode ser forçado a agir contra a própria consciência.

A fortaleza deve beber da fonte do respeito e da tolerância para que se torne um sinal de comunhão e reconhecimento das diferenças rumo à plenitude humana. Não devemos responder a uma violência sofrida com mais violência, pois essa espiral de violência levaria à insanidade e a guerra. Dizia Gandhi: "Olho por olho, e o mundo acabará cego". A fortaleza fundamenta-se na firmeza permanente e na busca incessante pela verdade. Uma pessoa forte não se mede por seus bíceps, pelas armas ou pelo dinheiro, mas por sua generosidade, seu carinho e sua magnanimidade. Ser grande e forte é ter uma alma grande e forte. Ser forte é ser reconhecido por seus filhos e amigos. Ser forte no dia a dia, não em um único e grande dia. A fortaleza humana que nos faz melhores se esconde na compaixão e na fragilidade dos pequenos. Assim, vale citar a bela expressão latina: *"Fortiter in re, suaviter in modo"* (Forte na essência, e suavidade no modo).

7
Diálogo como modo de ser

Vivemos tempos de intransigência e de monólogos. Estamos na era das redes e dos ambientes virtuais, mas muitos estão desconectados ou sofrem depressão por solidão. Ficam amargos, doentes e raivosos. Vivemos na multidão, mas ninguém escuta nossa voz. O diálogo empobreceu-se, e nosso coração ficou como que empedrado. Temos mais perguntas que respostas. E muitos se apresentam como vendedores de felicidades e desejos celestes. O atual processo civilizatório e cultural faz a vida ser liquefeita e fragilizada. Zygmunt Bauman (1925-) dirá que até o amor está sendo dissolvido, liquefeito e mercantilizado. Assim escreveu: "E assim é em uma cultura consumista como a nossa, que favorece o produto pronto para uso imediato, o prazer passageiro, a satisfação instantânea, resultados que não exijam esforços prolongados, receitas testadas, garantias de seguro total e devolução do dinheiro. A promessa de aprender a arte de amar é a oferta (falsa, enganosa, mas que se deseja ardentemente que seja verdadeira) de construir a 'experiência amorosa' à semelhança de outras mercadorias, que fascinam e seduzem exibindo todas essas características e prometem desejo sem ansiedade, esforço sem suor e resultados sem esforço. Sem humildade e coragem não há amor. Essas duas qualidades são exigidas, em escalas enormes e contínuas, quando se ingressa em uma terra inexplorada e não mapeada. E é a esse território que o amor conduz ao se instalar entre dois ou mais seres humanos"[128]. Se até o amor foi feito mercadoria, objeto descartável, o que será do ser humano? O que será de nosso planeta? O que será das religiões? Da esperança? Diante dessa grave questão, retomo o pensamento lúcido de Martin Buber (1878-1965), quando escrevia em 1923 que "toda vida real (verdadeira) é um encontro": "Uma época de genuínos colóquios religiosos está se iniciando – não dos que assim se denominavam e eram fictícios, nos quais ninguém realmente olhava para seu parceiro nem a ele se dirigia, mas uma época de diálogos genuínos, de certeza para certeza e também de uma pessoa receptiva para outra pessoa receptiva. Somente então aparecerá a comunidade autêntica, não aquela de um conteúdo de fé sempre autêntico, supostamente encontrado em todas as religiões, mas a comunidade da situação, da angústia e da expectativa"[129]. O Deus pessoal entra em contato com a humanidade para fazer comunidade. Tais pessoas se revelam mutuamente. Cada parceiro cria relação e adquire uma identidade completa e única. Cada parceiro irá afetar o outro. Diálogo é uma conversa de amor entre pessoas que vivem esta relação fecunda e dinâmica. Diálogo é o amor autêntico carregado de significado. Ainda diz Buber: "Na conversação genuína, o voltar-se para o parceiro dá-se em uma verdade total, ou seja, é um voltar-se do ser. O verdadeiro voltar do

---

128. BAUMAN, Z. *Amor líquido* – Sobre a fragilidade dos laços humanos. Rio de Janeiro: Zahar, 2004, p. 11-12.

129. BUBER, M. *Do diálogo e do dialógico*. São Paulo: Perspectiva, 1982, p. 40.

seu ser para o outro ser inclui esta confirmação e esta aceitação. No que quer que seja que eu seja contrário ao outro, eu disse 'sim' à sua pessoa, aceitando-a como parceiro de uma conversação genuína"[130].

Para nós, cristãos, tornou-se uma chave essencial a Encíclica *Ecclesiam Suam*, publicada pelo papa Paulo VI (1897-1978) em 6 de agosto de 1964. Em sua carta programática, o bispo de Roma assume esta questão urgente: "Por que caminhos a Igreja deve hoje realizar seu mandato?" E ele a responde, a partir de três eixos pastorais:

1) Consciência;
2) Renovação;
3) Diálogo.

No coração da encíclica, o pontífice escreve: "A Igreja deve entrar em diálogo com o mundo em que vive. A Igreja faz-se palavra, faz-se mensagem, faz-se colóquio"[131]. Os dois intelectuais ajudam-nos a enfrentar a superficialidade dos tempos atuais e construir pontes em favor da fraternidade universal. Martin Buber, filósofo judeu, e o papa Paulo VI, eminente intelectual católico, tornaram-se bússolas para nortear a reflexão de nossas igrejas e grupos religiosos, abrindo horizontes amplos para superar o fechamento ou a intolerância existentes.

Comunidade de situação

Dialogamos por nos sentirmos situados e comprometidos com uma causa comum: a paz e a justiça social de nossos povos e o respeito ao planeta em que vivemos. Em 1453, Nico-

---

130. Ibid., p. 153-154.
131. PAULO VI. *Ecclesiam Suam* – Sobre os caminhos da Igreja. São Paulo: Paulinas, 1997, p. 45.

lau de Cusa (1401-1464) publicou o livro *De Pace Fidei* (A paz pela fé), verdadeiro manual para o encontro de religiões e culturas propondo o tema da concórdia universal. A obra deste cardeal alemão terminava com a utopia de um Concílio em Jerusalém para reconciliar todas as religiões. Na mesma direção aberta, ouvimos anos atrás esta fala do rabino Henry Israel Sobel (1944-) a meus alunos na Pontifícia Universidade de São Paulo (PUC-SP): "Judeus não buscam construir um mundo mais judaico, mas um mundo mais humano". Unir, apoiar a humanidade, escutar outras vozes e respeitar as diferenças sem submissão nem superficialidades é tarefa gigantesca e delicada. O diálogo é caminho e método. O diálogo é um convite feito por Deus. É uma abertura em nossa vida para o diferente, para o outro e para aprender a ouvir o que nosso irmão nos fala e compartilha. O diálogo "foi aberto espontaneamente por iniciativa divina: Deus foi o primeiro a amar-nos (cf. 1Jo 4,10). A nós tocará outra iniciativa, a de prolongarmos até os homens esse diálogo, sem esperar que nos chamem" (ES 42).

Comunidade de angústias

Para que um diálogo fecundo e autêntico exista, é preciso assumir as dores e angústias de toda a humanidade, particularmente dos que são submetidos aos dramas mais profundos do viver: o fatalismo, a finitude e a fragilidade. No tratado talmúdico *Sanhedrin* diz-se: "Salvar uma vida humana é como salvar o universo inteirinho, e destruir uma só vida é equivalente a destruir o próprio universo". Sem esta vontade decidida de comunhão não iremos a lugar nenhum. Quem dialoga nunca pode mentir. Mentira engendra o mal e nos prendem ao vazio. Esconder o certo é porta para uma vida infeliz. Para fazer acontecer um colóquio autêntico, precisamos esculpir em nós mesmos quatro qualidades ou características essenciais: clareza, mansidão, confiança e prudência. Sem uma delas o diálogo naufraga nas águas turvas da intolerância e do medo. Diz o papa Paulo VI certamente inspirado pela leitura do apóstolo Paulo (5-67) no "Hino ao Amor": "O diálogo supõe e exige compreensibilidade, é transfusão de pensamento, é estimulo do exercício das faculdades superiores do homem. O diálogo não é orgulhoso, não é pungente, não é ofensivo. A autoridade vem-lhe da verdade que expõe, da caridade que difunde, do exemplo que propõe; não é comando, não é imposição. O diálogo é pacífico, evita os modos violentos, é paciente e generoso. Produz confidências e amizade, enlaça os espíritos em uma adesão mútua ao Bem, que exclui qualquer interesse egoísta. O diálogo atende às condições psicológicas e morais de quem ouve" (ES 47).

Comunidade da expectativa

Ao nosso redor, há centenas de novos movimentos religiosos, novas igrejas, novos pastores, novos Evangelhos, muitas propostas de salvação. Algumas falas e outras em busca da verdade. Algumas mentirosas como a teologia da prosperidade e outras inspiradas na mensagem da misericórdia e do perdão. Geram muitas expectativas e utopias. E muitas vezes manipulação e distopias. Uma linguagem dialógica deve incluir novas atitudes diante da vida e do jeito de ser dos outros crentes e dos não crentes. Precisamos aprender a respeitar os que pensam e agem de forma diferente. Essa foi uma bela lição que o santo papa João XXIII (1881-1963) nos ensinou de forma ativa e alegre: "Em qualquer parte onde os autênticos valores da arte e do pensamento são suscetíveis de enriquecer a família humana, a Igreja está pronta a favorecer este trabalho da inteligência"[132]. Somente venceremos a intolerância pelo respeito mútuo. Para chegar a essa reverência aos outros, será preciso defender a liberdade de consciência e, por consequência, a abertura à verdade dos outros. Respeitar não significa submissão ou silêncio, mas escuta e diálogo. Quem respeita ouve! E ouve a todos sem distinção, nem preconceitos. O papa Paulo VI fala de existência de círculos concêntricos: primeiro, o diálogo deve ser com todos os seres humanos, inclusive ateus; segundo, dialogar com os crentes em Deus; terceiro, com os irmãos do mundo cristão, e enfim, o quarto círculo será o do diálogo interno em nossa casa, que é a Igreja Católica de confissão romana. Do universal ao doméstico. Ninguém é estranho ao coração materno dos cristãos. Ninguém é seu inimigo e mesmo a Igreja do silêncio, falará por seu sofrimento (ES 53-68).

Em nossas congregações ou comunidades religiosas, precisamos assumir cotidianamente o exercício da escuta e do respeito. A surdez em que nos metemos pode transformar-se em fundamentalismo e ideologia. É óbvio que diálogo pressupõe a superação dos solilóquios e da descoberta do outro. E superação de tantas mentiras fantasiadas de verdade. Como dizia o Sutra *Saddharma Smirti*: "Mentir é como cortar a própria língua com um machado. As mentiras são o arauto do mal e acorrentam-nos a lugares nefastos"[133]. Novas sínteses são necessárias na abertura de posições pessoais sempre focadas na verdade: "Uma correta apreciação de outras tradições religiosas pressupõe normalmente um contato estreito

---

132. JOÃO XXIII. Discurso aos participantes do Segundo Congresso Mundial de Escritores e Artistas Negros. In: *L'Osservatore Romano*, 03/04/1959.
133. HSING, Y. *Cultivando o bem*. São Paulo: Cultura, 2001, p. 110.

com estas. Isto implica, ao lado de conhecimentos teóricos, uma experiência real do diálogo inter-religioso com os adeptos destas mesmas tradições. Entretanto, é também verdadeiro que uma avaliação teológica correta das tradições, ainda que em termos gerais, permaneça um pressuposto necessário para o diálogo inter-religioso. Estas tradições devem ser abordadas com grande respeito, em função dos valores espirituais e humanos que elas contêm. Elas requerem nossa consideração pois, através dos séculos, foram testemunhas dos esforços envidados para encontrar as respostas 'aos enigmas escondidos da condição humana' (NA 1) e elas foram lugar de expressão da experiência religiosa e das mais profundas aspirações de milhões de seus membros: e, elas, ainda hoje, continuam a fazê-lo e a ser"[134].

Assim dizia o filósofo Paul Ricoeur (1913-2005): "Em primeiro lugar, devemos renunciar a uma relação possessiva da verdade; não devemos dizer: 'eu tenho a verdade', mas sim 'eu espero estar na verdade'. A pior maneira de encontrar o outro é de anular sua intenção de verdade, tanto quanto a minha. Todo diálogo desaparece quando não há confrontação, onde não existe mais convicção"[135]. O verdadeiro diálogo não se camufla na areia movediça da neutralidade. O diálogo é argumento e honestidade sincera de parceiros diferentes. Não é fotocópia nem troca de gentilezas entre elites religiosas. O diálogo da fé é um diálogo do coração dinâmico e alegre. Sempre há novas clarezas por vir. Sempre mais a unir e a buscar em Deus. Diálogo é um novo jeito e um estilo para

---

134. Diálogo e anúncio: dois aspectos da missão evangelizadora da Igreja. In: *Bulletin*, Vaticano, vol. 78, n. XXVI/3, 1991, p. 266.

135. RICOEUR, P. De L'Esprit, apud Fête Patronale du 2 février 1994. In: *Bulletin Louvain*, mar.1994, p. 29.

falar de Deus: "O diálogo é antes de tudo um estilo de ação, uma atitude e um espírito que inspira o comportamento. Uma missão que não fosse impregnada do espírito do diálogo seria contrária às exigências da natureza humana e aos ensinamentos do Evangelho"[136].

Uma história de uma mestra zen pode ilustrar tudo o que dissemos antes. Conta a abadessa Rôshi (1933-) em seu livro: "Uma senhora, que vinha com frequência e grande alegria praticar os hinos budistas em nosso templo, um dia faltou. Na reunião seguinte perguntei pela causa de sua ausência e ela respondeu: 'Ah! *Sensei*, estava toda feliz para sair quando chegou uma visita e me perguntou: "Está de saída?" Se eu dissesse que sim, ela iria embora, não iria? Teve todo o trabalho de vir, seria pena que voltasse. Então eu lhe disse: "Acabei de chegar. Você veio no momento certo. Entre, por favor, fique à vontade". E por isso não pude vir ao templo'. Fiquei comovida, diz a mestra, e abaixei a cabeça reverencialmente. A consideração daquela senhora pelos outros me serviu de alerta e me fez abaixar respeitosamente a cabeça"[137]. Diálogo é isto: colocar-se no lugar do outro, sair do centro, acolher, respeitar, valorizar, considerar e servir. Diálogo é amar com coragem e esforço. É um jeito de ser Igreja e criar laços perenes e plenos de amor verdadeiro.

---

136. Atitude da Igreja Católica diante dos crentes de outras religiões. In: *Bulletin*, vol. 56, n. XIX/2, 1984, p. 156-157.

137. RÔSHI, S.A. *Para uma pessoa bonita* – Contos de uma mestra zen. São Paulo: Palas Athena, 2002, p. 26.

8
Obediência e rebeldia

Um dos maiores desvios do discurso sobre Deus é aquele que nos é incutido quando ainda crianças: "Obedeça, pois Deus castiga os rebeldes e os desobedientes". Assim o "deus-chicote-raivoso" aniquila o ícone de Deus Amor, verdadeiro Pai de Jesus. Essa deturpação suprime a alegria do perdão, fazendo prevalecer uma mesquinha imagem de um deus ridículo. Ao incutir o medo, cria-se uma caricatura de Deus. Usa-se da obediência para impor o silêncio, a dominação e o medo. Nada mais distante da pregação de Jesus e de seu Evangelho.

O que é obedecer e obediência aos olhos da fé? A palavra, nascida na língua latina *obedientia* (de *ob* e *audire*: 'escutar alguém seguindo seus conselhos'), foi entendida até o final do século XVII como o ato ou efeito de obedecer, ou seja, uma reverência, submissão, um sujeitar-se na condição de vassalagem, subordinação, conformidade, docilidade e resignação. Obediente é alguém que se cala e aceita tudo de forma servil. Quem cala consente. Eis o obediente. Em contrapartida, o desobediente seria o rebelde, o incorrigível, o teimoso, testudo, voluntarioso, livre, indócil e, portanto, perigoso e subversivo. Assim obedientes são as pessoas que estão sob o comando de outros. Isso soa desagradável aos ouvidos modernos, pois beira à ditadura. Desobedientes seriam os livres ou os autônomos. Obediente é quem cede. Desobediente é quem questiona ou escolhe distintamente. Obedientes seriam aqueles que funcionam corretamente em qualquer sistema ou ordem preestabelecidos. Desobedientes seriam os que não se encaixam, tachados de anarquistas ou insubmissos. A qualidade do obediente é guardar, acatar e somar. A característica principal do desobediente seria a vontade de romper, questionar, ir contra a corrente e rebelar-se. Para muitos cristãos, a palavra obediência mereceria ir para um museu das coisas obsoletas, com a lei e o totalitarismo. Obedecer seria sinônimo de patologia. Há quem diga que, no atual momento histórico caótico, seria boa hora de treinar e praticar a desobediência civil. Claramente, percebe-se que o conceito sofreu com a mudança de época desde a Revolução Francesa (julho de 1789), com a constituição do sujeito moderno que decide e pensa com os próprios critérios, rompendo com as antigas imposições. Os jovens amam essa dimensão de liberdade desobediente. É necessário repensar os conceitos e as realidades humanas na tensão entre obediência e rebeldia. Saber a hora de viver sadiamente os dois polos e não acrisolar-se a um deles.

Nos dias de hoje, obedecer é algo carregado de sentidos múltiplos. Pode ser a permissão dos pais ou mais idosos para que façamos algo ou estejamos com alguém, ou seguir regras sociais obrigatórias, ou respeitar hierarquias, ou viver os preceitos religiosos, ou cumprir votos e promessas pessoais, ou seguir dietas e disciplinas propostas por terapeuta em favor de mais vida, ou fazer operações estéticas para nos adequarmos a padrões de beleza de dada sociedade, ou mesmo apaixonar-se por alguém assumindo novas posturas vitais e até respeitar os aparelhos de Estado, a polícia e os governos. Tudo pode convocar para sermos obedientes e submissos. Até os objetos estão submetendo nossos desejos mais profundos, tornando-nos escravos das mercadorias capitalistas.

Fica sempre uma pergunta de fundo diante de decisões impostas: será que chegou a hora de desobedecer? Ou precisamos obedecer a Alguém maior que os poderes humanos?

Jesus, em sua vida e peregrinação pela Palestina, viveu de que forma a obediência a seu Pai? Foi morto crucificado por ser desobediente aos poderes religiosos e imperiais. Ressuscitou para indicar o caminho da verdadeira obediência.

A liberdade cristã é rebeldia em ação obediente

Em uma das cenas mais pungentes do Evangelho segundo São Lucas, lemos no capítulo 22: "Então Ele se afastou deles a distância de um tiro de pedra, ajoelhou-se e começou a orar: 'Pai, se queres, afasta de mim este cálice; entretanto, não seja feita a minha vontade, mas o que Tu desejas!' Foi então que lhe apareceu um anjo do céu que o encorajava" (Lc 22,41-43). A tensão é imensa. A hora é fundamental e a obediência, radical.

O apóstolo Paulo, rigoroso e obediente fariseu por toda a vida, afirmava convicto e alegre depois do encontro pessoal com Jesus Ressuscitado: "Tudo me é permitido, mas nem tudo me convém" (1Cor 6,12; 10,23). Somos, portanto, filhos da rebeldia de Jesus, de Paulo, dos apóstolos na graça fecunda do Espírito. Nada, nem ninguém, podem submeter ou calar nosso desejo de paz, justiça e liberdade. Sabemos que o mesmo Paulo de Tarso propôs a imagem do Cristo como modelo de que foi "obediente até a morte e morte de cruz" (Fl 2,8). Diz também: "da obediência de um só..." (Rm 5,19). E ainda:

"Glorificam a Deus pela obediência" (2Cor 9,13). Qual então é a justa medida entre rebeldia cristã e obediência radical ao amor de Deus? Qual é a moral que seja de fato um espaço de autonomia e livre-arbítrio do sujeito? Haveria uma obediência desobediente? O que convém e o que não convém? Há lugar para um desobediente radicalmente obediente ao essencial? Como ser filhos da obediência como pedia insistente a Primeira Epístola de São Pedro (cf. 1Pd 1,14)? Como resistir e não obedecer às ordens de Satanás e de seus anjos que conduzem ao mal? Enfim, como obedecer à voz de Deus (cf. Dt 27,10)?

Há muitas escolas éticas que apresentam propostas no seguimento de Jesus, fazendo pesar o pêndulo mais para um lado ou para outro. Há os que põem peso na natureza, na lei maior e na decisão firme de seguir valores universais indiscutíveis. Há outros que insistem na liberdade de consciência e nas decisões pessoais diante de momentos difíceis ou complexos que exigem discernimento e respostas personalizadas. O que ambos concordam é que moral cristã nada tem a ver com moral de escravos e submissos. A ética evangélica vivida e proposta por Jesus é sempre uma palavra de amor e alegria diante de Deus e, portanto, obediência é uma resposta livre e consciente ao Cristo que chama e escuta nossa resposta. O Evangelho nunca pode ser imposto, mas proposto. Deve aguardar o tempo da resposta e a maneira própria de cada qual responder ao que lhe foi proposto. Dizer sim quando for sim e não quando for não. Obedecer a quem vive de forma coerente com o Evangelho, pois se fez mestre de ações, mais que de palavras. Assim como Jesus, que insiste a tempo e a contratempo aos discípulos e seguidores: "Se alguém me ama, obedecerá à minha palavra. Meu Pai o amará, nós viremos a ele e faremos morada nele. Aquele que não me ama não obedece às minhas palavras. Estas palavras que vocês estão ouvindo não são minhas; são de meu Pai que me enviou" (Jo 14,23-24).

Em primeiro lugar, obediência cristã é obediência à própria consciência pessoal, pois é dádiva de Deus. Fomos criados para sermos pessoa que pensa e ama. Obedecer ao mais profundo de nossa identidade de filhos amados por Deus. Não há contradição na busca interior honesta de nossa palavra livre. Quanto mais formos nós mesmos, sem sujeições ou manipulações, tanto mais obediente nós somos. A consciência pessoal é habitada pelo Espírito de Deus que sopra, inspira e suscita o melhor de nós mesmos. As leis só fazem sentido se forem assumidas e vividas pedagogicamente como caminhos de liberdade. Caso contrário, a lei como a letra e o Estado podem ser sinônimos de morte e de exclusão. Só leis que confirmem liberdade e justiça devem ser obedecidas. Leis que aprofundam divisão e injustiças devem ser decididamente desrespeitadas e negadas. Em bem da obediência mesma. Obedecer ao mal e ao doentio é colaborar com a morte. Cristãos são radicalmente rebeldes em favor da paz e da verdade. Isso exige discernimento para obedecer ao correto e desobedecer aos simulacros de processos legais, pois mentirosos.

Obediência possui como finalidade a irrupção da liberdade plena e historicamente evolutiva. Uma obediência que aniquile valores humanos é anticristã: não vem de Deus! Vigiar e punir são as obras da dominação contrárias à obediência que emancipa e libera. Não devem ser obedecidas. Precisam ser questionadas aberta e publicamente. Assim os padres conciliares na *Declaração Dignitatis Humanae: sobre a liberdade religiosa* (1965), recomendavam aos cristãos: "O ser humano ouve e reconhece os ditames da lei divina por meio da consciência, que ele deve seguir fielmente em toda a sua atividade, para chegar ao seu fim, que é Deus. Não deve, portanto, ser forçado a agir contra a própria consciência. Nem deve também ser impedido de atuar segundo ela, sobretudo em matéria religiosa. Com efeito, o exercício da religião, pela natureza desta, consiste primeiro que tudo em atos internos voluntários e livres, pelos quais o homem se ordena diretamente para Deus; e tais atos não podem ser nem impostos nem impedidos por uma autoridade meramente humana. Por sua vez, a própria natureza social do homem exige que este exprima externamente os atos religiosos interiores, entre em comunicação com os demais em assuntos religiosos e professe de modo comunitário a própria religião" (DH 3)[138].

Obedecer para viver em comunidades

Todo corpo social, incluindo a Igreja, mas, sobretudo nossa vida diária, de famílias, escolas, trabalho, Estado, cidades, vilas, esporte, cultura, demandam um mínimo de organização e, óbvio, de atos obedientes. Não pode haver liberdade sem participação efetiva e obediência responsável. No passado, isso se fez pela coerção e submissão de vassalos, escravos, servos da gleba, senhores feudais, príncipes, exércitos e repressão. Hoje, em sociedades democráticas, tudo isso deve ser realizado por meios de acordos, leis e participação cidadã. Somos chamados à postura de adultos na sociedade e na Igreja. Ninguém mais pode ficar à margem ou ser infantilizado. É preciso obedecer ao chamado do Cristo, que é obe-

---

138. Disponível em http://www.vatican.va/archive/hist_councils/ii_vatican _council/documents/vat-ii_decl_19651207_dignitatis-humanae_po. html – Acesso em ago./2018.

diente ao Pai em sua missão e vocação. Esquemas eclesiásticos de submissão em moldes feudais devem ser abolidos. Igreja é povo de Deus. Todos são corresponsáveis. Ninguém é maior, tampouco menor que outro. Clérigos não possuem mais poder que leigos. Leigos não são mais dóceis ao Espírito que presbíteros. Religiosas não são mais santas que mulheres casadas. Todos obedecem a Deus-Trindade, que faz da diversidade uma riqueza e da obediência um serviço. De fato, não obedecemos uns aos outros como exército, empresa ou hierarquias funcionais. Obedecemos todos ao Espírito do Ressuscitado, que nos une pelo amor. Obedecer é crer que há um Deus. É acreditar que há um Criador de tudo e todos pelo amor e no amor. É ter ciência de que há um plano divino de salvação e liberdade. É saber-se pequenino(a) e deixar-se conduzir pela graça de Deus. Enfim, é ser amigo(a) de Deus, e que obediência mais feliz esta que ser amado perdoado em todos os momentos.

Como diria Santo Inácio de Loyola (1491-1556): "Tudo para a maior glória de Deus"[139]. Não se trata de obedecer aos caprichos de um superior hierárquico que não rezou com o outro para discernir os caminhos de Deus, mas impôs sua vontade autocrática. Tampouco significa negar a vocação de alguém com sua personalidade e suas rebeldias. Grandes santos e, sobretudo, grandes santas foram grandes desobedientes. De certa forma, obedecer é um grande gesto de abandono nas mãos de Deus. Segundo a *Constituição Dogmática Dei Verbum: sobre a revelação divina*(1965): "A Deus que revela é devida a 'obediência da fé' (Rm 16,26; cf. Rm 1,5; 2Cor 10,5-6);

---

139. Disponível em https://w2.vatican.va/content/john-paul-ii/pt/speeches/1982/february/documents/hf_jp-ii_spe_19820227_provinciali-gesu.html – Acesso em ago./2018.

pela fé, o homem entrega-se total e livremente a Deus oferecendo 'a Deus revelador o obséquio pleno da inteligência e da vontade' (4) e prestando voluntário assentimento à sua revelação [...]" (DV 5)[140].

A fé cristã exige imensa liberdade e nenhuma escravidão. Uma aposta radical tal qual nos pediu Blaise Pascal (1623-1662), ao referir-se da obediência ao Deus de Abraão e de Jesus Cristo e não ao deus dos filósofos e da razão[141]. Obedecer ao mistério pascal e à graça divina muito mais que a conteúdos, normas ou rituais. Obedecer ao chamado de Deus feito rosto concreto em nossos irmãos. Obedecer a seu amor que aquece nossos corações. Assim como fez e viveu Jesus, o Filho. De pé, orante, interlocutor das palavras e dos gestos de Deus na vida dos pobres. Livre diante dos ditames religiosos para fincar o pé no essencial: o humano. Obedecer às pessoas que clamam e nos pedem um olhar, um abraço e um afeto. Jesus foi atento, sobretudo aos pequeninos, às mulheres, aos andarilhos, aos pedintes e aos doentes. Obedecer a Deus recusando privilégios e as corrupções ofertadas pelos ricos e poderosos para desviar da obediência ao Deus livre e libertador.

Enfim, quem de fato obedece é alguém que fez um voto livre, sereno, meditado, nunca imposto, nem comprado, nem vendido. Ato voluntário e alegre de viver de determinada forma e estilo que abre horizontes. Obedecer é ampliar horizontes. Obediente é um andarilho por mares nunca dantes navegados. É um poeta e um burilador do próprio diamante

---

140. Disponível em http://www.vatican.va/archive/hist_councils/ii_vatican_council/documents/vat-ii_const_19651118_dei-verbum_po.html – Acesso em ago./2018

141. Cf. PASCAL, B. *Pensamentos*. São Paulo: Martins Fontes, 2001, p. 370 [Trad. Mário Laranjeira].

bruto interior. Obediência é um verbo de ação diante da proposta de um Sujeito que é Deus, que dialoga e propõe uma aliança com um povo de sujeitos e protagonistas. O fundamental do voto de obediência é o sujeito a quem o dirigimos e a liberdade interior com que é proferido. Todos nós fazemos votos e promessas, mas poucos somos obedientes e firmes na consecução destas. É difícil e árduo ser obediente, até conosco mesmos.

Para finalizar este artigo, façamos a oração atribuída a Santo Tomás de Aquino (1225-1274), pedindo a Deus o influxo divino para sermos obedientes ao Evangelho: "Torna-me, Senhor meu Deus, obediente, pobre e casto; paciente, sem reclamação; humilde, sem fingimento; alegre, sem dissipação; triste, sem abatimento; reservado, sem rigidez; ativo, sem leviandade; animado pelo temor, sem desânimo; sincero, sem duplicidade; fazendo o bem sem presunção; corrigindo o próximo sem altivez; edificando-o com palavras e exemplos, sem falsidade"[142].

---

142. Disponível em https://clube.cancaonova.com/outras-materias/oracao-de-sao-tomas-de-aquino/ – Acesso em ago./2018.

9
Carisma da nova evangelização: simplicidade e autenticidade

Inspirados na pessoa de Jesus e em seu projeto de justiça e paz, os cristãos são convidados a viver o carisma da nova evangelização, em chave simples e autêntica. Fazer acontecer o novo modo de viver o seguimento de Jesus, ao lado dos pequenos nas periferias existenciais das pessoas e das sociedades. A palavra de Deus precisa tocar as fibras da inteligência, produzindo um diálogo racional e humilde, e propor a fé como busca de inteligibilidade humilde e autêntica. Assim dizia o frade dominicano Dominique Chenu (1895-1990): "A simplicidade do Evangelho é o sinal mesmo de sua divina transcendência". Precisamos deixar Deus ser Deus e mostrá-lo na vida mais do que pretender demonstrar verdades desencarnadas. O que podemos dizer sobre simplicidade ou humildade? Certamente que é uma virtude fundamental. Que é a revelação do mais profundo em Deus, em seu mistério de comunhão de pessoas, expresso no amor. "Sede simples como as pombas", pedia Jesus, no evangelho de Mateus (Mt 10,16), ao enviar discípulos em meio às perseguições: "Como ovelhas para o meio dos lobos; e, portanto astutos como as serpentes e simples como as pombas". Este é o paradoxo! Ser como o Mestre e padecer como Ele, de forma coerente e serena. Nunca se deve esquecer de que as pombas são usadas para o sacrifício e anunciam a paz.

Simples é *simplex*. *Sim*, do universo vocabular latino (presente em *singulus, sincerrus*), remete ao que é único, espontâneo, não complicado, singelo, básico, o mínimo do mínimo; sem ornamentos, luxos, acessórios, adjetivações, mas algo substantivo e radical. E *plex*, que é aquilo que se dobra. Portanto, simples, que só pode ser dobrado uma vez. Enfim, simples é o que podemos compreender por identificação imediata. É sintonia, comunhão imediata, é conexão com o que é de Deus e da vida. Pois Deus é fiel e dá sabedoria aos simples (cf. Sl 19[18],7; Pv 11,2), vela pelos simples (cf. Sl 116[115],6), já que a simplicidade conduz à prudência e vive da misericórdia de Deus. Deus salva o humilde (cf. Jó 22,29) e reúne o restante de Israel, todos os humildes da terra (cf. Sl 76[75],9; Sof 3,12). São os felizes e bem-aventurados (cf. Mt 5,3). Aprendem do coração manso e humilde de Jesus (cf. Mt 11,29) e sabem que Deus escolheu as coisas humildes e as pessoas simples para revelar sua vida e seus segredos (cf. 1Cor 1,28). A genuína humildade revela a grandeza de Deus e de seu Evangelho. Uma vez, perguntaram a Santo Agostinho de Hipona (354-430), o doutor da graça, qual seria o primeiro artigo da fé cristã. E ele respondeu: "Humildade!" E o interlocutor novamente redarguiu-lhe: "E o segundo artigo?" E o santo respondeu: "Humildade!" "E o terceiro?" E a resposta agostiniana foi: "Humildade!" Quem vive na humildade sabe adequar seus passos aos daquele que acompanha, conduz ou espera crescer. Tal qual Deus faz conosco. Certa vez, dom Helder Pessoa Camara (1909-1999) afirmou que sem "verdadeira humildade, nós não podemos avançar sequer um único passo na vida espiritual".

E o que dizer da autenticidade? Do idioma grego, *authentikós* consiste em um poder absoluto, principal, primordial, derivado de *authentes*, ou seja, o 'senhor absoluto'. Autêntico é tudo o que possui origem garantida, testificada, comprovada, fidedigno. Tudo o que se opõe ao inautêntico, ao falso, ao mentiroso, ao superficial, àquilo que não é principal e fundamento da nossa existência e razão de ser. Autêntico é o que nos conduz à verdade, ao belo e ao amor. Quem se renega não chega à verdade. Quem despreza a humildade e os humildes não conhece a verdade. Em chave cristã, mais que palavras ou conceitos, simples e autêntico é como proclamamos a o mistério do Deus encarnado. E, como Deus nos envia profetas, testemunhas, homens e mulheres, sementes a nos questionar e iluminar. Diante de Deus, calamos reverencialmente e assim o silêncio se nutrirá da Palavra de Deus. Quem é autêntico possui raízes em Deus. Vive n'Ele e por Ele. Somos *adama* e também *tzelem elohim*. Argila, moldada como uma silhueta divina. O amor autêntico é vulnerável e desbordante. O padre François Varillon (1905-1978) inquietanos ao dizer: "Quando a infância e a agonia coincidem, nós nos reconhecemos e conhecemos Deus". Este é o sentido da *kenosis* no hino de Filipenses. Aí reside o desafio da autenticidade. Ela se transforma em entrega gratuita ao Deus que ama e se dá. Deus dá Deus[143].

Exemplos da simplicidade autêntica
Francisco de Assis (1182-1226), estando na pequenina igreja da Porciúncula, ouviu como leigo, alguns trechos que relatavam a missão que Cristo confiou aos apóstolos. Foi pe-

---

143. VARILLON, F. *L'humilité de Dieu*. Paris: Du Centurion, 1974.

dir ao sacerdote que lhe explicasse o que mal compreendera. E eis que isso coincidiu com sua iluminação, que eclodiu depois de lento e subterrâneo período preparatório. No relato do frade Tomás de Celano (1200-ca. 1265), ouvimos: "Francisco, ao ouvir que os discípulos 'não devem possuir ouro nem dinheiro, não carregar farnel nem pão, nem cajado para o caminho, nem ter calçados, nem duas túnicas, mas apenas pregar o Reino de Deus e a penitência', exultante do Espírito Santo, prontamente exclamou: 'É isso o que quero, é isso o que peço, é isso o que anseio fazer de todo o coração!'" Alegre, Francisco depôs suas vestes e assumiu um rústico hábito com capuz, e a corda com nós na cintura, para assumir a decisão categórica de tomar o caminho da pregação itinerante. Francisco, como São Domingos de Gusmão (1170-1221), realizou uma revolução evangélica no século XIII. A chave é a simplicidade que se faz peregrina e livre. No século em que nasce a teologia acadêmica, renasce a pregação evangélica. Sinais de Deus como que a nos dizer que não podemos segregar a teologia do mundo dos pobres e pequeninos. Assim refletiu o teólogo eminente Joseph Ratzinger (1927-). De acordo com ele, ao final do Concílio de Calcedônia (451), o papa Leão I (440-461) realizou uma pesquisa entre os bispos sobre os resultados da assembleia. Na ocasião, um dos bispos que lhe respondeu disse: "Aos bispos, compete responder *piscatorie, non aristotelice*, 'como pescadores e não como filósofos'". Ratzinger concluiu: "Não importava aos bispos as cada vez mais sutis questões dos letrados, mas a simples realidade que desaparecia por trás delas: as perguntas primordiais dos homens simples. Enquanto o panorama da reflexão muda constantemente, as perguntas têm algo que as faz perdurar, pois as referências básicas do humano, seu centro, seguem sendo o mesmo. Quanto mais as perguntas se aproximam disto, quanto mais se situem no centro do ser mesmo do humano e quanto mais singelas forem, tanto menos caducas elas resultarão. *Piscatorie, non aristotelice*"[144].

Charles de Foucauld (1858-1916), o explorador místico no deserto do Saara, foi um homem apaixonado por Deus que realizou uma peregrinação mística dessa testemunha de Deus, simples e autêntica. Ele viveu a atualidade do Sermão da Montanha, abrindo-nos o coração para penetrar nos segredos do mundo em sua contemplação vivida no meio dos tuaregues do deserto. Paradoxo tremendo. Morte brutal, testemunho radical. Foi antes de tudo, "um homem de Deus" e, por consequência, fez-se "o pequenino irmãozinho universal". Ele nos recorda a necessidade do esquecimento de si mesmo, de superar o autorreferenciamento e o hiperindividualismo patológico que gera religiões de consumo e cristãos de alfândega ou padres de aeroporto. É só pela pobreza assumida, pela humildade vivida, pelo assumir a vida das pessoas com quem convivemos que poderemos chegar àquela capacidade universal de amor e entrega. A coragem heroica de uma vida orante e a docilidade na ação fazem-nos ser cristãos e igrejas autenticamente cristãs. Esta é a revolução fundamental: *Ecclesia semper renovanda*. É dele o aforismo: "A fragilidade dos meios humanos é a causa de nossa força. Jesus é o mestre do impossível" Como não lembrar a "Prece do Abandono", tão atual e necessária para nossa Igreja? "Meu Pai, a vós me abandono: fazei de mim o que quiserdes! O que de mim fizerdes, eu vos agradeço. Estou pronto para tudo, aceito tudo, contanto que a vossa vontade se faça em mim e em todas as vossas criaturas. Não quero outra coisa, meu

---

144. *El Dios de JesuCristo*. Salamanca: Sigueme, 1979, p. 81.

Deus. Entrego minha vida em vossas mãos, eu vo-la dou, meu Deus, com todo o amor do meu coração, porque eu vos amo. E porque é para mim uma necessidade de amor dar-me, entregar-me em vossas mãos sem medida, com infinita confiança porque sois meu Pai".

Teresa de Lisieux (1873-1897) é a menina-moça (Maria Francisca Teresa Martin) que percorreu uma pequenina via que conduz ao Bom Deus. Em seu viver e em seu padecimento doloroso, a pequenina Teresinha tornou-se uma mensagem universal para a humanidade. Fez-se criança para compreender as misericórdias do Senhor. A menina que nasceu no chão da Normandia, na França, disse na *História de uma alma* que: "O amor de Nosso Senhor se revela tão bem na mais simples das almas que em nada resiste à sua graça, como na mais sublime das almas. Condescendendo desta maneira o Bom Deus mostra sua infinita grandeza"[145]. Quase ao final do manuscrito, proclamou: "Almas simples não necessitam meios complicados. Basta simples palavra: 'atraí-me!' É uma consequência natural de sua atração para vós. Há muito que me permitistes ser audaciosa convosco"[146]. E complementou: "Não é para o primeiro lugar, é para o último que me dirijo"[147]. Suave e serenamente, ela nos segrega como podemos percorrer a pequena via e viver a infância espiritual. Permitam-me a leitura do poético e metafórico texto: "Como o sabeis, sempre desejei ser santa. Mas, que tristeza! Quando me confronto com os santos, sempre verifiquei que entre

---

145. SANTA TERESINHA DO MENINO JESUS E DA SAGRADA FACE. *História de uma alma* – Manuscritos autobiográficos. São Paulo: Paulus, 1979, n. 6.

146. Ibid., n. 334.

147. Ibid., n. 339.

eles e mim medeia a mesma diferença que há entre a montanha cujo píncaro desaparece nos céus e o obscuro grão de areia, espezinhado pelos transeuntes. Em vez de desanimar, assentei comigo: o Bom Deus não seria capaz de inspirar-me desejos irrealizáveis. Posso, por conseguinte, aspirar à santidade, não obstante minha pequenez. Ficar maior, não me é possível. Devo, pois, suportar-me tal qual sou, com todas as minhas imperfeições. Mas procurarei um meio de ir para o céu por uma trilha bem reta, bem curta, uma trilha inteiramente nova. Vivemos num século de invenções. Agora, já não se tem a fadiga de subir os degraus de uma escada. Em casa de gente rica, um elevador a substitui com vantagem. Por mim, gostaria de encontrar um elevador para me erguer até Jesus, porque sou pequenina demais para subir a dura escada da perfeição. Busquei nas Escrituras e li estas palavras, emanadas da boca da Eterna Sabedoria: 'Se alguém é pequenino, venha a mim' (Pv 9,4). O elevador que me conduzirá até o Céu são os vossos braços, ó Jesus! Por isso, não preciso ficar grande. Devo, pelo contrário, conservar-me pequenina, ficar cada vez mais diminuta"[148].

Lições a aprender

As testemunhas do amor de Deus permitem-nos aprender que o caminho carismático da nova evangelização pede que sejamos humanos e plenamente humanos para que a cruz de Cristo não seja vã. Assim disse o monge Thomas Merton (1915-1968): "Jesus não morreu para os anjos, mas para os homens". Deus deseja o amor do coração humano, com seus pecados e suas fragilidades, seus temores e seus sonhos, suas

---

148. Ibid., n. 271, 272.

alegrias e suas esperanças, para provar a doçura do amor paternal e misericordioso do Pai de Jesus. A cruz será a grande inspiração e o desafio no horizonte da vida. Os mártires e todos os que morreram assassinados mostram Deus e demonstram sua fé. Celebramos a memória e fazemos na Eucaristia seu ofertório permanente. A Igreja é uma realidade essencial. Os mártires são esta sementeira da experiência de comunhão vivida em igreja. Eles são cristãos plenos porque não quiseram triunfar ou reinar, mas servir. Cristianismo vitorioso é um cristianismo derrotado. A oração mariana do *Magnificat* permanecerá sempre o paradigma da prece simples, sincera e encarnada. A prece do humano que crê no amor superabundante de Cristo. Este é o carisma da nova evangelização: crer e proclamar Jesus como luz e salvação! Viver o que o apóstolo Paulo ensinou: "Nada de palavras grosseiras, estúpidas ou obscenas: é inconveniente, entregai-vos antes à ação de graças. Outrora, éreis trevas: agora, sois luz no Senhor. Vivei como filhos da luz. E o fruto da luz se chama: bondade, justiça, verdade. Sede verdadeiramente atentos a vosso modo de viver: não vos mostreis insensatos, sede, antes, homens sensatos, que põem a render o tempo presente, pois os dias são maus" (Ef 5,4.8.15). Fazer render o presente mudando de vida. Fazendo brilhar a luz de Cristo em nossa face como Igreja viva e profética.

Recentemente, o papa Francisco (1936-) fez um apelo aos bispos: "Sejam pastores com o cheiro das ovelhas, presentes no meio do seu povo como Jesus, o Bom Pastor. A presença de vocês não é secundária, é indispensável. É o próprio povo quem pede, quer ver o seu bispo caminhar com ele, estar do lado dele. Têm necessidade para viver e respirar! Não se fechem!" O pedido de imersão feito aos novos bispos certamente poderia ser assumido solidariamente por seminaristas, irmãs, leigos, leigas e professores de teologia: "Desçam no meio dos seus fiéis, inclusive nas periferias das suas dioceses e em todas as 'periferias existenciais', onde há sofrimento, solidão, degradação humana. A presença pastoral significa caminhar com o povo de Deus: à sua frente, assinalando o caminho; no seu meio, para fortalecer na unidade; atrás dele, para que ninguém fique atrás, mas, sobretudo, para seguir o olfato que tem o povo de Deus para encontrar novos caminhos"[149]. Posteriormente, na Catedral de Cagliari, localizada na Ilha da Sardenha, na presença de 120 pobres e 37 presos, o pontífice viu sua fadiga e sua esperança brilharem nos rostos deles, afirmando: "Todos nós temos misérias e fragilidades. Ninguém é melhor do que outro. Somos todos iguais diante de Deus. E, olhando Jesus, vemos que ele escolheu o caminho da humildade e do serviço"[150]. Assumir a simplicidade sendo autenticamente alegres é a tarefa atual dos batizados. Estar disponíveis para ver as fadigas e as esperanças dos rostos dos pobres é o desafio. Cuidar da esperança e fazê-la frutificar, com fé e amor.

---

149. PAPA FRANCISCO. Evitem o escândalo de serem "bispos de aeroporto", exorta o papa Francisco. In: *ACI Digital*, set./2013 [Disponível em http: www.acidigital.com – Acesso em 19/09/2013].

150. PAPA FRANCISCO. Diante da crise, solidariedade, astúcia e esperança – Os discursos do Santo Padre em Cagliari. In: *Rádio Vaticano*, set./2013 [Disponível em http://www.news.va/pt/news/diante-da-crise-solidariedade-astucia-e-esperanca – Acesso em 22/09/2013].

10
Os segredos revelados aos santos

A Palavra de Deus é alguém, não algo. É uma pessoa, não só um livro ou mesmo uma biblioteca a que chamamos Bíblia. É a pessoa de Jesus Cristo, que fala conosco e revela a vontade de seu Pai Criador. Qual é a vontade secreta desse nosso Pai? Que nós sejamos santos e felizes.

Ser santo é um atributo de Deus. Por filantropia e amor, foi estendido a toda a humanidade e a toda criação, que canta os louvores da Palavra alegre e fecunda que se encarnou como um ser humano. Para um católico, significa fazer parte dessa comunhão dos que têm esperança e vivem o encontro com um Deus que se fez Verbo encarnado, mergulhado, compenetrado, vivenciado, sofrido e transformado.

Ser santo é viver a cada dia um encontro pessoal que se faz seguimento de Jesus. É pertencer ao grupo daqueles que assumem seguir Jesus Cristo como caminho, verdade e vida. Assim os segredos por séculos escondidos na eternidade ganham rosto e uma singeleza única no ventre de Maria Santíssima. Ler a Palavra de Deus é, portanto, um lento decifrar e um colocar-se no lugar de aluno (discípulo-aprendiz) que escuta atento ao Mestre. Que aprende porque o ama, e ama aos demais porque descobre em suas palavras os sinais de algo infinito e sábio. Podemos dizer que quem escuta a Palavra de Deus e a põe em prática é um exemplo de fidelidade. Quem conserva, expõe e difunde a Palavra demonstra ter sede de Deus e saber onde está a fonte de água viva. Este é o caminho dos santos. Não como um livro de receitas, nem um mapa do tesouro. Sobretudo como o sussurar de um segredo que guardamos para dizer a alguém que amamos muito.

Ser santo é dispor-se a ouvir Deus nas veredas e nos descaminhos do viver, pois, como diz o povo, Deus escreve certo por linhas tortas.

Ser santo é agir em favor da criação e da humanidade. É viver a disciplina teimosa em favor dos pequeninos e de todos os excluídos e perseguidos por qualquer sistema ou ideologia.

A ideia central da santidade é participar da vida de Deus. Viver dia a dia as bem-aventuranças do Evangelho. Não é heroísmo, mesmo que alguns heróis sejam considerados santos, nem exemplaridade, embora o jeito fiel de viver a fé cristã seja tomado como exemplo por muitos seguidores. A Palavra que vivemos nos ajuda a ser santos.

Ser santo é um estilo de vida. É um jeito de encarar o mundo e os outros. Uma liberdade interior, que degusta o sagrado e o ultrapassa. Isto é o que encontramos na Bíblia Sagrada. Um livro de Deus que ajuda a decifrar e a entender melhor o livro da vida.

Na Antiguidade, definia-se santo como a testemunha do acontecimento fundamental da fé cristã que é a ressurreição de Jesus. É esse testemunho que surge em tantos livros que os apóstolos movidos pelo Espírito redigiram. Para escrever tais livros sagrados, Deus escolheu pessoas, que utilizou na posse das faculdades e capacidades que tinham, para que, agindo Deus neles e por meio deles, pusessem por escrito, como verdadeiros autores, tudo aquilo e só aquilo que ele quisesse (cf. DV 11).

O que são hoje os santos e como leem a Palavra que lhes foi dirigida por Deus? São eles próprios as páginas vivas deste Deus que convive conosco. Como Ele fala à maneira humana, os intérpretes da atualidade devem investigar com atenção o sentido que o escritor sagrado exprimiu, mas sobretudo compreender o conteúdo e a unidade de toda a Escritura, tendo em conta a tradição viva de toda a Igreja.

Por que existem santos em nosso meio? Por misericórdia e condescendência de Deus para que possamos aprender quão grande é seu Amor, sentimento que se amolda ao nosso jeito de ser para que sejamos do jeito d'Ele.

Para que precisamos dos santos? Para dizer a cada um de nós que somos pessoas amadas pelo Criador e que, ao ouvirmos esse segredo evangélico, não conseguimos ficar calados e saímos pelo mundo a contá-lo aos outros.

Que fazem os santos? Veem Deus onde ninguém vê, proclama ou reconhece. Agem de forma paradoxal falando palavras verdadeiras, onde tantos dizem palavras vãs e tolas. Neste mundo de simulacros e de cópias, Deus faz surgir em nosso meio pessoas transparentes e lúcidas que falam palavras de vida eterna. Com certa loucura e imensa audácia crítica, inclusive para a própria instituição religiosa, surgem pregadores que não anunciam a si próprios, mas "a Cristo Jesus como Senhor, e a nós como a servos" (2Cor 4,5).

Santo é alguém que fiel à Palavra de Deus, que é Cristo, está sempre mais próximo do carisma que do poder. Assim fala o apóstolo Paulo: "Não agimos com astúcia, falsificando a palavra de Deus, mas, declarando a verdade, nos recomendamos diante de Deus à consciência de quem quer que seja.

O mesmo Deus, que mandou a luz brilhar na treva, iluminou as vossas mentes, para que brilhe no rosto de Cristo, a manifestação da glória de Deus" (2Cor 4,2.6).

Há santos que desnudam o poder opressivo pela transparência de suas almas iluminadas. Falar diretamente com um é calar-se para haurir forças dele e, ao mesmo tempo, falar longamente da própria vida diante de um confidente paternal. Santos são bons conselheiros, pois nos oferecem da água que receberam dos altos céus; afinal, a boca fala do que o coração está pleno. Olhar um santo é descobrir que na mais profunda humanidade existe a chama do amor de Jesus. É ver em pessoas normalíssimas curvaturas antropológicas essenciais. Sim, um santo é sempre alguém curvado, debruçado para os demais, pois sabe que veio para servir e não ser servido. Um santo verdadeiro é também um promotor da paz. Santos são sempre leves. Eis porque, depois de lerem a palavra bíblica, alguns parecem levitar e transfiguram seus rostos e suas pessoas. Esta lição divina é demasiadamente poderosa.

No Brasil existe uma imensa lista de pessoas que nos ajudam a ler, decifrar e amar os segredos da Palavra. É preciso nomeá-los com gratidão e profundo respeito, pois são gente de Deus: frei Carlos Mesters, pastor Milton Schwantes, frei Gilberto Gorgulho, Ana Flora Anderson, dom Paulo Evaristo Arns, Jether Pereira Ramalho, Francisco Orofino, dom Marcelo Barros, Rafael Rodrigues, Pedro Vasconcelos, Ivone Brandão, Domingos Zamagna, Paulo Augusto de Souza Nogueira, dom Walmor Oliveira de Azevedo, entre tantos irmãos que seguem a Palavra, pois quem é de Deus ouve as palavras de Deus (cf. Jo 8,47).

Precisamos ainda fazer memória de alguns santos que proclamaram com a vida os segredos de Deus expressos em suas palavras. Afinal, quem fala planta, mas quem ouve colhe. São estas as pessoas-semente: padre Victor Coelho, padre Eustáquio, padre Mariano, padre Josimo Moraes Tavares, padre Cícero Romão Batista, dom Oscar Arnulfo Romero, padre José Anchieta, padre Ezequiel Ramin, padre Rodolfo Lunkenbein, frei João Bosco Penido Burnier, irmã Dorothy Stang, irmã Creusa Nascimento, irmã Maria Rita de Souza Brito Lopes Pontes (irmã Dulce), irmã Adelaide Molinari, Sepé Tiaraju, Santo Dias da Silva, dra. Zilda Arns, e particularmente dom Luciano Mendes de Almeida e dom Helder Câmara.

Aqui está o segredo de Deus contado pelo evangelista de forma compacta: "Eis que o semeador saiu a semear. E, ao semear, uma parte caiu à beira do caminho; foi pisada, e as aves do céu a comeram. Outra caiu sobre a pedra; e, tendo crescido, secou por falta de umidade. Outra caiu no meio dos espinhos; e, estes, ao crescerem com ela, a sufocaram. Outra, afinal, caiu em boa terra; cresceu e produziu a cento por um" (Lc 8,5-8a).

Tudo gira em torno da semente, do semeador e dos terrenos de cultivo. Semeador e semente são responsabilidade divina, já o tipo de terreno exige trabalho pessoal para que nele brote santidade.

11
Os sete dons

A piedade cristã insistiu muito sobre os sete dons do Espírito Santo, buscando situá-los como plenitude simbólica de todas as graças ofertadas por Deus para a humanidade e sua Igreja, sinal de esperança no mundo. Assim a abundância multiforme de presentes divinos foi apresentada no resumo pedagógico do número sete. Essa formulação está diretamente inspirada do texto do profeta Isaías que descreve as qualidades do Messias (Ungido) diretamente recebidas de Seu Pai pela força do Espírito Santo. Assim lemos a poesia profética descrevendo o descendente de Davi, o tão esperado Salvador do povo de Deus: "Sobre ele repousará o Espírito de Iahweh, espírito de sabedoria e inteligência, espírito de conselho e fortaleza, espírito de conhecimento e temor de Iahweh: no temor de Iahweh estará a sua inspiração. Ele não julgará segundo a aparência. Ele não dará sentença apenas por ouvir dizer. Antes, julgará os fracos com justiça, com equidade pronunciará sentença em favor dos pobres da terra" (Is 11,2-4a).

O texto começa com Isaías afirmando a presença do Espírito que repousa sobre o Ungido. Assemelha-se ao livro do Gênesis que fala do Espírito que repousa sobre as águas originais que deram origem a toda a obra criada (cf. Gn 1,2b). Espírito que sopra e movimenta as águas. Que fecunda esse útero do mundo para que gere vida abundante. Que indica seu profeta e mensageiro para todas as demais criaturas. Ele foi marcado pelo óleo santo e pelo sopro interior que nasce em Deus.

Assim ensina o *Catecismo da Igreja Católica*[151]: "A vida moral dos cristãos é sustentada pelos dons do Espírito Santo. Estes são disposições permanentes que tornam o homem dócil para seguir os impulsos do mesmo Espírito. Os sete dons do Espírito Santo são: sabedoria, inteligência, conselho, fortaleza, ciência, piedade e temor de Deus. Em plenitude, pertencem a Cristo, Filho de Davi. Completam e levam à perfeição as virtudes daqueles que os recebem. Tornam os fiéis dóceis para obedecer prontamente às inspirações divinas. [...] Os frutos do Espírito são perfeições que o Espírito Santo modela em nós como primícias da glória eterna. A tradição da Igreja enumera doze: caridade, alegria, paz, paciência, longanimidade, bondade, benignidade, mansidão, fidelidade, modéstia, continência e castidade" (CIC 1830-1832).

O primeiro uso litúrgico dessa lista simbólica e metafórica dos dons do Espírito Santo foi atestado por Santo Ambrósio de Milão (340-397), ao final do século IV. Também vemos sua presença no ritual do papa Siríaco (384-399), em 385. E ainda hoje a percebemos nos rituais de confirmação das diferentes igrejas, liturgias orientais e confissões.

Os dons da sabedoria e da inteligência
À primeira vista idênticos ou sinônimos, os dois termos, na verdade, complementam-se com serenidade na vida dos que se deixam seduzir por Deus e são dóceis para a molda-

---

151. Disponível em: http://www.vatican.va/archive/cathechism_po/index_new/prima-pagina-cic_po.html – Acesso em set./2017.

gem de seus atos e pensamentos. Em primeiro lugar, é preciso usar de toda a inteligência humana para compreender os mistérios da vida e o sentido de nossa história pessoal nesse emaranhado de dores, conflitos e derrotas que vivemos e padecemos muitas vezes tateando como cegos. A inteligência é o primeiro dom de Deus, acompanhada do livre-arbítrio e, sobretudo, da vontade humana de entender, pensar corretamente e decidir pelo bem maior. Deus quer-nos inteligentes e lúcidos. Não deseja robôs nem marionetes ou escravos. Quer pessoas livres e serenas. É claro que, se exagerarmos na arrogância da razão pessoal, nossa prepotência poderia deixar-nos cegos. Não se pode absolutizar o relativo e desprezar o amor presente no tempo de forma tão misteriosa. Não somos senhores de nada. Somos cuidadores frágeis de outros que reciprocamente cuidam de nós. Daí que o dom da inteligência precisa de sua irmã gêmea inseparável: o dom da sabedoria. Inteligência e ciência humanas iluminadas e amplificadas pela sabedoria divina. Afinal, sabemos que "toda a sabedoria vem do Senhor, ela está junto dele desde sempre. O amor do Senhor é sabedoria digna de honra; Ele a concede como partilha àqueles que o temem" (Eclo 1,1.10b). O dom da sabedoria ajuda-nos a viver em função do plano de Deus para cada um de nós na imensa rede de relações humanas. Inteligente é saber-se único. Sábio é fazer-se um nó com os demais seres vivos e com nossos irmãos de caminhada na história. Assim diz o apóstolo Paulo, na Epístola aos Romanos: "Todos os que se deixam conduzir pelo Espírito de Deus são filhos de Deus" (Rm 8,14).

Santo Irineu de Lyon (130-202) confirma: "Assim como a farinha seca não pode, sem água, tornar-se uma só massa, nem um só pão, não nos poderíamos também tornar um só em Cristo Jesus, sem a água que vem do céu. E assim como a terra seca não pode frutificar sem receber água, também nós, que éramos antes lenho seco, jamais daríamos frutos de vida, sem a chuva benignamente enviada do alto. Por esse motivo nos é necessário o orvalho de Deus para que não sejamos consumidos nem permaneçamos infrutíferos e, onde temos um acusador, tenhamos também um Paráclito (Defensor)"[152].

Os dons do conselho e da fortaleza

Aqui novamente entra outra dupla dinâmica que anima a vida dos cristãos e particularmente de todos os que recebem o Sacramento da Confirmação. São esses dois dons que nos ajudam a decidir como viver de forma serena e correta. Assim o conselho do próprio Deus que nos fala na carne, na vida e por todos os seus anjos e companheiros de vida, particularmente pela voz de nossas mães e comunidades de fé. Verdadeiras conselheiras e orientadoras dos passos na direção certa. Assim, aconselhados e decididos, teremos a força e a coragem para seguir nas pelejas. Não poderíamos receber conselhos se fôssemos covardes para a ação. Não podemos ter a força da ação sem antes pensar a lucidez do gesto e até o silêncio diante do que nos ultrapassa. Calar quando não sabemos é gesto de grande personalidade. Pedir ajuda aos outros não é fraqueza, é força e confiança nos outros e em si. O que faz tudo sozinho perde riquezas infinitas. Quem sabe trabalhar em equipe sempre é mais forte. Como diz a letra da música: "Uma só varinha é tão fácil de quebrar,/ Mas ajunte um feixe, você pode até suar,/ É um exemplo da for-

---

152. SANTO IRINEU. Do tratado contra as heresias. In: *Liturgia das Horas* – Ofício das leituras. São Paulo: Paulinas, 1987, p. 471.

ça da união"[153]. Eis a força da união e da audição de quem faz as coisas com os demais. Assim é oportuna a metáfora de Santo Atanásio de Alexandria (296-373): "Muitos homens, mulheres, crianças, velhos e adolescentes, sob a direção de um só; todos cantam conforme sua capacidade e estado, homem como homem, criança como criança, velho como velho, jovem como jovem e, no entanto, formam uma só harmonia. De fato, num segundo o Verbo de Deus rege todas as coisas ao mesmo tempo, de forma que cada ser realiza o que lhe é próprio e todos em conjunto perfazem uma só harmonia"[154].

Os dons da ciência e do temor de Deus

Esses dons convidam a descobrir quem é Deus; por meio da ciência, faz-se um mergulho em suas mãos. E, pelo temor de Deus, respeitar sua Aliança e os valores de sua mensagem de amor, tal como fez Jesus em sua vida obediente ao Pai. Com toda a certeza, esse temor de Deus não é uma submissão cega ou doentia. Ao contrário, é saber acolhido, amado e confortado por seu Amor. Deus é Amor. Certamente um conflito e uma escolha, mas nunca um masoquismo sem horizonte de vitória.

Assim ensina o papa Francisco (1936-) em sua homilia proferida em 14 de setembro de 2017, na Capela da Casa Santa Marta, no Vaticano: "[...] Um Cristo sem cruz não é o Senhor: é um mestre, nada mais que isso. É aquele que, sem saber, talvez Nicodemos buscava. É uma das tentações. Sim, Jesus, que bom: o mestre! Mas... sem cruz, Jesus? Quem os

---

153. Povo unido não será vencido. In: *Círculo Bíblico* – Campanha da Fraternidade 2012 [Disponível em http://aves.org.br/wp-content/uploads/2014/08/000446_20140806121348.pdf – Acesso em set./2017].

154. SANTO ATANÁSIO *Do discurso contra os gentios*. São Paulo: Paulinas, 1987, p. 487.

encantou com esta imagem? A raiva de Paulo. Jesus Cristo apresentado, mas não crucificado. Outra tentação é a cruz sem Cristo, a angústia de permanecer lá embaixo, com o peso do pecado, sem esperança. É uma espécie de 'masoquismo' espiritual. Somente a cruz, mas sem esperança, sem Cristo. A cruz sem Cristo seria 'um mistério trágico', como as tragédias pagãs. Mas a cruz é um mistério de amor, a cruz é fiel, a cruz é nobre. Hoje podemos tirar alguns minutos e cada um fazer uma pergunta: para mim, o Cristo crucificado é mistério de amor? Eu sigo Jesus sem cruz, um mestre espiritual que nos enche de consolação, de bons conselhos? Sigo a cruz sem Jesus sempre me lamentando, com este 'masoquismo' do espírito? Deixo-me levar por este mistério do abaixamento, esvaziamento total e exaltação do Senhor?" [155]

O sétimo dom: a piedade
Quem de nós já não conviveu com pessoas piedosas? Eu, pessoalmente, tive a graça de desfrutar a companhia de dezenas e dezenas de pessoas iluminadas: minha avó materna, Dolores Müller Delgado; o mestre espiritual dom Luciano Mendes de Almeida (1930-2006); o pastor, profeta e amigo cardeal dom Paulo Evaristo Arns (1921-2016); o amigo mártir padre francês Gabriel Felix Maire (1936-1989); o líder leigo Waldemar Rossi (1933-2016); as religiosas espanholas Maria Dolores Moniz Junquera (1926-2008) e Fernanda Trinidad Dominguez (1924-2000); os professores de Teologia Giuseppe Benito Pegoraro (1938-1998), padre Toninho (Antonio Aparecido da Silva (1948-2009) e frei Gilberto da Silva Gorgulho (1933-2012). Todos(as) marcados(as) por um elevado grau de docilidade ao

---

155. Disponível em http://www.news.va/pt/news/papa-o-misterio-de-amor-da-cruz-nao-e-masoquismo-e – Acesso em set./2017.

Espírito Santo. Como escreve frei Carlos Josaphat (1921-): "O Dom do Espírito pede uma docilidade sempre ativa e atenta às possibilidades e exigências do momento"[156]. Eles e elas encontraram o mel de Deus e o compartilharam com seus amigos. Não foram "piedosos nem carolas". Eram pessoas verdadeiramente livres no Espírito Santo. Obedientes a Deus, na Igreja, e seriamente alertas aos sinais dos tempos. Para muitos cristãos, um exemplo de seguimento ao Cristo ao lado dos empobrecidos. Pessoas-sementes atentas à conjuntura histórica pelo sopro do Espírito Santo. Piedosas porque livres; livres porque essencialmente piedosas.

Assim reflete padre Yves Congar (1904-1995), um dos maiores teólogos do século XX: "[...] o predomínio do tipo ocidental-europeu que normatiza a vida até nossos dias, atualmente é discutido e se quer superar. Temos a impressão de que este modelo poderia impedir que o Evangelho 'passa aos bárbaros' e frutifique em espaços sociais que querem recebê-lo em sua autenticidade humana, finalmente reconhecida: mundo operário, povos empobrecidos de Ibero-América, a negritude e, presentes em todos os lugares, os movimentos de base, os valores novos de conhecimento, de criatividade e de vida comum das pessoas. A *Libertas Ecclesiae* transforma-se em liberdade da Igreja frente a si mesma, tomada em suas formas e modelos históricos, em virtude da sua alma evangélica saída da dupla missão do Verbo e do Espírito. O Espírito a empurra mais além de si mesma"[157].

---

156. JOSAPHAT, C. *O Espírito Santo no coração e na história do povo de Deus* – Docilidade criativa ao amor divino universal, fio condutor da Revelação e da vida da Igreja. São Paulo: Loyola, 2017, p. 238.

157. CONGAR, Y. *El Espiritu Santo*. Barcelona: Herder, 1983, p. 339.

Os sete dons geram pessoas de corações aquecidos, com mãos abertas aos pobres e parteiras de utopias da humanidade transformada segundo o desígnio do Pai que nos ama. Essa é a razão da prece incessante da Igreja dirigida à pessoa do Espírito Santo: "Ó Deus, que instruístes os corações dos vossos fiéis com a luz do Espírito Santo, fazei que apreciemos retamente todas as coisas e gozemos sempre da sua consolação". Assim seja! Amém!

12
Liberdade como vocação e responsabilidade cristãs

A liberdade exerce uma fascinação irresistível em cada pessoa humana. De todos os povos, culturas, idades e religiões. Imediatamente, pensamos no vasto campo das liberdades, no singular e no plural. Imaginamos e nos propomos imaginar e experimentar a liberdade em nossa vida, projetando nosso futuro. Livres de e livres para. Livres por dentro e por fora. Falamos de liberdade de pensamento, de expressão, de ir e vir, de consciência moral, de imprensa, de associação, de migração e emigração, de associação, de dissidência, de convergência, de luta ou resistência diante dos sistemas que pretendem agrilhoar e submeter povos e culturas. Sempre há alguém gritando por liberdade. Para muitos séculos de ditaduras, sempre há heróis da liberdade. Para muitos regimes de exceção, há sempre construtores de paz e justiça social. Para tempos de guerra, necessita-se de semeadores de tempos de liberdade.

Todos experimentam a liberdade situada em contextos concretos entrelaçada com outros seres no movimento do tempo. Liberdade não é um conceito abstrato ou uma estátua em Nova York. É algo concreto, pessoal, histórico e político. Ninguém é absolutamente livre ou absolutamente prisioneiro. Há sempre espaço para a rebeldia e para pensar diferente da média e dos outros. Não somos marionetes de um Deus Todo-Poderoso, mas filhos amados de um Pai que confia em nossa liberdade e sussurra palavras de conforto e de graça quando estamos desviados.

A liberdade vive alegre dentro de cada coração humano. É como que a raiz da autonomia do sujeito, sua palavra, seu corpo e seus desejos. Ser o que somos e responder à vocação para aquilo que fomos criados. Pensar com a própria consciência, decidir seus atos, assumir seus erros, julgar e ser julgado, repensar e mudar de atitudes, eis o vasto canteiro de obras da liberdade em cada sujeito. Isso pode ganhar o nome de livre-arbítrio, autonomia pessoal, subjetividade, responsabilidade ou decisão convicta. A liberdade é causa e efeito da razão e do coração que decidem por amor e lucidez. É a vontade pessoal definindo os passos concretos e optando por um caminho em detrimento de outro. Sem opção, é claro que não há liberdade. Mas tampouco há liberdade se diante de uma encruzilhada paramos e não optamos. Ficar em cima do muro indefinidamente é ato de escravos e alienados. Quem é livre decide. Quem é livre opta. Quem é livre sabe que há preços a pagar, bem como ganhos e perdas. Enfim, liberdade sempre rima com coerência e resposta afetiva e efetiva.

A liberdade fundamental vivida e assumida é aquilo que constitui o cerne e a beleza da pessoa humana. Em certo sentido, é também o coração da mensagem cristã. Como o apóstolo Paulo insiste em vários versos de sua Carta aos Gálatas: "Fomos chamados à liberdade" (Gl 2,4; 5,1.13). Essa liberdade se exprime e se verifica na aptidão em realizar escolhas concretas e efetivas no cenário histórico em que estamos inseridos e vivemos. A liberdade é a condição primeira de todo ato moral, e é o critério maior de julgamento de nossa vida. Seremos julgados por Deus por todos os atos livres que realizamos. Ações sem liberdade anulam a moralidade e são uma afronta à inteligência e à dignidade humanas. Deus crê em nossa liberdade. Ele espera muito de nossa decisão pessoal. Deus aposta em nós. Deus ama e, por isso, confia!

As cinco características da liberdade

A liberdade autêntica, em primeiro lugar, é um reconhecimento de nossa condição humana limitada, condicionada e temporal, pelo conjunto de limites individuais e coletivos que nos constituem como seres mortais (nascimento, sexualidade, consciência, inconsciência, memória, amnésia, erros, acertos, ignorâncias, classe e origem social, fé, ateísmo, lugar de moradia, movimentos de migração, vida social, educativa, política, e, claro, a morte. A liberdade de cada pessoa humana não é "uma liberdade humana" genérica, ou parte dela, ou desdobramento de algo genérico ou fragmentado, mas ela é única, particular e simultaneamente conexa com tudo e todos. É, de certa forma, uma liberdade hologramática (o todo está na parte e a parte está no todo). Eu sou a minha liberdade entre tantas outras e com as demais e, ao mesmo tempo, sem as demais. Eu sou também toda a não liberdade de que sou feito, por meus limites e sombras, e também a dos outros e das outras que comigo peregrinam neste momento histórico da humanidade. Muitas vezes, o ser humano é prisioneiro de si mesmo antes que escravo de outros. Há uma luta interior para alcançar o melhor de nossa liberdade e não nos submetermos aos grilhões que, às vezes, nós mesmos fundimos em aço dentro de nós.

A segunda característica da liberdade autêntica se traduz por uma orientação estável e ponderada, que os cristãos chamam de discernimento sereno. Não podemos ser livres por meio de uma incoerente sucessão de escolhas aleatórias e repetitivas como seres infantis e birrentos. Liberdade não se reduz a uma negociação imposta ou sempre reproposta como se comprássemos a cada semana um novo bilhete da Mega-Sena e esperássemos que a decisão da liberdade fosse um número entre bilhões de possibilidades estatísticas que nos viesse por poderes mágicos ou maravilhosos sem nossa participação direta. Liberdade possui um jogo de movimentos e buscas, mas não é originariamente aleatório ou fruto do acaso. É preciso decidir. É necessário ponderar. Quem é livre é porque está disposto a pesar na balança seus atos e seus projetos. Realizar um ato livre não é certamente fazer qualquer coisa de qualquer jeito em qualquer lugar, como se eu estivesse só no mundo e tudo fosse possível. Isso é doidice e não uso da liberdade. Roleta-russa é jogo de morte e não espaço de liberdade. Experimentar drogas é submeter-se à escravidão e não emancipar-se e amadurecer. Lemos no compêndio da teologia alemã pós-conciliar: "Existe uma concepção falsa da transcendência de Deus, segundo a qual Ele forçaria e esmagaria a personalidade do homem. A salvação vem ao encontro do homem criado por Deus. Ela possibilita e faz com que se realize (embora não forçando) uma autêntica opção pessoal. Sua luz faz com que o homem dotado de raciocínio possa ver. Seu impulso faz com que o homem livre (sem perda nem prejuízo de sua liberdade) dê seu assentimento na fé. A fé é suprarracional, sim, mas não é irracional"[158].

A terceira característica é articular minha liberdade à dos outros e das outras como foco da pessoa livre. O exercício concreto da liberdade faz-se no quadro das comunidades humanas em que estamos inseridos (família, cidade, nação, profissão, igreja, amigos, povos, civilização). Esse contexto é simultaneamente fonte de limites, mas também oferece as condições objetivas da liberdade. Devo decidir dentro desse tempo e lugar. Preciso ser livre com esses companheiros e companheiras que pensam como eu ou não. Sem um mínimo consensual de estruturas de organização e partilha, a liberdade humana dá lugar à tirania, às ditaduras, aos fascismos e salvadores da pátria, que realizam discursos de ódio e roubam nossa esperança e liberdades. Quem fala muito de liberdade sem compromissos e valores em geral são pessoas inescrupulosas e oportunistas. Oferecem ouro de tolo. Conhecemos na história recente o que foram os discursos falsos dos "libertadores" que destruíram povos e culturas, como Benito Mussolini (1883-1945), Adolf Hitler (1889-1945) e Joseph Stalin (1878-1953). E próximo de nós, brasileiros, o papel tirano da ditadura cívico-militar que paralisou o País de 1964 a 1988 em nome da segurança nacional que destroçou liberdades e autonomia dos cidadãos.

Temos de ficar alertas para que esse Brasil não volte nunca mais. A fé cristã no século XXI é centralmente comunitária. A liberdade cristã está sempre interligada à vida de comunidade. Como diz o apóstolo Paulo: "Devemos agradar a Deus

---

158. FEINER, J. & LOEHRER, M. *Mysterium Salutis* – Compêndio de dogmática histórico-salvífica, revelação de Deus e resposta do Homem. Vol. 1. Petrópolis: Vozes, 1972, p. 49.

e não aos homens!" (cf. Gl 1,10). Ele pede que seus contemporâneos "andem", ou seja, levem uma vida digna de Deus. O quarto elemento importante é reconhecer que a liberdade não é definitivamente adquirida como um ponto-final. Não há ponto-final. A liberdade está cotidianamente afetada e posta em questão por inúmeras pressões ou condicionamentos (poder, dinheiro, ideologia, racismos, xenofobia, intolerância, mesquinharia, misoginia, homofobia, trabalho escravo, ditaduras, regimes de exceção, parcialidade do judiciário, esquadrões da morte, latifúndio, aprisionamento ilegal, analfabetismo estrutural, manipulação das massas, entre outros exemplos). A liberdade é uma experiência a ser refeita constantemente. Cada amanhecer convida à liberdade. Somos chamados a ser livres a cada momento diante das pessoas, de nós mesmos e de Deus. É um processo contínuo que padece de altos e baixos. Vivemos momentos em que nos superamos e momentos de submissão e medo. É preciso consolidar de forma cultural, política e social as conquistas da liberdade pela memória, pela legislação vigente e pelo cultivo de atitudes coerentes, assumindo nossa condição de filhos de Deus. Como afirmava com clareza padre José Comblin (1923-2011): "A nova condição de liberdade exprime-se também pelo tema dos filhos. Filho opõe-se a escravo. Tirando ensinamento das duas mulheres de Abraão e dos dois filhos, um da escrava e outro da mulher livre, Paulo mostra a sucessão das duas condições e a transformação produzida por Cristo e em Cristo: 'Não somos filhos da escrava, mas da mulher livre (Gl 4,31)'"[159].

O quinto e último aspecto é aceitar que a liberdade cristã engloba e penetra em todas as limitações às quais o ser humano está submetido. É liberdade de tudo que escraviza o hu-

---

159. COMBLIN, J. *Evangelizar*. Petrópolis: Vozes, 1980, p. 117.

mano no mais profundo de seu existir. A liberdade de Cristo é solidária a todas as cruzes, pois Ele experimentou a cruz da humanidade e fez brotar a experiência vital da ressurreição como fato vitorioso e proposto a cada pessoa. Na cruz, todos morremos. Mas, na ressurreição, todos participamos em Cristo de sua vitória. Esse dom de Deus ofertado ao humano por obra de seu Filho amado confirma a criação original. Fomos criados para a liberdade e somos restaurados na liberdade. Criados e recriados por Deus para a eternidade. O sentido profundo da liberdade é sua significação e expressão plena do amor e da vocação proposta por Deus. Somos escolhidos por sermos livres. Somos amados, pois podemos responder ao amor amando. Somos criados pelo amor, no amor e para o amor. Resumindo, liberdade é a imensa possibilidade de estarmos em relação e conexão com toda a criação, com os outros seres e irmãos e nos colocar no colo de Deus por decisão de alegria, na expectativa do perdão e na certeza da fé. A liberdade realiza-se e plenifica no amor. Como instigava a seus irmãos luteranos o pastor Dietrich Bonhoeffer (1906-1945), antes de ser morto pela tirania nazista: "Não fazer e ousar qualquer coisa, mas o que é justo. Não planar sobre o possível, mas buscar com coragem o concreto. Não é nos pensamentos furtivos, mas na ação que reside a liberdade. É preciso romper o círculo das hesitações ansiosas para afrontar a tempestade dos acontecimentos. Se formos conduzidos somente pela lei de Deus e pela fé, a liberdade acolherá nosso espírito na alegria"[160].

Ser cristão é opor-se a todas as escravidões e aos grilhões que submetam corpos, mentes e utopias. É propor a liberda-

---

160. BONHOEFFER, D. *Resistência e submissão*. 2. ed. São Leopoldo/Rio de Janeiro: Sinodal/Paz e Terra, 1980, p. 179-180.

de e nunca o ópio. É defender os pobres e nunca o ídolo ou o dinheiro. É ter valores éticos antes que ser submetido pela ideologia dominante. Quem teme o futuro se transforma em um tirano e faz surgir a violência. Contra isso é que os cristãos afirmam sua fé no futuro, fundada na esperança e no amor que lança fora o medo. Eis o que afirmava Rubem Alves (1933-2014): "Do ponto de vista do homem que é livre para o futuro, a violência é uma realidade totalmente distinta. Violência para ele é tudo aquilo que lhe nega um futuro, tudo o que faz abortar seu projeto de criar um novo amanhã; é um poder que lhe mantem prisioneiro de estruturas sem futuro em um mundo sem futuro. A violência é o poder da 'des-futurização' que procura fechar o futuro à consciência humana. A violência é o poder que nega ao humano a possibilidade de exercitar para si sua liberdade, ao convertê-lo em uma função mais do projeto dos senhores. E assim se torna objeto e não é criador, se limite a reagir aos estímulos que lhe vêm de seus senhores"[161].

Este é o vasto campo da liberdade e das pessoas chamadas para vivê-la: fazer agora nosso futuro. Que Deus nos dê a graça para realizar com misericórdia e esperança.

---

161. ALVES, R. *Cristianismo*: ¿opio o liberación? Salamanca: Sigueme, 1973, p. 177.

13
Apostolado feminino na Igreja Católica

De acordo com pesquisa feita em 2004 com as brasileiras tentando compreender suas vidas e suas tarefas nos espaços públicos e privados da sociedade, 19% delas concordavam com a ultrapassada e preconceituosa premissa de que o homem é superior à mulher. Assustador ouvir isso da boca de mulheres. Mas quatro séculos de uma sociedade patriarcal e machista podem nos fazer compreender porque há tal deformação da mente de homens e mulheres diminuídos pela desconfiança e pelo preconceito sexista. Se as relações socioculturais não se alterarem no cotidiano das mulheres pela força do machismo onipresente, permanecemos todos incompletos. Se mulheres ganham menos pelo mesmo trabalho não só elas são injustiçadas, mas os próprios homens que as oprimem acabam pecando contra a verdade da criação.

Se as mulheres são educadas para serem submissas, estamos indo contra o claro desígnio de Deus e seu projeto criador expresso no relato do livro do Gênesis: Ele não retirou da cabeça, nem dos pés aquela que viria a ser a companheira de Adão, mas faz surgir uma mulher (Eva, a mãe dos viventes) do lado de Adão (e não da costela como se costuma erroneamente afirmar!). Isto é verdadeiramente uma parábola exemplar e promissora de novas relações equilibradas de gênero entre homens e mulheres. A mulher não deve submeter ninguém, nem ser submetida, mas sim viver para ser parceira. O homem não deve pensar-se como um lobo solitário, nem como um animal dominador das fêmeas, mas viver, pensar e apresentar-se como um ser respeitador e cuidador de sua companheira, de sua amada, e sincero protetor das relações equilibradas entre ambos. Deus não fez os humanos para a superioridade de um deles, nem para que homem e mulher fossem superiores da natureza criada, mas como ternas e expressivas imagens de comunhão, de amor e de generosidade e nos apresenta a tarefa deste casal único na criação: crescer, amar e cuidar de todos os seres e um do outro na reciprocidade e na verdade.

A Igreja primitiva foi animada por muitos apóstolos. Lembramos da diaconisa Febe (cf. Rm 16,1a), da cooperadora Prisca (cf. Rm 16,3a), da irmã Ápia (cf. Fl 1,2a) e da apóstola Júnia (cf. Rm 16,7a); de Isabel e Maria (cf. Lc 1), de Prisca (cf. 1Cor 16,19), de Lídia em Filipos (cf. At 16,14a), de Júlia (cf. Rm 16,15a) e de Ninfa em Laodiceia (cf. Col 4,15). Na primeira Carta aos Coríntios (cf. 1Cor 16,16ss), Paulo pede que a comunidade reconheça essas mulheres. Em Romanos (cf. Rm 16,6.12), o apóstolo recomenda Maria, Trifena, Trifosa e Pérside por sua "labuta" evangelizadora. Em Filipenses (cf. Fl 4,2-3), cita Evódia e Síntique, que trabalharam como ele. Paulo preocupa-se com a liderança delas, que era tão fundamental, que teme que o conflito surgido entre elas pudesse prejudicar a missão na comunidade de Filipos. Na carta aos Romanos (cf. Rm 16,7), conhecemos Andrônico e Júnia, que, assim como Prisca e Áquila, são chamados de apóstolos, ou seja, parceiros missionários em igualdade de condições e estatura eclesial.

Em certos momentos da História da Igreja na Idade Média, a expressão da fé apresentou-se pelo rosto majoritário de testemunhas femininas. A Igreja viveu em algumas décadas mais da santidade das mulheres do que daquela expressa pelos homens. Em momentos cruciais da história bimilenar, Jesus Cristo foi proclamado por voz feminina.

Nos próximos anos todas as Igrejas cristãs deverão fazer mudanças competentes, inteligentes e lúcidas, em favor da presença da mulher em sua organização, em seu ministério eclesial e em sua representação simbólica e pastoral. A Igreja Católica vem discutindo qual modelo deverá manifestar em um mundo urbanizado, pós-moderno, e onde as relações de emancipação feminina assumiram novos papéis sexuais. Isto nem se sempre se deu de forma tranquila, mas muitas vezes se fez polêmica exacerbada. A revolução feminista trouxe em seu bojo uma crise para o modo de expressar a moral católica, gerando quase um cisma na ética sexual das católicas. Fala-se uma coisa e vive-se outra na vida cotidiana, em uma clara esquizofrenia de práticas e valores. Alguns pontos precisarão ser urgentemente revistos e outros necessitarão de maior serenidade e clareza quanto aos valores fundamentais da vida humana que não podem ser barganhados. É preciso que a Igreja ouça as mulheres. Será preciso que as mulheres ouçam também a voz dos pastores da Igreja. A hora é de um fecundo diálogo e maior profundidade entre os interlocutores. Teremos de questionar o novo lugar da mulher na Igreja, mas também qual será o novo lugar do homem perante a mulher adulta na fé. Obviamente, ser-nos-á exigido pensar e dialogar sobre esse novo lugar na Igreja para que haja e amadureçam estas relações igualitárias novas entre os homens e as mulheres na e da Igreja.

Tema polêmico: o exercício do poder sagrado

Um dos temas que está em pauta nas igrejas da Reforma e na comunhão anglicana é o da ordenação de mulheres para o diaconato, presbiterato e episcopado. O magistério oficial da Igreja Católica diz que esse tema não pode nem sequer ser proposto para discussão, por fidelidade à tradição eclesial e ao desígnio apostólico primitivo.

Na Igreja-Instituição as mulheres podem tanto quanto os homens no exercício de ministérios instituídos, sociais, administrativos, sobretudo nos terapêuticos. Deus permitiu às mulheres uma dádiva inigualável que, infelizmente, nenhum homem saberá realizar – o ato de gerar uma vida, de recriar a criação. Esta qualidade única de ter um útero as torna semelhantes ao Deus Criador e cocriadoras do mundo e da vida na Terra. Nisso não podem nem querem ser iguais aos homens, mas querem continuar sentindo as mudanças hormonais todos os meses, aquelas mesmas mutações em seus corpos que as preparam para a criação de um outro ser com outro corpo que não mais lhes pertence, mas de quem são as cuidadoras em nome de Deus. O mesmo Deus Pai-maternal é quem lhes dá coragem e amor para seguir em sua missão de cuidar da criação, como nos lembra este antigo ditado judaico: "Deus faz o mundo em seis dias e descansou no sétimo, e colocou as mães para cuidar das criaturas em seu Nome e como Ele mesmo cuidaria".

São essas mulheres que têm filhas e filhos em seus colos e os amamentam como filhos e filhas amadas. Mulheres que renovam o mundo e a face da Terra dando-lhes a esperança que o nascer das crianças expressa como um sacramento universal de vida. Esse processo de gestação e oferta de vida fecundada, alimentada por longos noves meses, ensinam até mesmo aos homens a viver mais felizes. Quando ultrapassam a dita "idade das lobas", depois da menopausa, as mulheres preparam-se para colocar em prática tudo aquilo que acumularam ao longo de suas vidas e de sua entrega aos filhos, aos maridos, a si mesmas e, sobretudo, à família humana. Esta é a bela fórmula de uma nova química salutar: a sabedoria aliada à sensibilidade.

A Igreja Católica está evoluindo muito rapidamente nos últimos 50 anos pós-conciliares e sabe que a mulher não é "melhor" ou "pior" que o homem, é apenas diferente! A missão das mulheres mostra que não se resolverão as questões de gênero só destinando postos de destaque em uma estrutura de poder reformada. A questão é muito mais enraizada. Será preciso respeitar e compreender as novas exigências culturais e espirituais de nossa geração. Será preciso ouvir o que o Espírito Santo diz às Igrejas. Há um protagonismo próprio assumido e realizado pelas mulheres com destreza e vigor em tantas regiões e estilos de vida na Igreja Católica, de modo particular a vida religiosa consagrada. É isso que queremos ver cultivado em nossa confissão religiosa cristã.

A profecia da vida religiosa feminina
Como exemplo desse testemunho claro e profético, pode-se citar o evento ocorrido entre 7 e 11 de maio, no Hotel Ergife, em Roma, quando da realização da Assembleia Plenária Trienal da União Internacional das Superioras Gerais (UISG). Fundada em 1965, a entidade representa as 1,9 mil congre-

gações religiosas de direito diocesano e pontifício, com um total de 750 mil religiosas. O evento reuniu 800 superioras-gerais, que representavam cerca de 600 mil religiosas em ação ao redor do mundo. A diversidade de línguas, hábitos, uniformes ou estilos de trajes testemunhou a beleza da universalidade da Igreja em seu rosto feminino como vida religiosa consagrada.

Na abertura, a presidente da UISG, Maureen Cusick, nds, acolheu a todas e apresentou o tema da Assembleia, retirado de um pensamento do místico São João de Deus: "Conheço bem a fonte que jorra e corre, ainda que seja noite.". Este é o vigor da vida religiosa feminina que tanto contribui para a pregação do Evangelho Vivo que é Cristo Jesus.

A própria mulher é a agenda do século XXI, que termina de completar uma pequenina década inaugural. A leiga, a consagrada, que atua nas comunidades de base, nos movimentos pastorais e apostólicos, no apostolado, na vida, na profissão, na família e na política.

Aqui, fica a pergunta: como cada um de nós, leigos, membros do clero ou religiosos, vai assumir a agenda das mulheres, suas angústias, seus medos, seus sonhos e suas alegrias e esperanças? Elas trazem questões delicadas em sua vida pessoal, profissional, sexual e afetiva, e isso emerge no seio da Mãe-Igreja. O que sentem e vivem deverá ser a agenda eclesial concreta e uma prioridade pastoral.

Afinal, a agenda feminina é aquela que não é melhor nem pior, só diferente. E será nessa fecunda diferença e diversidade que construiremos a unidade de fato desejada por Jesus Cristo e cantada pelo apóstolo Paulo em sua carta aos Gálatas (Gl 3,28): "Não há judeu nem grego, nem escravo nem livre, nem homem nem mulher, pois todos vós sois um só em Cristo Jesus".

Ser cristão é assumir um novo estilo de vida em que homens e mulheres trabalham juntos pelo Reino de Deus, conduzidos pela graça para o maior louvor e honra de nosso Deus e no seguimento fiel de Jesus, seu Filho Amado, com as mãos e os pés femininos e masculinos, pelo sopro vital do Espírito Santo.

14
Misericórdia exige um novo coração

Misericórdia é a oferta do Amor que brota do coração de Deus. Dirá Santo Tomás de Aquino (1225-1274): "Ser misericordioso é próprio de Deus e é pela misericórdia que Ele principalmente manifesta sua onipotência"[162]. Compaixão precisa ser entendida como "ser afetado", como uma forma universal de revelação. Deus exige misericórdia e não sacrifícios nem oferendas. Assim proclama o profeta Oseias: "Eu quero a misericórdia, e não o sacrifício; e o conhecimento de Deus, mais do que os holocaustos" (Os 6,6).

A misericórdia é ter nosso coração sentindo a causa do pobre (*misere+ cordis*). O misericordioso é quem está atento à infelicidade, à dor ou ao mal que o outro padece. É alguém que possui um coração machucado pela miséria alheia. Compaixão está ligada ao sentir pena, condolências e ser capaz de ser afetado pela miséria alheia. Muitas vezes, é descrita como sentimento piedoso de simpatia para com a tragédia pessoal de outrem, acompanhado do desejo de minorá-la, mas é certamente muito mais que isso. Expressa uma participação es-

---

162. TOMÁS DE AQUINO. *Suma Teológica*, II-II, q. 30, a. 4, vol. V. São Paulo: Loyola, 2004, p. 420.

piritual na infelicidade alheia suscitando um impulso altruísta de ternura para com o sofredor[163].

Em latim, *miserere*, traduz-se por sofrimento comum ou comunidade de sentimentos. Em grego, *Páthos* é algo que estimula o sentimento ou piedade, e que suscita paixão, excesso e uma passagem e mutação pessoal naquele que experimenta. Misericórdia origina o duplo movimento de sentimento e afetividade e também de ação, mudança e reflexão, pois vai da melancolia à ternura efetiva. Em tempos remotos, misericórdia ou compaixão estiveram carregadas de teor pejorativo, deturpadas em afetação exagerada, pois permanecia no paternalismo e na superficialidade dos gestos externos. O misericordioso seria alguém que "precisa" de que haja pobres para "mostrar-se como um ser generoso e bom". É uma misericórdia falsa que rima com hipocrisia para justificar as migalhas das elites que escondem a exploração de milhões de escravos humanos. Dão os anéis para não perder os dedos e ainda fazem publicidade desse paternalismo. Outras vezes, a compaixão foi entendida como algo patológico. Compaixão ligada ao sofrer resignado e masoquista. Esse conceito, em nossa civilização ocidental, marcada por um ativismo feroz, construirá a ideia equivocada de passividade. Dores psíquicas e físicas serão vistas como sempre negativas e deprimentes. Stefan Zweig (1881-1942) chegará a afirmar que a piedade é sempre perigosa. Entretanto, vale dizer que a misericórdia não é estática ou mecânica, inerte ou daninha. Ela é amor fecundo, misterioso e dialógico. A misericórdia revela a própria pessoa de Jesus e de seu Evangelho. É o próprio Jesus quem proclama: "Bem-aventurados os misericordiosos, porque eles

---

163. *Dicionário Eletrônico Houaiss da Língua Portuguesa*. Rio de Janeiro: Objetiva, 2007.

alcançarão misericórdia" (Mt 5,7). A misericórdia é a chave de ouro para seguir Jesus e realizar sua missão no mundo. Assim proclama o evangelista Mateus em sua boa notícia: "Jesus, porém, ouvindo, disse-lhes: 'Não necessitam de médico os sãos, mas, sim, os doentes. Ide, porém, e aprendei o que significa: "Misericórdia quero, e não sacrifício" (Os 6,6). Porque eu não vim a chamar os justos, mas os pecadores, ao arrependimento'" (Mt 9,12-13).

Misericórdia entre os povos

É preciso resgatar o caráter ativo da passividade evangélica, compreendida como uma visita de Deus que salva e se compadece como quem ouve o irmão que sofre e clama por compaixão. Assim canta o salmista: *"Miserere mei, Deus: secundum magnam misericordiam tuam. Et secundum multitudinem miserationum tuarum, dele iniquitatem meam* [Tem misericórdia de mim, ó Deus, segundo Tua grande misericórdia. Por Tua grande compaixão, apaga as minhas iniquidades]" (Sl 51[50],3).

Ela é a qualidade e a virtude interior para aceitar uma revelação que nos comove. A passividade misericordiosa pode ser compreendida como essa chave de transformação interior. Essa abertura imprescindível ao outro, sem o que não há de fato vida humana e cristã. A misericórdia é sempre uma passividade simpática, ou seja, um deixar-se comover por dentro de nossas entranhas. Misericórdia é um abrir-se ao outro e quebrar o coração empedrado, pela força do Espírito de Deus, que nos quer seres amorosos. Quem não for capaz disso se desnatura, endurece, fica empedernido, esvis-cerado, tornando-se insensível e inflexível. Em lugar de um cristão, teremos um funcionário de ordens e leis. Em lugar do amor, ouviremos palavras vazias ou duras. Assim, pode-se afirmar que a misericórdia vincula o sujeito ao exercício ativo de sua afirmação humana plena e não ao desnaturar a imagem divina que cada ser humano é, desde a eternidade. A misericórdia é como que um transplante de coração. Ela faz novo nosso velho coração. Corações aquecidos pelo amor de Deus se renovam e mudam o mundo. Assim cantam os cristãos de forma tão bonita: "Dá-nos um coração, grande para amar. Dá-nos um coração, forte para lutar".

Nesse sentido podemos entender o poeta latino que diz: "*Homo sum: nihil humani a me alienam puto*" [Sou humano, nada do que é humano pode ser alheio a mim][164]. Essa é a resposta que Cremes oferece a Menedemo quando este lhe pergunta por que se interessava por coisas que não lhe diziam respeito.

Este mesmo pensamento foi retomado por Ernest Hemingway (1889-1961), que ressalta o fato de que qualquer morte humana o diminuía porque ele fazia parte da humanidade e, portanto, era inútil perguntar-se por quem o sino estava dobrando: estava sempre dobrando por ele. Diz o escritor em seu poema: "Nenhum homem é uma ilha isolada; cada homem é uma partícula do continente, uma parte da terra; se um torrão é arrastado para o mar, a Europa fica diminuída, como se fosse um promontório, como se fosse a casa dos teus amigos ou a tua própria; a morte de qualquer homem diminui-me, porque sou parte do gênero humano. E por isso não perguntes por quem os sinos dobram, eles dobram por ti"[165].

---

164. AFER, P.T. *Heauton Timoroumenos*, verso 77. [s.d.] [Disponível em http://www.thelatinlibrary.com/ter.heauton.html – Acesso em set./2015].

165. HEMINGWAY, E. *Por quem os sinos dobram*. Rio de Janeiro: Bertrand Brasil, 2004, Prefácio.

A misericórdia está ligada a esse doer comum, ao ato de fazer-se participante da dor vivida por outra pessoa ou exprimir sua coparticipação. É a capacidade de sentir-se próximo e partícipe de outras dores. Ouçamos novamente o poeta latino: "*Tu si hic sis, aliter sentias* [Se estivesses no lugar dele, sentirias de modo diferente]"[166]. A compaixão realiza uma mudança de lugar existencial e ético. Ela altera nosso estado vital que se faz participação ativa e decisiva na experiência dolorosa das pessoas. Sentimo-nos sírios com os sírios, palestinos com os palestinos, iemenitas com os iemenitas, eritreos com os eritreos, sudaneses com os sudaneses, haitianos com os haitianos, coreanos com os coreanos, ucranianos com os ucranianos, angolanos com os angolanos, líbios com os líbios, judeus com os judeus, budistas com os budistas, muçulmanos com os muçulmanos, cristãos com todos os cristãos, e enfim, plenamente humanos com toda a humanidade. Ao participar das experiências e dos sofrimentos dos outros, o pensar pessoal altera-se, com a mudança na posição que assumimos. Se cada pessoa for capaz de silenciar e acolher passivamente a outra dor em seu interior, ela se torna nova criatura. Assim experimenta o apóstolo Paulo e alegremente canta: "Pois nem a circuncisão é coisa alguma, nem a incircuncisão, mas o ser nova criatura" (Gl 6,15).

Santo Tomás de Aquino, na *Suma Teológica*, ao se perguntar se o mal é o motivo próprio da misericórdia, responde: "Sendo a misericórdia a compaixão pela miséria alheia, ela é propriamente relativa a outrem e não a si mesmo a não ser por certa comparação, como também a justiça, enquanto no

---

166. AFER, P.T. *Andria*, verso 310. [s.d.] [Disponível em http://www.thelatin library.com/ter.andria.html – Acesso em set./2015].

homem se considerem diversas partes como diz Aristóteles no livro V de sua Ética"[167].

O filósofo Enrique Dussel (1934-) retoma essa concepção dizendo: "O fato de que o rosto do miserável possa 'interpelar-me' é possível porque sou 'sensibilidade', corporeidade vulnerável *a priori*. Sua aparição não é uma mera manifestação, mas uma revelação; sua captação não é compreensão, mas hospitalidade; diante do outro, a razão não é representativa, mas presta ouvido sincero à sua palavra"[168]. O ouvir sincero é o primeiro passo da mudança necessária no pensamento compassivo.

Compaixão como sinônimo de doação

Compaixão está sempre vinculada à realização da síntese entre o sofrer e a felicidade. Unir o sofrimento e a beatitude é o segredo que precisa ser desvelado. Saber distinguir as diferentes espécies de dor e alegria exigirá discernimento e compromisso de vida e de coração.

Simone Weil (1909-1943) afirma: "Não são a alegria e a dor que se opõe, mas espécies de uma e de outra. Há uma alegria e uma dor infernais, uma alegria e uma dor terapêuticas, e uma alegria e uma dor celestes"[169]. É somente quando as cordas de dois violões estiverem afinadas que, ao vibrar de uma delas, teremos o reverberar da outra. E isso se dará a partir de gestos generosos e subterrâneos. Dirá o personagem Ivan Karamazov, da obra de Dostoievski: "Para

---

167. TOMÁS DE AQUINO. *Suma Teológica*, II-II, q. 30, a. 1, ad. 2, vol. V. São Paulo: Loyola, 2004, p. 415.

168. DUSSEL, E. *Ética da libertação na idade da globalização e da exclusão*. Petrópolis: Vozes, 2000, p. 367.

169. WEIL, S. *La pesanteur et la grace*. Paris: Pocket, 1993, p. 109.

que se possa amá-lo (o purulento) é preciso que um homem esteja oculto; desde que ele mostra seu rosto, o amor desaparece"[170]. A réplica de Aliocha será oportuna e reveladora de outra perspectiva: "Para almas inexperientes, o rosto de um homem é um obstáculo ao amor"[171]. Almas experientes assumem o rosto do outro como revelação e não como um obstáculo ao amor. A dor torna-se possibilidade de ação e de desvelamento de uma humanidade melhor. O rosto e o olhar são as janelas da alma e a compaixão é o caminho seguro da santidade.

O conceito de misericórdia tem sua essência fundada no sofrer e na afetividade. Sofrimento que nos move para a comiseração. Sofrer compreendido como capacidade de suportar experiências vitais e mesmo pessoas reais que devam ser apoiadas. Sofrimento não só como dor e padecimento, mas como a capacidade de alçar voo e arcar com determinado peso sem ser muleta ou falsificação da identidade pessoal do que sofre, nem depressão e morte de quem assume a dor. Sofrimento vivido como uma experiência humana de passividade transformadora. Passividade não entendida como negação ou aniquilamento do sujeito, mas sim como uma quietude e um silêncio imprescindível para que sejamos visitados por outrem. O sofrimento do outro anuncia a impotência do sentimento e anuncia a possibilidade do sujeito existir de fato como ser humano, pois a essência da subjetividade é a afetividade[172]. Todo ser humano é inseparável da experiência e da

---

170. DOSTOIEVSKI, F. *Os Irmãos Karamazovi*. São Paulo: Abril, 1973, p. 178, livro 5, cap. 4.

171. Ibid., p. 178.

172. MICHEL, H. *L'essence de la manifestation*. Paris: Presses Universitaires de France, 1990, p. 595.

manifestação da afeição, e nela reside de forma radical sua essência. A afetividade faz o que somos e aquilo que podemos ser. A afetividade é a revelação original de nosso projeto humano. Sem misericórdia e compaixão, nós nos perdemos e morreríamos à míngua. No sofrer compartilhado, podemos ver a beleza e a estatura de uma pessoa e de uma cultura. A compaixão é o termômetro que indica a saúde de um povo e de uma Igreja. O sofrimento é a revelação originária do absoluto, pois "sua revelação pressupõe a revelação do absoluto, se funda nela e lhe é idêntica"[173]. Pessoas sensíveis, pessoas plenas. Pessoas sem compaixão, humanidade destroçada e aniquilada. O sofrer e o compadecer são revelações do absoluto de Deus e de seu amor. Há na dor uma Palavra que não é de morte, mas uma Palavra plena de vida[174]. Ao mergulhar no sofrimento, nós o ultrapassamos. A misericórdia é a porta do amor infinito de Deus.

A misericórdia pode ser a única alternativa contra o mal extremo: "Parece-nos que a compaixão é a única instância e força contra possíveis perversões, quando o mal se apresenta em suas formas extremas. Para nos lembrarmos mais uma vez do resultado encontrado anteriormente: a compaixão pressupõe proximidade, isto é, a visibilidade do sofrimento de alguém. Em face desse sofrimento, é despertada a vontade direta de ajudar, não importando de onde venha o sofrimento, se por circunstâncias em que não existe culpa ou se por crueldade dos homens. Essa vontade direta de ajudar é a característica essencial da compaixão. A partir daqui, pode-se dizer: a compaixão é a extrema e última possibilidade de salvar

---

173. Ibid., p. 840.
174. Ibid.

a pessoa em sua 'existência nua' em face da negação direta desta existência"[175].

Proclama vigoroso o papa Francisco (1936-) na Bula do Ano Santo da Misericórdia: "A misericórdia de Deus é a sua responsabilidade por nós. Ele sente-se responsável, isto é, deseja o nosso bem e quer ver-nos felizes, cheios de alegria e serenos. E, em sintonia com isto, se deve orientar o amor misericordioso dos cristãos. Tal como ama o Pai, assim também amam os filhos. Tal como Ele é misericordioso, assim somos chamados também nós a ser misericordiosos uns para com os outros. A arquitrave que suporta a vida da Igreja é a misericórdia. Toda a sua ação pastoral deveria estar envolvida pela ternura com que se dirige aos crentes; no anúncio e testemunho que oferece ao mundo, nada pode ser desprovido de misericórdia. A credibilidade da Igreja passa pela estrada do amor misericordioso e compassivo. A Igreja "vive um desejo inexaurível de oferecer misericórdia"[176]. Talvez, demasiado tempo, nós nos tenhamos esquecido de apontar e viver o caminho da misericórdia. Por um lado, a tentação de pretender sempre e só a justiça fez esquecer que essa é apenas o primeiro passo, necessário e indispensável, mas a Igreja precisa de ir mais além, para alcançar uma meta mais elevada e significativa. Por outro lado, é triste ver como a experiência do perdão em nossa cultura vai rareando cada vez mais. Em certos momentos, até a própria palavra parece desaparecer.

---

175. SCHULZ, W. Filosofia num mundo modificado. In: BOFF, L. *Princípio de compaixão e cuidado*. Petrópolis: Vozes, 2001, p. 36.

176. PAPA FRANCISCO. *Exortação Apostólica Evangelii Gaudium*, n. 24. Roma: Tipografia Vaticana, 2013 [Disponível em http://w2.vatican.va/content/dam/francesco/pdf/apost_exhortations/documents/papa-francesco_esortazione-ap_20131124_evangelii-gaudium_po.pdf – Acesso em set./2015].

Neste Ano Jubilar, que a Igreja se faça eco da Palavra de Deus que ressoa, forte e convincente, como uma palavra e um gesto de perdão, de apoio, de ajuda, de amor. Que ela nunca se canse de oferecer misericórdia e seja sempre paciente a confortar e perdoar. Que se faça voz de cada homem e mulher e repita com confiança e sem cessar: 'Lembra-te, Senhor, da tua misericórdia e do teu amor, pois eles existem desde sempre' (Sl 25[24],6)"[177].

Conhecer o coração de Deus, amá-lo e saborear suas graças e misericórdias fará brotar em nosso coração um amor semelhante ao d'Ele. Como sussurra a cada manhã, meu querido amigo, pastor e bispo dom Angélico Sândalo Bernardino (1933-), diante do Santíssimo Sacramento: "Meu Jesus amado, manso e humilde, toma aqui o meu coração! Fica com ele durante todo este dia e me empresta o teu para que eu caminhe com ele por onde eu for! Façamos esta troca, meu Jesus, só por hoje, eu te peço! Eu te dou o meu coração e tu me dás o teu. Obrigado, meu Jesus". Assim fazemos nossa parte humana enquanto Jesus nos plenifica com seu amor divino. Assim podemos orar cordialmente: "Sagrado Coração de Jesus, confio e espero em Vós".

---

177. *Bula Misericordiae Vultus*. Roma, 11/04/2015 [Disponível em http://w2. vatican.va/content/francesco/pt/apost_letters/documents/papa-francesco _bolla_20150411_misericordiae-vultus.html – Acesso em set./2015].

15
Francisco de Assis e a Senhora Pobreza

Francisco de Assis nasceu com o nome de Giovanni di Pietro di Bernardone, em 1182, na cidade de Assis, na Itália. Era filho de Pietro di Bernardone dei Moriconi, rico mercador de tecidos, e de Giovanna (ou Pica) Bourlemont, uma mulher nobre originária de Provence. Tinha um irmão, Ângelo. Viveu de forma frívola e superficial, sem indícios de que seguiria a profissão paterna. Seus sonhos estavam focados nas aventuras cavalheirescas e nas festas medievais. Falava o dialeto da região e o francês fluentemente. Na guerra entre Perugia e Assis, foi feito prisioneiro e adoeceu gravemente. Nesse momento, passou a pensar na vida de com introspecção, ocorrendo a conversão: decidiu colocar-se a serviço de Deus, contraindo um matrimônio com a "Senhora Pobreza". A partir daí, houve um conflito agudo pessoal e de ruptura com seu pai, sua família e seus amigos. Ele tinha 25 anos. Todos pensavam que ele perdera o juízo. Após vender tudo, entregou aos pobres tudo o que possuía, vivendo em uma ermida nos arredores de Assis, no mais completo despojamento. Não pensou em respostas políticas ou sociais aos problemas do mundo. Não planejou rebeliões. Quis tão somente seguir Jesus na vida de pobreza. Ser uma testemunha radical do Evangelho, pois só o pobre conhece verdadeiramente o coração de Deus e sua vontade. Alguns seguidores e futuros discípulos foram a seu encontro, passando a chamá-lo de *Poverello* (o pobrezinho). Francisco descobriu o ideal e o projeto de sua vida: louvar a Deus, anunciar sua palavra viva e seu amor universal, viver na pobreza, na castidade, na humildade e na alegria da paz profunda. Paradoxalmente esse modo de viver assumido por Francisco e seus companheiros iria contrastar frontalmente com a vida principesca de bispos e padres da época, completamente instalados, seduzidos pelo poder e vivendo faustosamente enquanto os pobres eram submetidos à miséria e doenças. Isso fez eclodir movimentos de rebeldia como os cátaros. Ao conviver com hansenianos, Francisco venceu a si mesmo e experimentou a doçura de uma nova vida e de novos valores. Alguns companheiros de juventude se juntaram a ele e, 1209, formaram o primeiro núcleo do que seria o futuro "franciscanismo".

Em 1210, o papa Inocêncio III (1160-1216) aprovou a regra de vida dos chamados "frades menores". Em 1212, Clara de Assis (1194-1253), bela e sedutora jovem, colocou-se sob a direção espiritual de Francisco, fundando a ordem das "pobres damas" (1212), depois conhecidas como clarissas, como a segunda ordem franciscana. Pouco depois, brotaria da fecunda semente representada por esse santo uma ordem terceira (1221), para os leigos que desejavam participar e viviam esses valores e esse estilo de vida no trabalho e na vida familiar. Com a chegada de muitos discípulos e de novos membros, principiou-se a lenta organização do grupo de mendicantes, o que pareceu aos olhos de Francisco um recuo ao carisma original e muitas vezes um risco de perder novamente a fidelidade ao Evangelho substituindo-o por normas, riquezas ou clericalismos. Depois de uma viagem ao Egito, encontrou-se com o sultão Malik al-Kamil (1180-1238), ao qual se propôs a convertê-lo, sem sucesso. Ao voltar para a Úmbria, passou a direção da confraria para frei Pedro Cattani (?-1221), retirando-se para seu casebre na Porciúncula, perto de Assis. Ali manteve sua pregação corajosa e sua vida de oração e desprendimento.

Em 1224, rezando solitário em uma gruta no Monte Alverne, nos Apeninos, durante a festa da Exaltação da Santa Cruz, recebeu os estigmas da Paixão de Cristo em seu corpo já frágil, em uma visão do Cristo Jesus na forma de um serafim alado. Das chagas do Cristo, saíram cinco raios de luz das mãos, pés e do costado, imprimindo em seu corpo os estigmas da cruz. Em Assis, ficou enfermo e perdeu a visão, sendo venerado como uma relíquia viva por companheiros e pelo povo. Em meio a grandes sofrimentos físicos, compôs o poema "Cântico ao Irmão Sol", admirável tesouro teológico e litúrgico. Esse é um primeiro grande poema na língua italiana. Morreu na Porciúncula na noite de três para quatro de outubro de 1226, aos 44 anos. Foi canonizado em 16 de julho de 1228, pelo próprio papa Gregório IX (1160-1241), que foi até a cidade de Assis. Nessa cidade, sua tumba, custodiada pelos franciscanos, tornou-se um local de peregrinação mundial. São Francisco de Assis foi assumido como um santo universal e Patrono da Ecologia. Multiplicaram-se as representações artísticas, bem como a devoção e os milagres a ele atribuídos.

Seguir à risca o Evangelho de Jesus Cristo era sua meta fundamental, bem como a de seus irmãos. Pretendia imitar em tudo a vida e os gestos de Jesus Salvador. Esta espiritualidade singela e radical foi assumida por muitos religiosos e pelo povo pobre de todo o sul da França, da Itália e de vastas regiões da Europa. Com isso, muitos enxergavam a retomada vital do verdadeiro cristianismo e de uma Igreja servidora e livre. Outros viam a beleza do testemunho e a liberdade do santo. Francisco era simpático e tocava aos corações e as mentes de todos.

Segundo Jacques le Goff (1924-), um dos maiores especialistas em história medieval, os mendicantes marcaram a Europa, mudaram a Igreja e tocaram os nervos das cidades com sua pregação itinerante: "A mais espetacular é, sem dúvida, a sua implantação em meio urbano e o fato de que as cidades são os centros essenciais da pregação e da atividade dos dominicanos e dos franciscanos. Os franciscanos, todavia, prolongam essa atividade nos caminhos por onde passam como itinerantes e retirando-se em ermidas nas montanhas. [...] Não são proprietários, não dispõem de terras nem de rendas. As ordens mendicantes colocam verdadeiramente Cristo e o evangelho no centro não somente de suas próprias devoções, mas também das devoções dos leigos. Francisco de Assis levará ao extremo a identificação com Jesus a esse respeito. As ordens mendicantes ensinam também às populações, particularmente urbanas, novas práticas religiosas graças a uma intensa pregação. Com eles nasce uma Europa da palavra, do sermão, que, laicizado, será a Europa do discurso, da tribuna, do discurso militante"[178].

---

178. *As raízes medievais da Europa*. Petrópolis: Vozes, 2007, p. 200-201.

São Francisco na arte

A iconografia de Francisco de Assis é imensa. Depois dos apóstolos e ao lado de Santo Antônio de Pádua e Lisboa (1195-1231), ele é um dos santos mais representados na arte. Exemplar é a obra de Giotto realizada na basílica superior de Assis, iniciada em 1228 e consagrada em 1253. Vários artistas de renome pintaram Francisco:_Antoni Viladomat (1678-1755); Bonaventura Berlinghieri (1210-1287); Cimabue [Cenni di Petro] (1240-1302); Donatello [Donato di Niccoló di Betto Bardi] (1386-1466); Duccio di Buoninsegna (1255-1319); El Greco [Doménikos Theotokópoulo] (1541-1614); Francisco de Zurbarán (1598-1664); Georges de la Tour (1593-1651); Giambellino [Giovanni Bellini] (1430-1516); Giotto di Bondone (1267-1337); Giunta Pisano (?-1236); Pietro Lorenzetti (1280-1348); Salvador Dalí (1904-1989); Sassetta [Stefano di Giovanni] (1392-1450) e Simone Martini (1284-1344).

Dois episódios da vida de São Francisco merecem destaque: a estigmatização sobre o Monte Alverne, em particular na obra de Giotto, de 1300 (exposta no Museu do Louvre, em Paris), e a morte do santo na Porciúncula, em geral representada na arte de forma mais banal, cercado de frades, e muitas vezes com anjos guardiães para levá-lo aos céus. Desde o mestre Giotto, que inicia sua obra em 1296 com a *Leggenda di san Francesco*, até o século XVI, o santo foi representado sem barba. Mas, na arte da Contrarreforma, depois do século XVII, foi transformado em santo barbudo, menos sorridente e mais dolorista. Os ciclos que possuem como referência as legendas franciscanas e os *fioretti* (milagres) serão a base da arte, particularmente o presépio natalino de Greccio, o lobo de Gubbio, a cruz falante de São Damião e o sermão aos pássaros. São Francisco é sempre simbolizado por um crucifixo, pelo manto franciscano, por estigmas na carne e pelo cordão com três nós. É bom lembrar que o leigo Francisco se dedicou ao ministério da pregação e nunca foi um presbítero, o que fez que o clero sempre tivesse restrições a sua autoridade de pregador leigo ambulante. Até os dias de hoje, ele é inspirador e um homem semente, para todos os ministros da Igreja e de modo particular para os leigos. No Brasil, São Francisco de Assis é venerado em vários lugares, de modo particular na cidade de Canindé (CE), desde 1775. Há anos em que cem mil romeiros dirigem-se ao santuário em gesto de profunda fé e devoção popular. Atualmente, sua vida e sua personalidade inspiram filmes, romances literários e composições. Vale destacar a bela peça *São Francisco de Assis pregando aos pássaros*, composta para piano por Franz Liszt (1811-1886) em 1862/1863.

As novidades de Francisco

Esse irmão universal é pleno de novidades em nossa espiritualidade de seguimento de Jesus. Foi professor da pobreza, modelo de penitência, pregador da verdade, espelho de santidade, exemplo evangélico. Ele é contrário aos poderes civis, dos senhores da guerra e mesmo aos privilégios eclesiásticos. Nunca se fez padre. Este radicalismo de Francisco lembra a célebre reflexão de Santo Tomás de Aquino (1225-1274), frade dominicano que afirma que a autoridade civil e religiosa exercida em todos os lugares é sempre uma consequência do pecado. Disse Tomás e assim viveu Francisco, que em um mundo sem pecado, ninguém teria de receber, de fora, ordens de alguém. Para isso ele inovou esposando a dama pobreza e praticando a virtude da humildade. A comunidade da Igreja não deve assemelhar-se demais à sociedade civil e

menos ainda aos poderes de Estado. Obediência aos pequenos e aos pobres deve vir antes das rubricas e da submissão
cega ao poder. Antes de afagar e fazer mesuras para os ricos
e poderosos, a Igreja precisa cuidar dos pobres e viver pobre-
mente. Um bispo não é um governador nem senador. Um padre não é um parlamentar nem um príncipe. Todos são servos do Evangelho de Cristo. Irmãos de seus irmãos e sempre
serenos e suaves, amigos dos pobres e dos menores. Assim
escrevia Jean Sulivan (1913-1980), escritor francês, nos idos
de 1959: "Autoridade designa, etimologicamente e no sentido
mais estrito, função de autor. Só tem autoridade sobre mim
aquele que é capaz de me fazer existir mais. É o poder criador
que Deus delega na autoridade. A comunhão real que supõe
este paradoxo vivido: o chefe que desce do pedestal e lava os
pés daqueles que ele dirige, não nos dias de cerimônia, mas
na realidade cotidiana. É o inverso da sabedoria ordinária.
Se aquele que manda não se humilha, o que é mandado é
humilhado. Não se trata para o chefe cristão de manter no
infantilismo eternas crianças, mas sim de promover adultos
e irmãos"[179].

Ele viveu sua fé cristã livre nas mãos de Deus, sendo sempre fiel a sua Igreja, mas questionando-a, reformando-a, criticando, rezando, amando e reunindo o povo na pregação viva
e plena de unção. Para Francisco, a gratuidade era a palavra
menos inadequada para exprimir o mistério de Deus e do ser
humano. Gratuidade é pureza de amor, liberdade, ausência
de cálculo e de lucros. Graça e gratuidade possuem uma raiz
comum. A graça é gratuidade, a gratidão é gratuidade e a
vida é sempre uma entrega de amor nas mãos de Deus. Francisco sabe que é preciso instituir uma pedagogia da gratuida-

---

179. *Provocação ou a fraqueza de Deus.* São Paulo: Herder, 1966, p. 14-17.

de em um mundo marcado pela utilidade e pela necessidade. Ele fascina homens e mulheres até hoje. Este homem plenamente humano é um santo autêntico e único. Só a gratuidade pode consertar uma igreja que está desmoronando. Francisco é um pregador apaixonado que comove porque vive o que prega. Chiara Frugoni (1940-), historiadora italiana, disse: "Francisco tinha sucesso por causa de sua maneira especial de falar à multidão: pregava em vernáculo simples e espontâneo, usava gestos, mímica, cantos e melodias; era como assistir a um espetáculo, uma comédia religiosa. Certa vez, durante uma grave doença, ele comeu um pouco de frango, embora fosse época da Quaresma; tão logo se sentiu melhor, pediu a um companheiro, chegando às portas de Assis, que lhe amarrasse uma corda no pescoço e o levasse pela cidade, totalmente nu, como se fosse um ladrão. O frade, como arauto improvisado deveria gritar: 'Olhai o glutão que se refestelou com carne de galinha sem que soubésseis!'. O contraste entre as palavras que denunciavam uma pretensa hipocrisia e a visão do pobre corpo esquálido de um homem que todos reconheciam como santo causou uma grande comoção e teve efeito imediato, despertando entre os espectadores a disposição ao arrependimento e a uma vida melhor"[180].

Francisco é nosso irmão, ele é o Pobre de Assis. Ele é o Santo da Ecologia, da pobreza e do amor universal. Ele é Francisco, nosso programa de vida e nossa inspiração da uma Igreja do jeito de Jesus. É preciso lembrar e celebrar em sua singela humanidade, sorrindo para cada um de nós e chamando a todos de irmãos e irmãs. Pela fé, pelo seguimento e pela fidelidade a Cristo, ele se transformou em outro

---

180. *Vida de um homem*: Francisco de Assis. São Paulo: Companhia das Letras, 2011, p. 47.

homem, sem perder a humanidade. É bonito lembrar que, agonizando, pediu aos frades para ver a caríssima Clara e sua amiga Jacoba de Settesoli (1190-1273), nobre romana, viúva de Frangipani. Pediu a ela que lhe trouxessem velas e um pano cru de cor cinzenta, para fazer sua mortalha, e os deliciosos doces de Roma, conhecidos como *mostaccioli* (feitos à base de amêndoas, farinha e mel). Francisco viu-se no caixão vestido como homem comum destinado a tornar-se pó, mas pediu que "frei Jacoba" (como ele a chamava familiarmente) lhe desse os docinhos para a viagem de adeus. Eis o ser humano plenamente alegre e singelo. Eis o irmão universal. No interior da majestosa Basílica de Santa Maria degli Angeli, permanece singela a minúscula igrejinha da Porciúncula, como metáfora a indicar que no coração da Mãe Igreja vive a "Senhora Pobreza".

Assim o expressam algumas estrofes de seu belo hino de amor: "Altíssimo, onipotente, bom Senhor. Teus são os louvores, a glória, a honra e toda benção. Só a ti, Altíssimo, eles convêm. E homem algum é digno de te mencionar. Louvado sejas, meu Senhor, com todas as tuas criaturas, especialmente com o Senhor Irmão Sol, o qual é dia e por ele nos alumias. Louvado sejas, meu Senhor, pelos que por teu amor perdoam, e sustentam enfermidades e tribulações. Bem-aventurados os que as sustentam em paz, pois, por ti, Altíssimo, serão coroados. Louvai e bendizei a meu Senhor, rendei-lhe graças e servi-o com grande humildade"[181].

---

181. Cântico ao Irmão Sol. In: *Fontes franciscanas*. Santo André: O Mensageiro de Santo Antônio, 2004, p. 123.

A ilustração de capa do livro "Silhuetas de Deus" surge da força figurativa do conceito do título: três silhuetas de corpos humanos inteiros protagonizam a composição, evocam a tripartição do livro e remetem claramente ao tema da Trindade. Logo após estas três silhuetas, se percebem duas linhas que desenham perfis de rostos, um feminino e um masculino. O rosto é um elemento que simboliza a universalidade: todo ser humano é silhueta de Deus, toda humanidade se inclui no círculo relacional, não só quem se identifica na fé ao Deus Trindade. Estes dois perfis garantem que o laço vital vai além daquele confessional, todo ser humano é parte desta dinâmica: este livro é, sim, eminentemente baseado na revelação cristã, mas desvenda uma riqueza que não está limitada pelo critério de pertença a essa ou aquela religião.

O fundo da ilustração é constituído por um A-B-C da paisagem: céu, montanhas, casa, árvores. Isso remete à simplicidade da linguagem do livro, cheio de familiaridade, lembranças, anedotas, mergulhos no dia a dia das pessoas. Uma estrada marca o cenário; é a ideia de progressividade na leitura, capítulo por capítulo, caminho. Na parte superior, um grande sol, chave fulcral da composição, catalisa as forças da arte toda. Por ele emana uma rede e a ele tendem as silhuetas, num movimento simultâneo. A rede lembra a malha de um vitral, que perpassa o céu, só que as linhas, ao invés de serem cinzas, como o chumbo que rejunta os vitrais, são brancas, isso ajuda ainda mais a iluminar o panorama.

A arte segue uma paleta cromática de contrastes vivazes entre cores quentes e frias, claras e escuras. Isso, além de uma função visual, possui uma intenção simbólica: é como se a matéria tivesse uma alma, se a terra, o ar, a luz, tivessem uma energia vital e isso é expresso pela cor. Para alcançar este efeito ainda mais eficazmente, foi escolhida uma textura de traços de lápis que enfatizam as formas e exaltam o efeito humanizado do "feito à mão", afirmando ainda mais, por meio da vivacidade gráfica, a autenticidade da intenção do autor do livro e a genuinidade da sua mensagem.

Sergio Ricciuto Conte
*Artista plástico formado em pintura e filosofia na Itália e em Teologia no Brasil, autor de projetos para mais de 40 igrejas e espaços sacros em diversos estados brasileiros e no exterior, além de ilustrador e arte-educador.

CULTURAL

Administração
Antropologia
Biografias
Comunicação
Dinâmicas e Jogos
Ecologia e Meio Ambiente
Educação e Pedagogia
Filosofia
História
Letras e Literatura
Obras de referência
Política
Psicologia
Saúde e Nutrição
Serviço Social e Trabalho
Sociologia

CATEQUÉTICO PASTORAL

Catequese
Geral
Crisma
Primeira Eucaristia

Pastoral
Geral
Sacramental
Familiar
Social
Ensino Religioso Escolar

TEOLÓGICO ESPIRITUAL

Biografias
Devocionários
Espiritualidade e Mística
Espiritualidade Mariana
Franciscanismo
Autoconhecimento
Liturgia
Obras de referência
Sagrada Escritura e Livros Apócrifos

Teologia
Bíblica
Histórica
Prática
Sistemática

VOZES NOBILIS

Uma linha editorial especial, com importantes autores, alto valor agregado e qualidade superior.

REVISTAS

Concilium
Estudos Bíblicos
Grande Sinal
REB (Revista Eclesiástica Brasileira)

VOZES DE BOLSO

Obras clássicas de Ciências Humanas em formato de bolso.

PRODUTOS SAZONAIS

Folhinha do Sagrado Coração de Jesus
Calendário de mesa do Sagrado Coração de Jesus
Agenda do Sagrado Coração de Jesus
Almanaque Santo Antônio
Agendinha
Diário Vozes
Meditações para o dia a dia
Encontro diário com Deus
Guia Litúrgico

CADASTRE-SE
www.vozes.com.br

EDITORA VOZES LTDA.
Rua Frei Luís, 100 – Centro – Cep 25689-900 – Petrópolis, RJ
Tel.: (24) 2233-9000 – Fax: (24) 2231-4676 – E-mail: vendas@vozes.com.br

UNIDADES NO BRASIL: Belo Horizonte, MG – Brasília, DF – Campinas, SP – Cuiabá, MT
Curitiba, PR – Fortaleza, CE – Goiânia, GO – Juiz de Fora, MG
Manaus, AM – Petrópolis, RJ – Porto Alegre, RS – Recife, PE – Rio de Janeiro, RJ
Salvador, BA – São Paulo, SP